2. Auflage   2 8 7 6 5 | 16 15 14 13

Alle Drucke dieser Auflage sind unverändert und können im Unterricht nebeneinander verwendet werden. Die letzte Zahl bezeichnet das Jahr des Druckes.

Das Werk und seine Teile sind urheberrechtlich geschützt. Jede Nutzung in anderen als den gesetzlich zugelassenen Fällen bedarf der vorherigen schriftlichen Einwilligung des Verlages. Hinweis §52 a UrhG: Weder das Werk noch seine Teile dürfen ohne eine solche Einwilligung eingescannt und in ein Netzwerk eingestellt werden. Dies gilt auch für Intranets von Schulen und sonstigen Bildungseinrichtungen. Fotomechanische oder andere Wiedergabeverfahren nur mit Genehmigung des Verlages.

Auf verschiedenen Seiten dieses Buches befinden sich Verweise (Links) auf Internet-Adressen. Haftungshinweis: Trotz sorgfältiger inhaltlicher Kontrolle wird die Haftung für die Inhalte der externen Seiten ausgeschlossen. Für den Inhalt dieser externen Seiten sind ausschließlich die Betreiber verantwortlich. Sollten Sie daher auf kostenpflichtige, illegale oder anstößige Inhalte treffen, so bedauern wir dies ausdrücklich und bitten Sie, uns umgehend per E-Mail davon in Kenntnis zu setzen, damit beim Nachdruck der Verweis gelöscht wird.

© Ernst Klett Verlag GmbH, Stuttgart 2010. Alle Rechte vorbehalten. www.klett.de

Autorinnen und Autoren: Marion Barmeier, Heinz Joachim Ciprina, Klaus Hell, Günter Herzig, Anke Méndez
Unter Mitarbeit von: Wolfram Bäurle, Joachim Boldt, Barbara Hoppe, Johann Leupold, Claudia Lissé-Thöneböhn, Michael Maiworm, Hildegard Recke, Burkhard Schäfer, Silva Wallaschek, Charlotte Willmer-Klumpp

Redaktion: Christian Blanke
Herstellung: Corinna Härtel

Layoutkonzeption und Gestaltung: Matthias Balonier, Infografik, Lützelbach
Unter Mitarbeit von: Karin Mall, Berlin
Umschlaggestaltung: KOMA AMOK®, Kunstbüro für Gestaltung, Stuttgart
Illustrationen: Matthias Balonier, Lützelbach; Udo Buffler, Marburg; d. Biografiker, München; Joachim Hormann, Stuttgart; Jeanne Kloepfer, Lindenfels; Angelika Kramer, Stuttgart; Karin Mall, Berlin; Alfred Marzell, Schwäbisch Gmünd; Tom Menzel, Rohlsdorf; normaldesign, Schwäbisch Gmünd; Gerhart Römer, Ihringen
Reproduktion: Meyle + Müller, Medien-Management, Pforzheim
Druck: Firmengruppe APPL, aprinta druck, Wemding

Printed in Germany
ISBN: 978-3-12-068785-6

Online-Link
068785-0000

Die Online-Links auf den Startpunkt-Seiten führen dich zu ergänzenden Materialien im Internet.
Einfach auf die Webseite **www.klett.de** gehen und die entsprechende Nummer in das Feld „Suche" (oben auf der Seite) eingeben.
Ein Beispiel: Wenn du die Ziffern **068785-0000** in die „Suche" eingibst, wird eine Übersicht aller Materialien zu diesem Buch angezeigt.

PRISMA PHYSIK 1

Nordrhein-Westfalen

Marion Barmeier
Heinz Joachim Ciprina
Günter Herzig
Klaus Hell
Anke Méndez

Ernst Klett Verlag
Stuttgart · Leipzig

Inhaltsverzeichnis

6 Arbeiten wie die Naturwissenschaftler

8	Ausprobieren macht schlau
8	**Werkstatt:** Welche Münzen zieht der Magnet an?
9	**Strategie:** Zu jedem Versuch ein Protokoll!
10	Physik im Alltag
10	**Werkstatt:** Wie heiß wird kochendes Wasser?
11	**Strategie:** Beobachten und auswerten
12	Woher kommt die Einheit °C?
12	**Strategie:** Informationen sammeln
13	**Strategie:** Informationen auswerten
14	**Strategie:** Mein Physikheft wird super!
15	**Strategie:** Ergebnisse präsentieren
16	Experimentieren – aber sicher
17	Für alle Fälle – Sicherheitseinrichtungen im Fachraum
18	Der Gasbrenner
19	**Werkstatt:** Umgang mit dem Gasbrenner

Elektrizität und Magnetismus

20 Magnetismus

22	**Werkstatt:** Die magnetische Wirkung
23	Die magnetische Wirkung
24	Dem Magnetismus auf der Spur
25	**Werkstatt:** Die magnetischen Polgesetze
26	**Werkstatt:** Magnetisieren und Entmagnetisieren
27	Magnetismus ist eine Eigenschaft bestimmter Stoffe
28	**Werkstatt:** Eigenschaften von Magneten
28	**Schnittpunkt** Umwelt: Modelle
29	Elementarmagnete
30	**Strategie:** Suchen und Finden im Internet
32	Das magnetische Feld
33	**Werkstatt:** Das Magnetfeld wird erkundet
34	Das magnetische Feld wird sichtbar
35	Zwei Magnetfelder begenen sich
35	**Werkstatt:** Kunstwerke aus Eisenfeilspänen
36	**Schnittpunkt** Geschichte: Der Kompass
37	**Schnittpunkt** Erdkunde: Orientierung ohne Kompass
38	Die Erde – ein riesiger Magnet
40	**Schnittpunkt** Umwelt: Wissenswertes zum Erdmagnetismus
42	Schlusspunkt
43	Aufgaben

44 Elektrizität – im Alltag

46	Körper werden elektrisch geladen
47	**Werkstatt:** Ladungserscheinungen
48	Unterschiedlich geladene Körper
48	**Werkstatt:** Kräfte zwischen geladenen Körpern
49	Woher kommen die Ladungen?
50	Das Elektroskop
51	**Werkstatt:** Ein selbst gebautes Elektroskop
52	**Impulse:** Einfache Stromkreise
54	**Werkstatt:** Elektrische Geräte richtig anschließen
55	Der einfache Stromkreis

56	Was ist elektrischer Strom?
57	Leiter und Nichtleiter
58	Spannungsquellen
59	**Werkstatt:** Eine selbstgebaute Batterie
59	**Schnittpunkt** Geschichte: Alessandro Vota – Erfinder der Batterie
60	Leiter und Isolatoren in Aktion – Glühlampe und Fassung
60	**Schnittpunkt** Geschichte: Die Erfindung der Glühlampe
61	**Strategie:** Zum Experten werden
62	**Strategie:** Ein Arbeitsblatt für die Klasse
64	Wege für Strom und Daten
64	**Schnittpunkt** Geschichte: Die Kindertage elektrischer Kabel
65	Wie funktioniert die Fahrradbeleuchtung?
65	**Schnittpunkt** Umwelt: Das verkehrssichere Fahrrad
66	**Werkstatt:** Schalter – selbst gebaut
67	Schalter
68	Schaltplan und Schaltzeichen
69	Schalterlogik
70	**Strategie:** Wie erstelle ich ein Plakat?
71	Reihen- und Parallelschaltung von Lampen
72	Der elektrische Strom hat viele Wirkungen
72	**Schnittpunkt** Technik: Elektromotoren
73	**Werkstatt:** Elektrische Magnete im Test
74	Sicherheitsmaßnahmen beim Umgang mit dem elektrischen Strom
76	Ohne Energie läuft nichts
78	Schlusspunkt
80	Aufgaben

Sonnenenergie und Wärme

82 Sonne – Energielieferant für die Erde

84	**Impulse:** Was sich mit der Temperatur alles ändert
86	Der Temperatursinn
87	Temperatur und Thermometer
88	**Werkstatt:** Das Thermometer bekommt eine Skala
89	**Schnittpunkt** Geschichte: Anders Celsius
90	**Werkstatt:** Temperaturen messen und berechnen
91	Die Ausdehnung von Flüssigkeiten
92	Die Anomalie des Wassers – Wasser bildet eine Ausnahme
93	**Schnittpunkt** Biologie: Der Garten im Winter
94	Die Ausdehnung fester Körper
95	**Schnittpunkt** Technik: Das Bimetall
96	**Werkstatt:** Ausdehnung von Körpern
97	**Schnittpunkt** Geografie: Unterschiedliche Wüstenarten
98	Die Ausdehnung von Gasen
99	**Schnittpunkt** Geschichte: Otto von Guericke
100	Bewegung durch Luft
101	**Werkstatt:** Was die Luft bewegt
102	**Schnittpunkt** Geografie: Winde, Luft und Wassermassen
103	**Schnittpunkt** Geschichte: Der Traum vom Fliegen
104	Schmelzen – Verdampfen – und zurück
105	**Werkstatt:** Erstarren und konzentrieren
106	Das Teilchenmodell
106	**Werkstatt:** Teebeutel im Wasser
108	**Impulse:** Leben bei verschiedenen Temperaturen
110	Wärmeströmung und Wärmeleitung
111	**Werkstatt:** Wärme wird geleitet

112	Infrarotstrahlung – die Wärmestrahlung
113	**Werkstatt:** Sonnenkollektoren
114	Wärmedämmung – der Wärmetransport wird verringert
115	**Werkstatt:** Geschützt wie ein Eisbär
116	**Schnittpunkt** Geschichte: Wärme kann gespeichert werden
117	**Schnittpunkt** Geschichte: Kühlung in früherer Zeit
118	**Impulse:** Die Sonne – unsere wichtigste Energiequelle
120	Die Sonne
121	Tag und Nacht
121	**Werkstatt:** Bewegung mit Folgen
122	Die Entstehung der Jahreszeiten
123	Sonne – Energielieferant für das Wetter
124	Schlusspunkt
126	Aufgaben

128 Wetter bei uns und anderswo

130	Wetter und Klima
132	Temperaturen – überall anders
133	**Schnittpunkt** Technik: Die Nutzung der Sonnenenergie
134	Luftfeuchtigkeit – Nebel – Wolken – Niederschläge
135	**Werkstatt:** Geräte für die Wetterbeobachtung
136	Der Luftdruck
137	**Werkstatt:** Luftdruck – messen und erfahren
138	Wind – sich bewegende Luft
139	**Schnittpunkt** Erdkunde: Was der Wind so treibt
140	**Schnittpunkt** Erdkunde: Kreisläufe beim Wetter
141	**Werkstatt:** Wetterbeobachtung und -aufzeichnung
142	Zeichen am Himmel
143	**Schnittpunkt** Geschichte: Bauernregeln
144	Wetterbericht und Wetterkarte
146	Schlusspunkt
147	Aufgaben

Sehen und hören

148 Sehen und hören

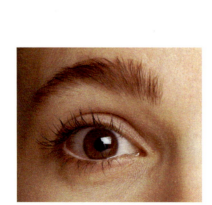

150	**Impulse:** Sicher im Straßenverkehr – Augen und Ohren auf
152	Von der Lichtquelle zum Auge
154	**Werkstatt:** Versuche mit Licht
155	Die Ausbreitung des Lichts
156	**Werkstatt:** Bilder mit der Lochkamera
157	Wie funktioniert die Lochkamera?
157	**Schnittpunkt** Geschichte: Lichtbilder
158	Reflexion und Absorption
159	Ein Gesetz für die Reflexion des Lichts
159	**Werkstatt:** Die Reflexion am Spiegel
160	**Schnittpunkt** Umwelt: Sehen und gesehen werden beim Fahrradfahren
161	Sicherheit im Straßenverkehr wird groß geschrieben
162	**Strategie:** Expertenbefragung
163	Spiegelbilder
164	**Werkstatt:** Sehen, ohne gesehen zu werden
165	**Schnittpunkt** Umwelt: Sonderbare Spiegel
166	Licht und Schatten
168	Halbschatten und Kernschatten

169	Wie funktioniert die Sonnenuhr?
169	**Werkstatt:** Zeitmessung mit der Sonnenuhr
170	Der Mond – Begleiter im Wandel
170	**Werkstatt:** Die Mondphasen im Modell
171	Der Schatten aus dem All
172	**Werkstatt:** Versuche zur Lichtbrechung
173	Die Brechung des Lichts
174	Gefangene Lichtstrahlen
175	Wie funktioniert eine Linse?
176	Bilder durch Linsen
177	Das Auge des Menschen
178	**Werkstatt:** Versuche mit der Lupe
179	**Schnittpunkt** Kunst: Verwirrende Bilder
180	**Impulse:** Physik und Musik
182	**Werkstatt:** Schwingungen machen Töne
183	Hoch und tief, laut und leise
184	Schall ganz unterschiedlich
185	Schallausbreitung – Schallträger
186	**Schnittpunkt** Akustik: Wie breiten sich Schallwellen in der Luft aus?
187	Schalldämpfung – Schallumlenkung
188	Schall, den wir nicht hören
189	**Strategie:** Mit kleinen Lernkärtchen zum Lernerfolg
190	**Werkstatt:** Leben ohne Licht und Schall
191	Hilfsmittel bei fehlenden Sinnen
192	**Werkstatt:** Musikinstrumente selbst gebaut
193	Resonanz
194	Der „Resonanzkasten" bei Musikinstrumenten
195	**Schnittpunkt** Geschichte: Antonio Stradivari
196	Echo und Nachhall
197	**Schnittpunkt** Biologie: Ultraschall in Natur und Technik
198	**Strategie:** Ein Referat wird geplant
200	Lärm schadet dem Gehör
201	Lärmschutz
202	**Werkstatt:** Messung der Schallgeschwindigkeit
202	**Schnittpunkt** Umwelt: Wettlauf zwischen Schall und Licht
203	**Schnittpunkt** Technik: Das Kino zu Hause
204	**Werkstatt:** Versuche zum Hören
205	Das Ohr als Schallempfänger
206	**Schnittpunkt** Geschichte: Thomas Alva Edison – König der Erfinder
207	**Schnittpunkt** Technik: Die Geschichte der Tonaufzeichnung nach Edison
208	Schlusspunkt
210	Aufgaben

212 Basiskonzepte

212	Basiskonzept: Energie
214	Basiskonzept: Materie
216	Basiskonzept: System
218	Basiskonzept: Wechselwirkung

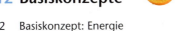

220 Anhang

220	Tabellen
221	Umrechnung von Einheiten
222	Musterlösungen
224	Stichwortverzeichnis
228	Bildnachweis

Startpunkt

Arbeiten wie die Naturwissenschaftler

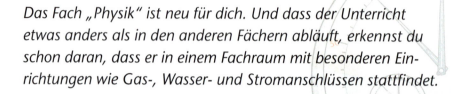

Das Fach „Physik" ist neu für dich. Und dass der Unterricht etwas anders als in den anderen Fächern abläuft, erkennst du schon daran, dass er in einem Fachraum mit besonderen Einrichtungen wie Gas-, Wasser- und Stromanschlüssen stattfindet.

Wie die Biologie und die Chemie gehört auch die Physik zu den Naturwissenschaften. Sie erforscht und beschreibt z. B. wie Blitze entstehen oder warum man im Winter auf dem See eislaufen kann.

Viele solche Erscheinungen wirst du im Fach „Physik" selbst untersuchen: Du wirst Fragen stellen, Versuche durchführen, Beobachtungen machen, Ergebnisse finden, sie in Protokollen festhalten und vieles mehr.

All das sind Methoden, die ein Naturwissenschaftler für seine Arbeit benötigt. Das erste Kapitel hilft dir dabei, einen Teil dieser Methoden kennen zu lernen und darin so fit zu werden, dass du selbstständig wie ein Naturwissenschaftler arbeiten kannst.

Im Fach „Physik" wirst du viel über die Welt und ihre Gesetzmäßigkeiten kennenlernen. Zum Glück gibt es im Fach „Physik" Gesetzmäßigkeiten und Leitideen, die dir immer wieder begegnen werden. Besonders wichtige Gesetzmäßigkeiten und Leitideen bezeichnet man als Basiskonzepte. Die Basiskonzepte im Fach „Physik" sind Energie, Materie, System und Wechselwirkung. Die Basiskonzepte können dir dabei helfen, neuen Unterrichtsstoff im Physikunterricht besser zu verstehen und zu merken. Du findest mehr zu den Basiskonzepten auf den Seiten 212 bis 219. Im Text wird immer wieder an exemplarischen Stellen auf die Basiskonzepte verwiesen, z. B. [Energie, S. 212].

Online-Link
068785-0001

Ausprobieren macht schlau

Die verschwundenen Münzen
Julia und Tina sollen zum Supermarkt gehen, um dort einzukaufen. Den Einkaufszettel und das Geld hat Julias Mutter auf das Garderobenschränkchen gelegt. Als Julia nach dem Geld sehen will, rollen ihr einige Münzen aus der Geldbörse auf das Schränkchen und fallen in den Spalt zwischen Schrank und Wand. Die Mädchen versuchen, das Möbelstück von der Wand wegzuschieben. Aber das klappt nicht. Sie überlegen, wie sie an die Münzen kommen. Da hat Tina eine Idee.

Ein einfacher Versuch
Die Mädchen nehmen einen Magneten von der Magnettafel in der Küche, binden ihn an einen Faden und lassen ihn im Spalt nach unten. Es klickt. Die erste Münze hängt am Magneten und kann nach oben geholt werden. „Siehst du", sagt Tina und strahlt, „zwei Euro haben wir schon geangelt."
Auch die zweite Münze wird auf diese Weise nach oben befördert. Bei der dritten Münze gibt es Schwierigkeiten. Obwohl der Magnet die Münze berührt, bleibt sie nicht an ihm hängen. Warum funktioniert es dieses Mal nicht?

Im Alltag machst du manchmal Beobachtungen, die du nicht gleich erklären kannst. Oft kannst du die Erklärung aber mithilfe eines einfachen Versuchs herausfinden. Das Problem, das Tina und Julia haben, kannst du beispielsweise in der folgenden „Werkstatt" untersuchen. Und um später noch einmal nachlesen zu können, wie du bei der Untersuchung des Problems vorgegangen bist und was du herausgefunden hast, solltest du ein Versuchsprotokoll erstellen. Wie ein solches Protokoll aussieht, erfährst du auf der nächsten Seite.

1 Julia und Tina angeln Münzen

Werkstatt

Welche Münzen zieht der Magnet an?

Material
Magnet, verschiedene Münzen

Versuchsanleitung
Übertrage die Tabelle in dein Heft. Halte den Magnet an die Münzen und überprüfe, ob sie von ihm angezogen werden oder nicht. Trage den Wert der Münze in die Tabelle ein und notiere die entsprechende Antwort (Anziehung? Ja/Nein).

Aufgaben
1. Welche Münzen könnten noch hinter dem Schränkchen liegen? Begründe deine Antwort.
2. Führe den Versuch mit anderen Gegenständen durch. Gibt es Gemeinsamkeiten zwischen den Gegenständen, die angezogen bzw. nicht angezogen werden?

Münze	Anziehung?
1 Cent	
2 Cent	
5 Cent	
10 Cent	
20 Cent	
50 C	
1	

Strategie

Zu jedem Versuch ein Protokoll!

Stell dir vor, du willst einen spannenden Versuch nach einem Jahr wiederholen. Vielleicht weißt du dann nicht mehr, welches Material du benötigt hast und wie du genau vorgegangen bist. Der Ablauf und die Ergebnisse eines Versuchs lassen sich leichter nachvollziehen, wenn man sie in einem Versuchsprotokoll notiert.

Wie sollte ein Protokoll aufgebaut sein?

Ein Versuchsprotokoll sollte übersichtlich angelegt und klar gegliedert sein. Die Auswertung eines Versuches gelingt nur dann, wenn alle Beobachtungen und Messergebnisse genau festgehalten wurden. Unten siehst du ein Beispiel für ein Versuchsprotokoll, das die wichtigsten Elemente zeigt und kurz beschreibt.

Sicherheit und Entsorgung

Wenn du bei einem Versuch mit bestimmten Chemikalien, offenem Feuer, Glasgeräten oder elektrischem Strom arbeitest, musst du verschiedene Sicherheitsvorschriften beachten. Bei manchen Versuchen bleiben Chemikalienreste übrig oder es geht Glas zu Bruch. Diese Abfälle müssen nach Anweisung der Lehrerin oder des Lehrers entsorgt werden.
Wenn bei der Durchführung eines Versuchs Sicherheitsmaßnahmen zu beachten sind oder Abfälle zur Entsorgung anfallen, dann solltest du dies im Versuchsprotokoll festhalten.

Thema des Versuchs
Gib das Thema des Versuchs an, du kannst es auch als Frage formulieren. Beschränke dich möglichst auf einen Satz.

Material
Notiere in einer Materialliste alle benötigten Geräte, sonstige Hilfsmittel und gegebenenfalls die Chemikalien.

Versuchsanleitung
Beschreibe in kurzer, verständlicher Form, wie der Versuch Schritt für Schritt durchgeführt wird.

Beobachtungen
Notiere alle Einzelheiten, die du während des Versuchsablaufs beobachtest, insbesondere die Messergebnisse. Achte darauf, dass du hier nur deine Beobachtungen aufschreibst, sie aber noch nicht erklärst oder deutest.

Auswertung und Ergebnis
Aus den Beobachtungen werden allgemeine Aussagen oder Gesetzmäßigkeiten abgeleitet. Fasse deine Schlussfolgerungen in einem knappen Merksatz zusammen.

Name und Datum
Auf jedes Protokoll gehören dein Name und das Datum.

Versuchsaufbau
Zeichne eine einfache Skizze des Versuchsaufbaus und beschrifte sie.

Versuchsprotokoll

Datum: 27.2.2009

Name: Marion Mustermann

Thema: Welche Münzen werden vom Magneten angezogen?

Material:
Magnet, Euro- und Cent-Münzen

Versuchsaufbau:

Versuchsanleitung:
Halte den Magneten an die Münzen und überprüfe, ob er sie anzieht. Notiere deine Beobachtungen in einer Tabelle.

Beobachtung:

Münzen	werden angezogen	werden nicht angezogen
2 Euro	x	
1 Euro	x	
10 Cent		x
20 Cent		x

Auswertung und Ergebnis:
1- und 2- Euro-Münzen werden vom Magnet angezogen. 10- und 20- Cent-Münzen nicht. Ob eine Münze angezogen wird oder nicht, hängt davon ab, aus welchem Material sie besteht.

Physik im Alltag

Streit am Herd

Dennis und seine große Schwester Anke kommen aus der Schule nach Hause. Ihre Mutter hat einen Zettel auf den Küchentisch gelegt. „Ich bin gegen 13 Uhr zurück, kocht bis dahin schon mal die Kartoffeln." Diese Aufgabe übernimmt Dennis. Er stellt am Elektroherd die höchste Stufe ein und setzt sich mit der Fernsehzeitung an den Tisch.
Schon bald kocht das Wasser, es sprudelt sehr stark und spritzt aus dem Topf. Dennis will aber auf sein Zimmer gehen. Er glaubt, dass die Kartoffeln schneller gar werden, wenn er den Herd auf der höchsten Stufe kochen lässt.
Anke, die zwischendurch in die Küche schaut, wundert sich über das starke Sprudeln im Topf und dreht den Regler am Herd zurück.
„Lass das so", protestiert Dennis, „die Kartoffeln sollen schneller gar werden!"

Wer hat Recht?

Stimmt es, was Dennis sagt? Werden die Kartoffeln schneller gar, wenn das kochende Wasser auf höchster Stufe weiter geheizt wird? Oder hat Anke Recht, wenn sie den Regler zurückstellt? Sie behauptet, dass kochendes Wasser eine bestimmte Temperatur nicht überschreiten kann.

Um herauszufinden wer Recht hat, führst du am besten selbst einen Versuch durch. In der Werkstatt erfährst du, wie du dabei vorgehen musst.

Im Alltag anwenden

Hast du herausgefunden, wie heiß kochendes Wasser werden kann? Dein Wissen kannst du dir im Alltag z. B. in der Küche beim Kochen zu Nutze machen. Sobald das Wasser im Topf zu sieden beginnt, kannst du den Regler am Herd so weit zurück drehen, dass das Wasser gerade noch leicht sprudelt. Es bleibt dabei 100 °C heiß. Aber du sparst Geld, denn du verbrauchst nicht so viel Energie.
Dieses Beispiel zeigt, wie du das Gelernte aus dem Naturwissenschaftlichen Unterricht auf den Alltag übertragen kannst.

1 Naturwissenschaftliche Kenntnisse lassen sich auch im Alltag anwenden.

Werkstatt

Wie heiß wird kochendes Wasser?

Material
Elektrische Heizplatte, Becherglas, Thermometer, Wasser

Versuchsanleitung
a) Gib 300 ml Wasser in das Becherglas und stelle es auf die Heizplatte.
b) Stelle den Regler an der Heizplatte auf die höchste Stufe und lasse ihn bis zum Ende des Versuchs unverändert.
c) Misse jede Minute die Temperatur des Wassers.
d) Übertrage die Tabelle in dein Versuchsprotokoll und trage die abgelesenen Werte ein.
e) Wenn das Wasser siedet, mach mindest noch fünf weitere Messungen.
f) Beschreibe deine Messwerte und formuliere ein allgemeines Ergebnis.

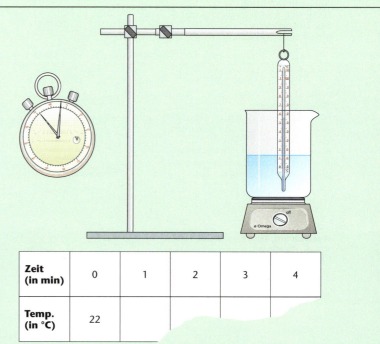

Zeit (in min)	0	1	2	3	4
Temp. (in °C)	22				

Strategie

Beobachten und auswerten

Von der Beobachtung bis zum Ergebnis
Wenn du einen Versuch durchführst, solltest du deine Ergebnisse immer dokumentieren. Das hilft dir, den Ablauf des Versuchs später noch einmal nachzuvollziehen.

Du musst aber unbedingt darauf achten, dass du Vermutungen, Beobachtungen, Begründungen und Ergebnisse sauber trennst. Vermische diese Punkte nicht, egal, in welcher Form du die Ergebnisse festhältst.

Am Beispiel des Versuchs „Wie heiß wird kochendes Wasser" sind hier Möglichkeiten aufgezeigt, wie du einen Versuch dokumentieren kannst.

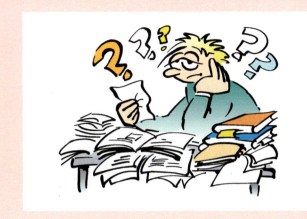

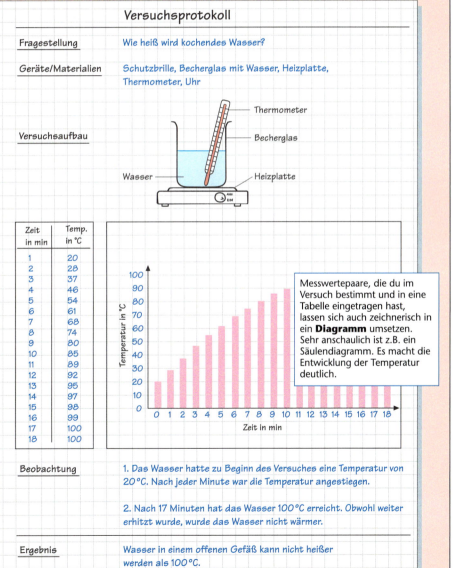

Zeit in min	Temp. in °C
1	20
2	28
3	37
4	46
5	54
6	61
7	68
8	74
9	80
10	85
11	89
12	92
13	95
14	97
15	98
16	99
17	100
18	100

Versuchsprotokoll

- **Fragestellung:** Wie heiß wird kochendes Wasser?
- **Geräte/Materialien:** Schutzbrille, Becherglas mit Wasser, Heizplatte, Thermometer, Uhr
- **Versuchsaufbau:** (Thermometer, Becherglas, Wasser, Heizplatte)

Beobachtung
1. Das Wasser hatte zu Beginn des Versuches eine Temperatur von 20 °C. Nach jeder Minute war die Temperatur angestiegen.
2. Nach 17 Minuten hat das Wasser 100 °C erreicht. Obwohl weiter erhitzt wurde, wurde das Wasser nicht wärmer.

Ergebnis
Wasser in einem offenen Gefäß kann nicht heißer werden als 100 °C.

---

*Durch eine einfache **Zeichnung** stellst du den Versuch anschaulich dar.*

*Wenn du bei einem Versuch Messwerte bestimmst, trägst du sie zur besseren Übersichtlichkeit in eine **Tabelle** ein.*

*Messwertepaare, die du im Versuch bestimmt und in eine Tabelle eingetragen hast, lassen sich auch zeichnerisch in ein **Diagramm** umsetzen. Sehr anschaulich ist z.B. ein Säulendiagramm. Es macht die Entwicklung der Temperatur deutlich.*

Achte darauf, dass du deine Beobachtung und die Ergebnisse deiner Untersuchung immer voneinander trennst.

Woher kommt die Einheit °C?

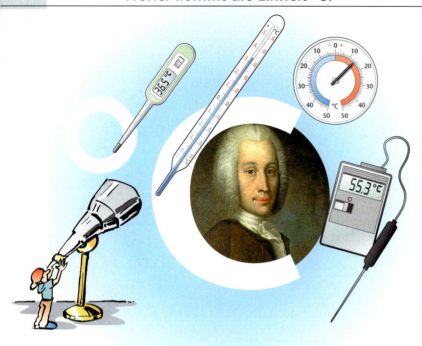

Das „C" auf dem Thermometer
Was haben die vier oben abgebildeten Thermometer gemeinsam?
Natürlich kannst du mit ihnen Temperaturen messen. Auf allen sind aber neben den Zahlen auch ein Symbol und ein Buchstabe angegeben: °C. Du hast schon gelernt, dass das „C" Celsius bedeutet und „°" für Grad steht. Das ist die bei uns gebräuchliche Einheit für die Temperatur, benannt nach dem Forscher ANDERS CELSIUS.
Wer aber war Celsius? Wo hat er gelebt? Welchen Beruf hatte er? Und was hat er geleistet, dass sein Name als Einheit für die Temperatur verwendet wurde?

Der Name wird zur Einheit
Du hast schon Einheiten wie z. B. Meter (m) oder Liter (l) kennen gelernt. Andere Einheiten, mit denen du im Fach Physik arbeiten wirst, sind nach bekannten Persönlichkeiten benannt, die schon vor Jahrhunderten geforscht und wichtige Entdeckungen gemacht haben. Zu ihnen gehörte auch der schwedische Astronom ANDERS CELSIUS, der Namensgeber für die Einheit der Temperatur. Und wenn du gerade über das Wort Astronom „gestolpert" bist – Nachschlagen macht schlau!

> • **Astronom**, der; –en, –en: Sternenkundiger, -forscher • **Astronomie**, die; –: Sternenkunde • **astronomisch** Ew.: sternenkundlich : ugs. sehr hoch, riesig

1 Lexikonausschnitt

Strategie

Informationen sammeln

In der Schule, aber auch zu Hause gibt es viele Situationen, in denen das eigene Wissen nicht ausreicht. Wenn sich zum Beispiel die Frage stellt, wer ANDERS CELSIUS war. In solchen Fällen muss man sich Informationen beschaffen.

Wie muss man vorgehen, um eine möglichst genaue Antwort auf seine Fragen zu erhalten?

A. Fragestellung klären
Zuerst musst du dir über die Fragestellung genau im Klaren sein. Welche Frage soll beantwortet werden? Welche Informationen benötigst du dafür?

B. Fachgebiet eingrenzen
Aus welchem Bereich kommt die Frage? Aus der Physik oder eher aus der Biologie oder der Chemie? In welchen Büchern kannst du nachschlagen?

C. Informationsmaterial beschaffen
Sieh zuerst in deinem Bücherschrank und in deinen Schulbüchern nach. Weiteres Material findest du sicherlich auch in der Schulbibliothek oder in der öffentlichen Städtischen Bibliothek. Verwendest du Material von großen Firmen, Kirchen und öffentlichen Vereinen, solltest du erst mit deiner Lehrerin oder deinem Lehrer darüber sprechen.

D. Das Internet nutzen
Im Internet helfen dir Suchmaschinen, unter bestimmten Begriffen Informationen zu finden. Gib möglichst mehrere Begriffe in die Suchmaschine ein, um das Thema einzugrenzen. Sonst erhältst du zu viele Informationen, die du nicht überblicken kannst.

Strategie
Informationen auswerten

Wenn du dir zu einer Frage oder einer Aufgabe Informationen beschafft hast, wirst du in den meisten Fällen mehr Material bekommen, als du zunächst überblicken kannst. Zu ANDERS CELSIUS findest du sicherlich viele Informationen in Schulbüchern, in Sachbüchern, in Lexika und im Internet.

Bei der Auswertung der Informationen solltest du daher immer Schritt für Schritt vorgehen:

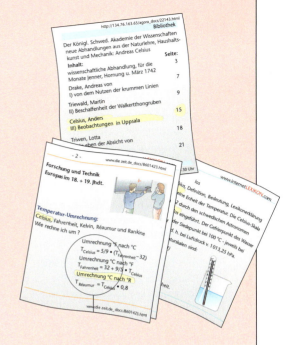

A. Informationen sichten
Zuerst musst du dir einen Überblick verschaffen. Helfen dir wirklich alle Texte und Bilder bei der Bearbeitung des Themas?

B. Wichtiges kennzeichnen
Mache Kopien von den ausgewählten Seiten. Das hat den Vorteil, dass du wichtige Textstellen und Stichwörter mit dem Textmarker oder Buntstiften markieren kannst. Du kannst auf den Seiten auch Kommentare oder Verweise auf andere Materialien notieren.

C. Bilder sagen mehr ...
Bei der Auswertung von Materialien sind nicht nur Texte wichtig. Sammle Fotos, Zeichnungen, aber auch Tabellen und Diagramme. Sie machen deine Ausarbeitung interessanter und anschaulicher.

D. Ergebnisse zusammenfassen
Anhand der Markierungen auf den kopierten Seiten lassen sich die Ergebnisse deiner Informationssuche nun leichter zusammenfassen. Selbst bei größeren Informationsmengen kannst du das Wesentliche schnell überblicken und bei Bedarf schriftlich zusammenfassen.

Hierbei gilt allerdings der Grundsatz: Schreib nichts auf, was du nicht selbst verstanden hast. Sachverhalte oder Begriffe, die dir unbekannt sind, solltest du in einem Lexikon nachschlagen oder im Internet suchen.

Wie war das noch mit der „Berufsbezeichnung" des ANDERS CELSIUS? „Astronom". Was ist denn ein Astronom? Wenn du diese Frage nicht genau beantworten kannst, weißt du nun, wie du das herausbekommen kannst.

Strategie

Mein Physikheft wird super!

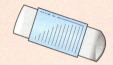

In deinem **Physikheft** oder **Ordner** kannst du jederzeit nachschauen, was ihr im Unterricht besprochen habt. Das erleichtert dir das Lernen. Dazu ist es allerdings wichtig, dass dein Heft oder dein Ordner übersichtlich und ordentlich gestaltet ist. Die Leser, also auch du selbst, müssen sich schnell zurechtfinden können und „Blickfänge" vorfinden. Dann macht das Lesen und Betrachten Spaß.

Du musst den Ordner oder das Heft deutlich mit Fach, Name, Klasse und Schuljahr beschriften. Außerdem braucht dein Heft einen sauberen Einband.

Arbeitsblätter werden komplett und fehlerfrei ausgefüllt, eventuell zuerst mit Bleistift, und dann in der richtigen Reihenfolge eingeklebt oder eingeheftet.

Achte auf eine ordentliche, lesbare Schrift. Vielleicht schreibst du im Unterricht zuerst vor und trägst deine Notizen später in Ruhe ein.

Teile die Heftseite sinnvoll ein. Lasse links und rechts einen Rand von etwa 2 bis 3 cm. Hier kannst du mit Bleistift Lernhilfen oder „Eselsbrücken" eintragen.

Gliedere den Text in Absätze, wähle Überschriften und schreibe sie groß oder farbig. Merke dir: Fange für jedes Thema eine neue Seite an.

Wer Lust hat, kann selbst Fotos machen oder Bilder einkleben.

Eigene Skizzen und Zeichnungen werden groß und mit Bleistift angefertigt. Vergiss die Beschriftung nicht!

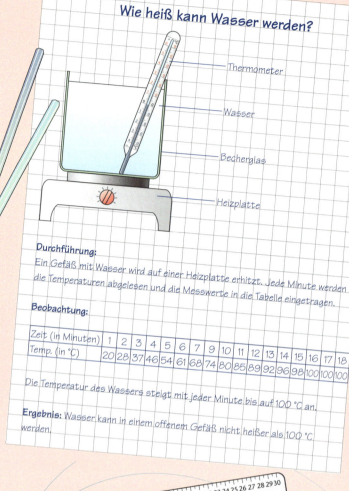

Themenhefte

Ein besonderer Fall ist das **Themenheft** oder der **Sachordner.** Hier widmest du einem Thema ein ganzes Heft. Themen für ein Themenheft könnten sein: „Der Erdmagnetismus" oder „Sonderbare Spiegel".

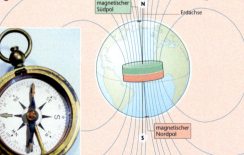

Strategie
Ergebnisse präsentieren

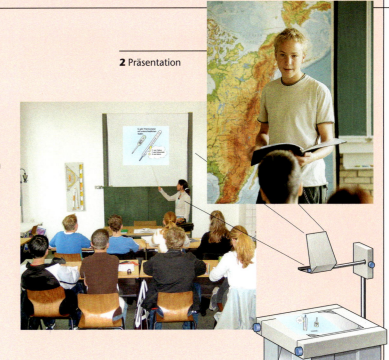

2 Präsentation

Vorbereitung einer Präsentation
Zur nächsten Unterrichtsstunde hat jeder aus der Klasse Informationen über einen bedeutenden Wissenschaftler mitgebracht.

Nun geht es darum, diesen Wissenschaftler den Mitschülerinnen und Mitschülern vorzustellen. Dabei ist darauf zu achten, dass die Ergebnisse
- klar gegliedert und
- verständlich dargestellt werden.

Im Folgenden lernt ihr verschiedene Möglichkeiten kennen, wie ihr die Ergebnisse eurer Gruppenarbeit euren Mitschülerinnen und Mitschülern präsentieren könnt.

A. Der Vortrag
Einer oder mehrere aus der Gruppe gehen nach vorne und tragen die Ergebnisse vor (▷ B 2).

Beachtet dabei Folgendes:
- Tragt eure Ergebnisse möglichst frei vor. Das geht am besten, wenn ihr wichtige Sätze und Begriffe in euren Unterlagen markiert. Tragt nur das vor, was ihr auch selbst verstanden habt.
- Sprecht laut und deutlich.
- Schaut eure Zuhörer dabei an.
- Benutzt möglichst wenige Fremdwörter.

Ihr könnt euren Vortrag verständlicher und interessanter machen, indem ihr
- Bilder zeigt,
- Ergebnisse, Tabellen oder Zeichnungen, die ihr auf Folie vorbereitet habt, während des Vortrags auf den Overheadprojektor legt,
- wichtige Informationen an die Tafel schreibt.

B. Das Plakat
Eine sehr übersichtliche und anschauliche Möglichkeit, Ergebnisse zu präsentieren, bieten Plakate (▷ B 1). Dabei kann jedes Mitglied der Gruppe seine Ergebnisse sauber auf Blätter notieren. Diese werden dann zusammen mit Fotos oder anderen Informationen aus Broschüren oder Prospekten übersichtlich auf das Plakat aufgeklebt.

Auch bei dieser Präsentationsmethode gilt: erst die Informationen gliedern und dann aufkleben. Selbstverständlich sollte die Schrift groß und gut lesbar sein.

Falls es in eurer Schule Informationswände gibt, die von Schülerinnen und Schülern gestaltet werden, könnt ihr natürlich auch dort eure Ergebnisse präsentieren.

3 Ein Overheadprojektor als Hilfsmittel

C. Das Buch
Die Ergebnisse, die von den einzelnen Gruppen auf DIN-A4-Blätter geschrieben und auf Plakate geklebt wurden, könnt ihr auch zu einem „Buch" binden. Dazu werden sie kopiert und zusammengeheftet – so hat jeder in der Klasse ein Exemplar mit allen Ergebnissen.

D. Auf einen Blick – Ergebnisse auf Folienstreifen
Wenn ihr die Ergebnisse eurer Gruppenarbeit in kurzen Sätzen zusammenfassen könnt, dann schreibt sie auf Folienstreifen. Wenn ihr diese Streifen untereinander auf dem Overheadprojektor anordnet, habt ihr alle Ergebnisse auf einen Blick.

1 Mit Plakaten kann man eine Ausstellung gestalten.

Experimentieren – aber sicher

1 Experimentieren auf einem aufgeräumten Tisch

Sicherheit geht vor

Du wirst im Physikunterricht auch selbst Experimente durchführen. Das wird dir viel Spaß machen. Aber du musst dabei auch aufpassen, dass weder dir noch deinen Mitschülerinnen und Mitschülern etwas passiert.

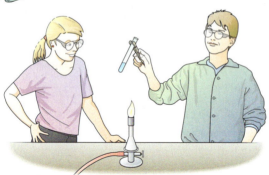

2 Vorsicht bei der Arbeit mit dem Gasbrenner!

3 Verwende als Spannungsquellen nur Batterien oder Netzgeräte!

Dazu musst du folgende Regeln beachten

– Beginne erst dann mit dem Experiment, wenn du die Erlaubnis von deiner Lehrerin oder deinem Lehrer erhalten hast.

– Experimentiere niemals auf einem Tisch, auf dem ein Durcheinander von Büchern, Heften und anderen Dingen herrscht.

– Achte darauf, dass die Versuchsanordnung stabil steht und nicht umkippen kann.

– An zerbrochenen Glasgefäßen kannst du dich schneiden. Informiere deine Lehrerin oder deinen Lehrer über den Glasbruch und verwende Glasgefäße mit einem Sprung auf keinen Fall weiter.

– Setze für Versuche mit elektrischem Strom nur Batterien oder Netzgeräte aus der Schule ein. Experimentiere niemals mit Strom aus der Steckdose. Das ist lebensgefährlich!

– Beim Umgang mit offenem Feuer (Kerze oder Gasbrenner), heißen Gegenständen oder Flüssigkeiten besteht die Gefahr, dass du dich verbrennst. Achte darauf, dass sich in der Nähe der Flamme keine brennbaren Gegenstände befinden.

– Wenn deine Lehrerin oder dein Lehrer den Hinweis gibt, eine Schutzbrille zu tragen oder lange Haare nach hinten zusammenzubinden, musst du dieser Aufforderung unbedingt folgen.

Für alle Fälle – Sicherheitseinrichtungen im Fachraum

Im Fachraum
Sieh dich einmal in deinem Fachraum um. Es gibt Anschlüsse für **Strom**, **Gas** und **Wasser** und auch einige Einrichtungen, die deiner Sicherheit dienen. Da du in Zukunft viele Experimente selbst durchführen wirst, musst du mit den Sicherheitseinrichtungen unbedingt vertraut sein.

I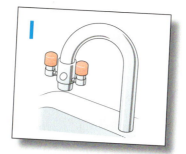

1 Das grüne Schild zeigt dir den **Fluchtweg** ins Freie. Du solltest diesen Weg einmal zusammen mit deiner Lehrerin oder deinem Lehrer gegangen sein. Dann kennst du diesen Weg in einem Notfall bereits und kannst dadurch mehr Ruhe bewahren.

K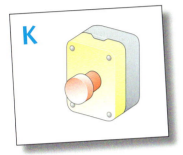

2 Ein **Feuerlöscher** ist zum Löschen von Bränden vorhanden. Informiere dich über die richtige Bedienung dieses Gerätes.

S

3 Der **Erste-Hilfe-Kasten** enthält Verbandsmaterial für den Fall, dass du dich beim Experimentieren verletzen solltest.

P

4 Für den Fall, dass die Kleidung eines Mitschülers oder einer Mitschülerin Feuer fängt, liegt eine **Löschdecke** bereit. Übt einmal, wie man mit der Löschdecke umgeht.

H

5 Die **Augendusche** dient dazu, Spritzer oder kleine Fremdkörper, die dir ins Auge geraten sind, herauszuwaschen.

Aufgaben

1 Lies dir auf den Kärtchen die Texte zu den Sicherheitseinrichtungen durch. Suche auf den Bildkarten das entsprechende Symbol. Die Nummern auf den Textkärtchen geben dir die Reihenfolge der Buchstaben an, die du auf den zugehörigen Bildkärtchen findest. Es ergibt sich der Name eines Unterrichtsfachs.

6 Neben den Türen und am Lehrerpult findest du den **NOT-AUS-Schalter**. Wenn ein solcher Schalter gedrückt ist, sind alle Strom- und Gasleitungen unterbrochen. So lassen sich bei einem Unfall alle angeschlossenen Geräte gleichzeitig abstellen.

Y

2 Überlege, warum man an Sicherheitseinrichtungen nicht herumspielen sollte.

3 Drehe an einem der Arbeitstische den Wasserhahn auf. Drücke den NOT-AUS-Schalter und beobachte, was passiert.

4 Was gehört deiner Meinung nach in einen Erste-Hilfe-Kasten? Diskutiert eure Vorschläge in der Gruppe, erstellt gemeinsam eine Liste und überprüft diese.

Der Gasbrenner

1 Teelicht

Im Physikunterricht werden auch Versuche gemacht, bei denen Flüssigkeiten oder Gegenstände erwärmt werden. Da kann die Wärme von einem Teelicht (▷ B 1) reichen. Benötigt man aber in kurzer Zeit mehr Wärme, ist ein Gasbrenner besser geeignet.

Wie ein Gasbrenner aufgebaut ist, lernst du auf dieser Seite, wie du ihn sicher benutzt auf der Werkstattseite nebenan. Beachte beim Umgang mit offenem Feuer unbedingt die Anweisungen deiner Lehrerin oder deines Lehrers.

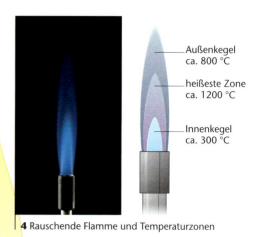

4 Rauschende Flamme und Temperaturzonen
- Außenkegel ca. 800 °C
- heißeste Zone ca. 1200 °C
- Innenkegel ca. 300 °C

2 Experiment mit dem Gasbrenner

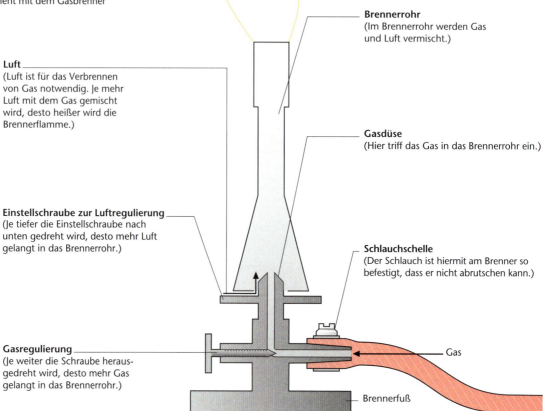

3 Aufbau eines Gasbrenners

Brennerrohr
(Im Brennerrohr werden Gas und Luft vermischt.)

Luft
(Luft ist für das Verbrennen von Gas notwendig. Je mehr Luft mit dem Gas gemischt wird, desto heißer wird die Brennerflamme.)

Gasdüse
(Hier trifft das Gas in das Brennerrohr ein.)

Einstellschraube zur Luftregulierung
(Je tiefer die Einstellschraube nach unten gedreht wird, desto mehr Luft gelangt in das Brennerrohr.)

Schlauchschelle
(Der Schlauch ist hiermit am Brenner so befestigt, dass er nicht abrutschen kann.)

Gasregulierung
(Je weiter die Schraube herausgedreht wird, desto mehr Gas gelangt in das Brennerrohr.)

Gas

Brennerfuß

Werkstatt

Umgang mit dem Gasbrenner

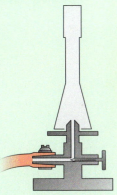

1 Ein Teclubrenner im Schnitt

2 Bei geschlossener Luftzufuhr entsteht eine leuchtende Flamme.

3 Ist die Luftzufuhr geöffnet, entsteht eine rauschende Flamme.

Sieh dir den Gasbrenner genau an, bevor du damit umgehst.

1 Bedienungsanleitung für einen Gasbrenner

Material
Schutzbrille, Haarband, Gasbrenner, Anzünder

Hinweis: Führe alle Versuche im Stehen durch!

Versuchsanleitung
a) Setze die Schutzbrille auf. Binde lange Haare zusammen!

b) Stelle den Brenner standsicher auf den Tisch.

c) Verbinde die Kupplung des Gasschlauches mit der zentralen Gasversorgung am Tisch.

d) Schließe die Luftzufuhr.

e) Öffne die Schraube zur Gasregulierung und entzünde das ausströmende Gas sofort.

f) Öffne die Luftzufuhr und schließe sie wieder.

g) Schließe die Gaszufuhr und kopple den Gasschlauch von der Gasversorgung am Tisch ab.

Aufgaben
1. Zeichne die Skizze des Brenners (▷ B 1) ab und beschrifte die Teile.

2. Übertrage die wichtigsten Stationen zur Bedienung eines Gasbrenners in dein Heft. Achte auf die richtige Reihenfolge.

2 Flammenzonen

Material
Schutzbrille, Haarband, Gasbrenner, Anzünder, Magnesiastäbchen, Holzstäbchen

Versuchsanleitung
a) Halte ein Magnesiastäbchen in verschiedenen Höhen in die rauschende Flamme (▷ B 4).

b) Führe einen Holzspan durch den unteren Bereich der rauschenden Flamme. Arbeite rasch und achte darauf, dass der Holzspan kein Feuer fängt.

Aufgabe
Beobachte! Wo ist die Flamme am heißesten?

3 Gelb leuchtend – schwarz rußend

Material
Schutzbrille, Haarband, Teelicht, Gasbrenner, Anzünder, Reagenzglas, Reagenzglashalter, Reagenzglasgestell

Versuchsanleitung
a) Bewege über der Flamme eines Teelichtes ein Reagenzglas, bis es am Boden verrußt ist (▷ B 5).

b) Halte das verrußte Reagenzglas in die rauschende Flamme eines Gasbrenners und warte, bis der Rußbelag wieder verschwunden ist.

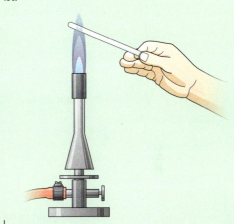

4 Zu Versuch 2a

5 Zu Versuch 3

Startpunkt

Magnetismus

Jeder kennt Magnete. Mal groß, mal klein – als nützliche Helfer begegnen sie dir überall im Alltag.

Haftmagnete findest du in Verschlüssen für Taschen und Schranktüren. Die nützlichen Magnetleisten dienen zum Befestigen von Werkzeugen und magnetische Folien lassen sich einfach an die Tafel heften. Bestimmt kennst du noch viele andere Beispiele zur Verwendung von Magneten. Im Umgang mit Magneten ist auch Vorsicht geboten. Wusstest du, dass man Magnete nicht in die Nähe von Festplatten oder Scheckkarten bringen darf?

Der Magnetismus ist ein Naturphänomen. Schon seit Jahrhunderten nutzen ihn die Menschen zur Richtungsbestimmung. Auch manche Vögel nutzen den Magnetismus, um sich beim Fliegen zu orientieren.

In diesem Kapitel wirst du die besonderen Eigenschaften von Magneten genauer untersuchen und kennen lernen.

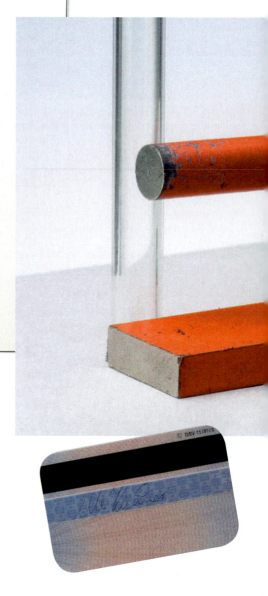

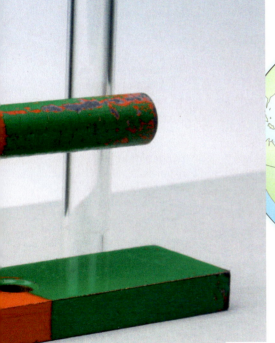

Werkstatt

Die magnetische Wirkung

Erstelle zu jedem der beschriebenen Versuche ein Protokoll und fasse deine Ergebnisse kurz zusammen.

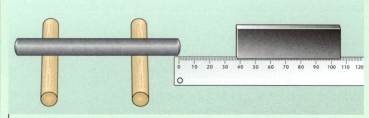

3 Ein Magnet wirkt auch auf die Entfernung.

1 Welche Gegenstände zieht ein Magnet an?

Material
Magnet, verschiedene Gegenstände, z. B. Lineal, Radiergummi, Schere, verschiedene Schlüssel, Trinkglas, Becher, Schrauben, Münzen u. a.

Versuchsanleitung
Nimm einen Magneten und nähere ihn den verschiedenen Gegenständen (▷ B 2).
Lege eine Tabelle an, in der du notierst, ob der Gegenstand vom Magneten angezogen wird oder nicht (▷ B 1).

Gegenstand	Anziehung?
Schere	
Lineal	
Schlüssel	
Anspitzer	

1 Tabelle zu Versuch 1

Aufgabe
Betrachte die Ergebnisse. Kannst du eindeutig sagen, welche Art von Gegenständen von dem Magneten angezogen werden?

2 Gegenstände werden auf ihre magnetische Anziehung hin untersucht.

2 Welche Stoffe zieht ein Magnet an?

Material
Magnet, Prüfstücke aus Eisen, Nickel, Kupfer, Kunststoff, Graphit, Holz, Aluminium, Glas u. a.

Versuchsanleitung
Nimm einen Magneten und halte ihn an die verschiedenen Prüfstücke. Notiere in einer Tabelle, welcher Stoff von dem Magneten angezogen wird.

Aufgabe
Kannst du genau sagen, welche Stoffe bzw. Materialien von dem Magneten angezogen werden? Vergleiche deine Ergebnisse mit den Ergebnissen aus Versuch 1.

3 Fernwirkung

Material
Stabmagnet, Lineal, Eisenstab, Rundhölzer

Versuchsanleitung
Lege den Eisenstab auf die beiden Rundhölzer. Richte den Eisenstab am Nullpunkt des Lineals aus. Nähere den Stabmagneten langsam dem Eisenstab (▷ B 3).

Aufgabe
Von welcher Entfernung an wird der Eisenstab angezogen?

4 Durchdringung oder Abschirmung?

Material
Magnet, Eisennagel, Pappe, Papier, Backblech (oder eine Eisenplatte), Aluminiumfolie, Holzplatte sowie weitere Materialien, die du prüfen möchtest

Versuchsanleitung
Halte nacheinander die verschiedenen Stoffe zwischen den Magneten und den Nagel. Prüfe jeweils, in welcher Entfernung der Nagel noch angezogen wird.

Aufgabe
Durch welche Stoffe wirkt der Magnet hindurch? Welche Stoffe schirmen seine Wirkung ab?

5 Weiterleiten der Magnetwirkung

Material
Magnet, Nägel

Versuchsanleitung
Hänge einen Nagel an einen Stabmagneten (▷ B 4). Hänge an das Ende des Nagels einen weiteren Nagel und an diesen nochmals einen Nagel usw.

Aufgabe
Wie viele Nägel kannst du aneinander reihen?

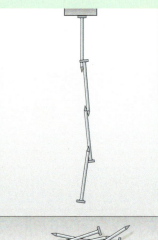

4 Zu Versuch 5

Die magnetische Wirkung

Anziehung durch Magnete

Magnete gibt es in unterschiedlichen Formen und Größen (▷ B 2). Du weißt, dass Magnete andere Gegenstände anziehen können. [Wechselwirkung, S. 218] Wenn du Versuche mit Magneten durchführst, wirst du aber feststellen, dass die Anziehung nicht bei allen Gegenständen auftritt. Selbst bei scheinbar gleichen Gegenständen gibt es manchmal eine Anziehung, manchmal auch nicht.

So kannst du zwischen dem Magneten und einem Schlüssel eine magnetische Wirkung beobachten (▷ B 1), während ein anderer Schlüssel nicht angezogen wird. Es hängt nicht vom verwendeten Gegenstand ab, ob er vom Magneten angezogen wird oder nicht, sondern vom Material bzw. Stoff, aus dem der Gegenstand besteht.

Da viele Gegenstände, z. B. Münzen, aus mehreren Stoffen bestehen, muss man jeden einzelnen dieser Stoffe auf seine magnetischen Eigenschaften untersuchen. Gegenstände, die Eisen, Nickel oder Cobalt enthalten, werden von einem Magneten angezogen. Eisen, Nickel oder Cobalt nennt man auch **ferromagnetische** Stoffe. Manche Geldstücke (▷ B 3) enthalten Nickel und Eisen.

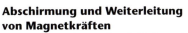

2 Formen von Magneten

▶ Zwischen einem Magneten und Gegenständen, die Eisen, Nickel oder Cobalt enthalten, gibt es eine magnetische Anziehung.

Magnetische Fernwirkung

Die magnetische Anziehung zwischen einem Magneten und einem Eisennagel lässt sich schon feststellen, bevor sich die beiden berühren.
Die magnetische Anziehungskraft wirkt also über eine Entfernung hinweg.

▶ Die magnetische Anziehung zwischen einem Magneten und einem Gegenstand aus Eisen, Nickel oder Cobalt wirkt auch dann, wenn sich die beiden nicht berühren.

Abschirmung und Weiterleitung von Magnetkräften

Bringst du z. B. ein Stück Holz zwischen den Magneten und den Eisennagel, dann wird der Nagel trotzdem angezogen. Die magnetische Anziehung kann bestimmte Stoffe durchdringen.

Bringst du zwischen einen Magneten und einen Eisennagel aber ein Stück Eisenblech (die drei Gegenstände sollen sich dabei nicht berühren), dann stellst du fest, dass die Anziehung zwischen Magnet und Eisennagel schwächer wird.

Wenn ein Magnet einen Gegenstand aus Eisen berührt, dann wirkt die magnetische Kraft im Eisen weiter. Hängst du z. B. einen Nagel an einen Magneten, dann kannst du an das Ende des Nagels einen weiteren anhängen. Auch Gegenstände aus Nickel oder Cobalt können die magnetische Wirkung weiterleiten.

▶ Die magnetische Wirkung durchdringt manche Stoffe. Sie lässt sich aber auch abschirmen und weiterleiten.

1 Nicht jeder Schlüssel wird angezogen.

3 Magnetische Wirkung bei Münzen

Dem Magnetismus auf der Spur

1 Zu Versuch 1

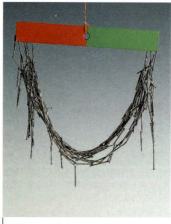

2 Zu Versuch 2

Magnetpole

Jeder Magnet hat zwei **Pole**. Bei einem Stabmagneten befinden sie sich an seinen beiden Enden. Im Bereich der Pole ist die magnetische Kraft am größten (▷ V 2). In der Mitte des Magneten wirkt keine magnetische Kraft (▷ B 2).

Die magnetischen Kräfte zwischen dem Pol eines Magneten und einem Gegenstand aus Eisen, Nickel oder Cobalt wirken wechselseitig. Das bedeutet, dass der Magnet den Eisenstab anzieht und der Eisenstab umgekehrt den Magneten anzieht (▷ V 3).

Ein frei drehbar aufgehängter Magnet richtet sich immer so aus, dass die eine Seite nach Norden zeigt, die andere nach Süden (▷ V 4).
Die Ausrichtung des Magneten ist dabei immer gleich, d. h. es zeigt immer dieselbe Seite nach Norden.
Dieses Verhalten eines frei drehbaren Magneten nutzt man beim Kompass (▷ B 4). Der Pol, der nach Norden zeigt, heißt **Nordpol** des Magneten. Den Pol, der nach Süden zeigt, bezeichnet man als **Südpol**.
[Wechselwirkung, S. 218]

Damit man die Pole schnell erkennt, sind sie bei den Magneten für den Unterricht farbig markiert. Die Seite des Nordpols ist meist rot, die Seite des Südpols meist grün lackiert.

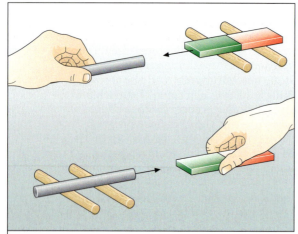

3 Magnet und Eisenstab ziehen sich gegenseitig an.

4 Drehbare Magnete zeigen in Nord-Süd-Richtung.

Versuche

1 ▶ Hänge eine Büroklammer an einen Bindfaden. Nähere die Büroklammer einem Magneten (▷ B 1). Was stellst du fest?

2 ▶ Halte einen Stabmagneten in eine Kiste mit Eisennägeln (▷ B 2). Wo wirkt die größte magnetische Kraft?

3 ▶ Lege einen Magneten auf zwei runde Hölzer. Nähere einen Eisenstab dem Magneten (▷ B 3). Wiederhole den Versuch. Lege diesmal aber den Eisenstab auf die Hölzer.

4 ▶ Lege einen Magneten auf eine frei drehbare Halterung oder hänge ihn frei drehbar auf (▷ B 4). Was stellst du fest? Markiere eine Seite des Magneten, stoße den Magneten an und beobachte wieder.

Dem Magnetismus auf der Spur

Die magnetischen Polgesetze

Zwischen zwei Magneten können anziehende und abstoßende Kräfte auftreten. Der Nordpol des einen Magneten zieht den Südpol des anderen Magneten an und umgekehrt.
Bringt man jedoch die Nordpole zweier Magnete zusammen, tritt eine abstoßende Kraft auf. Gleiches gilt für zwei Südpole.

▶ Ungleichnamige Pole ziehen einander an. Gleichnamige Pole stoßen einander ab.

Nähert man dem Nordpol eines Magneten, an dem ein Eisennagel hängt, einen etwa gleich starken Südpol (▷B 5), so heben sich an dieser Stelle die Magnetkräfte auf. Der Eisennagel fällt herab. Die freien Pole der Magnete behalten aber ihre magnetische Wirkung bei.

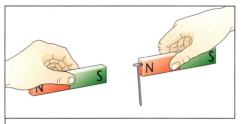

5 Magnetkräfte können sich gegenseitig schwächen.

Die magnetische Wirkung wird abgeschwächt, wenn man ungleichnamige Pole aneinander hält. Die magnetische Wirkung kann man verstärken, indem man zwei gleiche Pole nebeneinander hält.

Aufgabe

1 Warum schwebt der Magnet in Bild 6a? Gibt es zwei Lösungen?

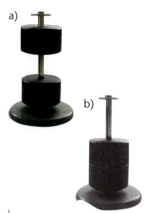

6 Magnete in unterschiedlicher Anordnung

Werkstatt

Die magnetischen Polgesetze

1 Magnetische Kräfte

Material
3 nicht gekennzeichnete Stabmagnete, 3 Klebepunkte gleicher Farbe, Eisenstück

Versuchsanleitung
a) Kennzeichne an den Stabmagneten jeweils eine Seite durch einen Klebepunkt. Probiere aus, was geschieht, wenn du die Enden zweier Magnete einander annäherst.
Teste alle Möglichkeiten und notiere deine Beobachtungen.

b) Nähere einen Magneten einem Eisenstück auf unterschiedliche Weise. Notiere deine Beobachtungen.

2 Anziehung und Abstoßung

Material
Farbig gekennzeichneter Stabmagnet, Kompass

Versuchsanleitung
Nähere zuerst den Nordpol, anschließend den Südpol eines Magneten einer Kompassnadel. Was stellst du fest?
Notiere deine Beobachtungen.
[Wechselwirkung, S. 219]

3 Polgesetze

Material
2 farbig gekennzeichnete Magnete

Versuchsanleitung
Halte den Nordpol des einen Magneten an den Südpol des anderen Magneten.
Führe weitere Versuche durch, halte nun aber jeweils die Nordpole und anschließend die Südpole der Magnete aneinander.
Welche Pole ziehen sich an?
Welche Pole stoßen sich ab?

Aufgabe
Formuliere mit Hilfe der Versuchsergebnisse allgemeine Regeln für das Verhalten der Magnete.

1 Material zu Versuch 1

2 Experimente mit Magneten

25

Werkstatt

Magnetisieren und Entmagnetisieren

1 Material zu Versuch 1

1 Magnetisieren von Drähten

Material
Stabmagnet, Blumendraht (aus Eisen), Drähte aus Kupfer, Aluminium, Messing, Kneifzange, Kompass, Klebeetiketten

Versuchsanleitung
Trenne vom Blumendraht mithilfe einer Kneifzange ein etwa 20 cm langes Stück sowie mehrere kleine Drahtstückchen von etwa 2 cm Länge ab. Markiere eine Seite des langen Drahtstücks mit einem Klebeetikett.

a) Streiche mehrmals mit dem Nordpol des Magneten von oben nach unten über das lange Drahtstück (▷ B 2, links). Halte es an die kurzen Drahtstückchen (▷ B 4).

Nähere das lange Drahtstück einem Kompass. Wo befindet sich der Nordpol des Drahts?

b) Wiederhole den Versuch. Streiche nun aber mit dem Südpol des Magneten von oben nach unten über den Eisendraht (▷ B 2, rechts). Verwende auch hier den Kompass, um festzustellen, wo sich der Nordpol des Drahts befindet.

c) Wiederhole die Versuche 1a und 1b. Streiche nun aber jeweils von unten nach oben über den Draht.

Aufgaben zum Versuch
1. Erstelle ein Protokoll zum Versuch.

2. Wiederhole den Versuch mit Drähten aus verschiedenen anderen Materialien, z. B. Kupfer, Aluminium und Messing. Was stellst du fest?

2 Entmagnetisieren

Material
Stabmagnet, 3 Eisendrahtstücke (20 cm lang), mehrere kurze Drahtstücke (etwa 2 cm lang), Holzbrett, Hammer

Versuchsanleitung
Magnetisiere vor jedem der drei Versuchsteile zuerst eines der langen Eisendrahtstücke mit dem Magneten. Gehe dazu vor wie in Versuch 1 beschrieben. Überprüfe anschließend die magnetische Wirkung der langen

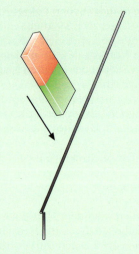

3 Der Draht wird entmagnetisiert.

Drähte mithilfe eines kurzen Drahtstücks (▷ B 4).

a) Entmagnetisieren mit einem Magneten
Hänge an ein Ende des magnetisierten Drahtes ein kurzes Drahtstückchen.
Nähere der Mitte des langen Eisendrahts einen Magneten (▷ B 3). Was stellst du fest?

b) Entmagnetisieren mithilfe eines Hammers
Lege das magnetisierte Drahtstück auf das Holzbrett. Schlage mit dem Hammer mehrfach auf den Draht.
Prüfe, ob das kurze Drahtstückchen nach den Hammerschlägen von dem langen Eisendraht noch angezogen wird.

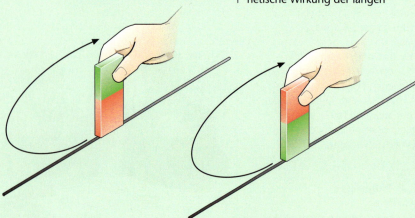

2 Magnetisieren eines Eisendrahts mit dem Nordpol (links) und dem Südpol (rechts)

4 Ein Magnet aus Blumendraht

Magnetismus ist eine Eigenschaft bestimmter Stoffe

Herstellen eines Magneten
Du kannst Körper, die Eisen, Nickel oder Cobalt enthalten, zu einem Magneten machen – du kannst sie **magnetisieren**. Dazu musst du mit einem Pol eines Magneten immer wieder in der gleichen Richtung über den Körper streichen.
Unter dem Einfluss des Magneten wird z. B. ein Eisendraht magnetisch. An den Enden des Drahtes entstehen die Pole des neuen Magneten (▷ B 1).

Wenn du mit dem Nordpol von oben nach unten über den Eisendraht streichst, dann entsteht am unteren Ende des Drahtes ein Südpol und am oberen Ende ein Nordpol.
Streichst du von unten nach oben, dann liegt der Nordpol unten und der Südpol oben.
Verwendest du anstelle des Nordpols beim Überstreichen einen Südpol, so erhältst du genau die umgekehrten Ergebnisse.

▶ Der Magnetismus ist eine Eigenschaft der Stoffe Eisen, Nickel und Cobalt. Körper, die diese Stoffe enthalten, kann man zu einem Magneten machen.

Entmagnetisieren
Einem magnetisierten Eisendraht können seine magnetischen Eigenschaften wieder genommen werden. Man kann ihn **entmagnetisieren**.
Der Draht verliert die magnetische Eigenschaft sehr schnell, wenn man ihn z. B. stark erhitzt (▷ V 1, ▷ B 2). Auch durch starke Erschütterungen oder unter dem Einfluss anderer starker Magnete kann der Eisendraht seine magnetische Wirkung verlieren.

▶ Ein Magnet kann seine magnetische Wirkung durch Erhitzen, Erschütterung und unter dem Einfluss eines starken Magneten verlieren.

2 Ein Draht wird durch Glühen entmagnetisiert.

Im Physik-Unterricht verwendet man Magnete, die ihre magnetische Wirkung über eine lange Zeit behalten. Diese Magnete heißen deshalb **Dauermagnete**. Aber auch Dauermagnete können ihre magnetische Wirkung verlieren, z. B. wenn du sie versehentlich fallen lässt. Gehe deshalb immer sorgfältig und umsichtig mit den Versuchsgeräten um.

> **Versuch**
> ▶ **1** Magnetisiere einen Eisendraht mithilfe eines Magneten.
> Prüfe die magnetische Wirkung des Drahtes an Gegenständen aus Eisen. Halte den Draht einige Zeit in die nicht leuchtende Flamme eines Gasbrenners (▷ B 2). Überprüfe, die magnetischen Eigenschaften des Drahts.

1 Pol eines magnetisierten Eisendrahts

3 Wie man mit Magneten nicht umgehen darf.

Werkstatt

Eigenschaften von Magneten

1 Wo wirkt die magnetische Kraft?
Material
Magnet, 20 cm langer Eisendraht (Blumendraht), mehrere kurze Drahtstücke

Versuchsanleitung
a) Halte den langen Eisendraht an verschiedene Stellen eines Magneten. An welchen Stellen zeigt der Magnet keine Anziehung?

b) Magnetisiere das lange Drahtstück, indem du mit einem Magneten darüber streichst. Biege den Draht in der Mitte, sodass ein großes V entsteht (▷ B 1).

Überprüfe mithilfe eines kurzen Drahtstücks, ob der gebogene Draht an der Biegung magnetisch ist. Prüfe außerdem, ob die Enden des gebogenen Drahtes magnetisch sind.

1 Zu Versuch 1

2 Zu Versuch 2

2 Ein Magnet wird geteilt
Material
Magnet, 20 cm langer Eisendraht, kurze Eisendrahtstücke, Kompass, Zange

Versuchsanleitung
a) Magnetisiere den langen Eisendraht. Teile den magnetisierten Draht mithilfe einer Zange in der Mitte.
Überprüfe, ob die beiden Drahtstücke eine magnetische Wirkung zeigen (▷ B 2).

b) Teile die beiden Drähte jeweils in mehrere Stücke. Überprüfe wiederum die magnetische Wirkung der kurzen Drahtstücke.

c) Untersuche mithilfe eines Kompasses, ob die kurzen Drahtstücke Pole besitzen.

Gelingt es dir in den Versuchen, nur Nordpole oder nur Südpole herzustellen?

Schnittpunkt

Umwelt: Modelle

1 Modell des Armes

Modelle und ihre Funktionen
Sehr häufig stellen Modelle Fahrzeuge, Bauwerke etc. verkleinert dar, sodass man nicht unbedingt immer das große Original betrachten muss. Ein solches Anschauungsmodell ist z. B. die Nachbildung eines Oldtimers.

Manchmal bilden Modelle aber auch das Original vergrößert ab. Im Biologie-Unterricht wirst du z. B. das Modell einer Blüte kennen lernen. Hier ist das Modell größer als das Original, sodass man die Funktion der einzelnen Teile der Blüte besser erkennen und erklären kann.

Modelle werden aber auch verwendet, wenn man etwas Kompliziertes auf einfache Weise erklären möchte. Das Modell ist dann ein vereinfachtes Bild des Originals, in dem unwichtige Details weggelassen wurden.

Ein Beispiel für eine solche Vereinfachung findest du in der Biologie: Mithilfe eines Gummiband-Modells lässt sich die Arbeit eines Armmuskels anschaulich beschreiben (▷ B 1). Das Modell zeigt dir, wie der Muskel beim Strecken des Arms gedehnt wird und wie er sich beim Beugen des Arms zusammenzieht. Den Aufbau der Muskeln und ihr Zusammenspiel mit Sehnen, Knochen und Nerven lässt man außer Acht; diese Details sind nicht notwendig, um das Beugen des Arms zu erklären.

Elementarmagnete

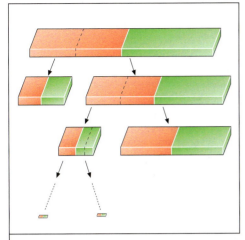

1 Magnete lassen sich teilen – aber nicht beliebig oft

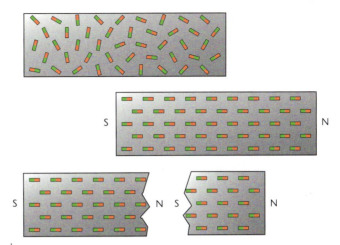

2 Das Modell der Elementarmagnete

Ein Modell vom inneren Aufbau der Magnete

Jeder Magnet hat einen Nordpol und einen Südpol. An den Polen eines Stabmagneten kannst du eine deutliche magnetische Wirkung nachweisen. In der Mitte des Magneten lässt sich keine magnetische Wirkung feststellen.
Teilst du einen Magneten in mehrere kleine Teile, so wird jedes Teilstück wieder zu einem vollständigen Magneten mit einem Nord- und einem Südpol (▷B 1). Einen einzelnen Nordpol oder einen einzelnen Südpol kannst du nicht herstellen.
Um die Vorgänge beim Magnetisieren, Entmagnetisieren und Teilen von Magneten besser erklären zu können, verwendet man das Modell der **Elementarmagnete**.

Elementarmagnete

Elementarmagnete kannst du dir so vorstellen: Ein Magnet wird immer weiter in kleinere Magnete geteilt. Irgendwann wird der Magnet so klein, dass du ihn nicht weiter teilen kannst. Diesen kleinsten Magneten bezeichnen wir als Elementarmagneten. Elementarmagnete existieren nicht wirklich, sie sind nur ein **Modell**.
In einem unmagnetisierten Eisenstück sind die Elementarmagnete ungeordnet (▷B 2, oben). Durch mehrfaches Überstreichen mit einem Pol eines Magneten richten sich die Elementarmagnete (fast) alle gleichmäßig aus. Es bilden sich Nord- und Südpol (▷B 2, Mitte).
Lässt man das magnetisierte Eisenstück fallen oder setzt man es großer Hitze aus, geraten die Elementarmagnete wieder in Unordnung. Das Eisenstück wird entmagnetisiert.

In Dauermagneten, wie sie z. B. in der Schule verwendet werden, geht die magnetische Wirkung durch Stöße kaum verloren. Stelle dir vor, dass die Elementarmagnete hier sehr fest verankert sind.

Teilst du einen Magneten, dann bleiben die Elementarmagnete in seinem Inneren geordnet. An der Bruchstelle entstehen ein Nord- und ein Südpol (▷B 2, unten). Genauso verhält es sich, wenn du Magnete mit unterschiedlichen Polen zusammensetzt. Da ein Nord- und ein Südpol aufeinander treffen, hebt sich dort die magnetische Wirkung auf, falls die Magnete gleich stark sind.

Aufgabe

1 Erkläre, weshalb ein Eisenstück sowohl vom Nord- als auch vom Südpol eines Magneten angezogen wird.

3 Auf der Suche nach den Elementarmagneten

Strategie

Suchen und Finden im Internet

Das Internet

Das Internet ist ein Zusammenschluss vieler Computer. Auf diese Weise ist eine Art riesige Bibliothek entstanden, in der vielfältige Informationen zu finden sind.

Um in das Internet zu gelangen, muss man sich über einen so genannten Provider einwählen. Ein Provider ist eine Firma, die dir den Zugang zum Internet ermöglicht. Die Einwahl erfolgt meistens automatisch, wenn man einen Browser (engl. browse = stöbern) aufruft. Zu Hause sollten dir deine Eltern den Zugang zum Internet zeigen.

Mit einem Browser bewegst du dich im World Wide Web (Weltweites Netzwerk). In der Adresszeile kannst du sofort bekannte WWW-Adressen eingeben, z. B. www.weltderphysik.de oder www.klett.de.

Viele dieser Seiten sind Ausgangsseiten (Portale), die durch Verweise auf andere Seiten zeigen. Diese Verweise (so genannte Links) erkennst du daran, dass sie unterstrichen und meist farbig hervorgehoben sind. Zudem wird beim Überstreichen eines Links aus dem Mauszeiger eine Hand. Einige Links sind auch durch kleine Grafiken dargestellt. Wenn du einen Link anklickst, wechselst du zu der Seite, auf die der Link verweist. In der Adresszeile steht jetzt meist eine neue Adresse.

Suchen und Finden

Wenn du spezielle Informationen benötigst, musst du die Adresse kennen, unter der die Informationen zu finden sind. Nur in den wenigsten Fällen wirst du über Portale an die entsprechenden Informationen gelangen.

Effektiver ist es, eine Suchmaschine zu benutzen. Eine Suchmaschine kannst du dir wie ein riesiges Lexikon vorstellen. Nach Eingabe eines Begriffs erstellt die Suchmaschine eine Liste mit Seiten, die deinen Suchbegriff enthalten. Suchmaschinen sind z. B. zu finden unter:

www.altavista.de
www.blindekuh.de
www.fireball.de
www.google.de
www.lycos.de
www.yahoo.de

Wenn du in dem Feld „Suche nach" ein Stichwort eingibst und dann auf „Suche starten" klickst oder die Eingabetaste drückst, beginnt die Suchmaschine damit, passende Seiten zu suchen.
Als Ergebnis gibt die Suchmaschine eine Linkliste der Seiten zurück, die diesen Suchbegriff enthalten.

Wenn du z. B. Informationen über Magnete benötigst, musst du in der Suchzeile das Wort Magnet eingeben.
In den meisten Fällen erzielt die Suchmaschine jetzt aber nicht nur einen Treffer, sondern viele, vielleicht sogar Millionen. Dein Suchbegriff ist dann zu allgemein und die Information, die du eigentlich suchst, ist nur schwer zu finden.

Verfeinern der Suche

Alle Suchmaschinen erlauben es, die Suche zu verfeinern, indem man mehrere Schlagwörter in der Suchzeile einträgt. Zusätzlich sollte man direkt vor jedes Wort das Pluszeichen (+) setzen. Das Pluszeichen bedeutet, dass dieser Begriff im Ergebnis in jedem Fall enthalten sein muss. Suchst du z. B. nach den magnetischen Polen, könntest du als Suchbegriffe eingeben:

+Magnet +Pole

Begriffe ausschließen

Manchmal ist es auch sinnvoll, bestimmte Begriffe bei der Suche auszuschließen. In diesen Fällen musst du ein Minuszeichen (–) vor das Wort stellen. Suchst du z. B. nach den magnetischen Polgesetzen und möchtest du keine Informationen, die von einer Universität stammen, so gibst du ein:

+Magnet +Polgesetz –Universität

Textsuche

Angenommen, du willst ein Referat über Christoph Kolumbus schreiben. Möglicherweise reicht hier die Suche mit

+Christoph +Kolumbus

nicht aus, da jetzt auch andere Vor- und Nachnamenkombinationen denkbar sind, wie z. B. Dokumente, in denen Christoph Meier und Lisa Kolumbus vorkommen. Muss in dem zu suchenden Dokument aber unbedingt der Text Christoph Kolumbus vorkommen, so sind beide Wörter zusammen in doppelte Anführungszeichen zu setzen, also:

„Christoph Kolumbus"

Jetzt erhältst du nur Verweise auf Dokumente, in denen genau dieser Text vorkommt.

1 Ob Internet oder Bibliothek: Man muss wissen, wie man Informationen findet.

Favoriten/Lesezeichen hinzufügen

Die Eingabe der Adresse in den Browser kann sehr mühselig sein, besonders dann, wenn du eine sehr lange URL (Adresse) eingeben musst. Verwendest du die Adresse öfter, bieten alle Browser an, diese als „Favorit" oder „Lesezeichen" hinzuzufügen. Durch Favoriten gelangt man schnell und ohne Tipparbeit zu seinen bevorzugten Seiten.

Jede aktuell im Browser angezeigte Internetseite kann sofort zu den Favoriten bzw. Lesezeichen hinzugefügt werden. Dazu rufst du den Menüpunkt „Favoriten" bzw. „Lesezeichen" auf und klickst auf hinzufügen. In der nun folgenden Dialogbox ist schon ein Name für den Favoriten vorgegeben, hier kann man aber auch einen anderen Namen angeben. Die Adresse ist nun im Browser gespeichert.

Die einmal eingestellten Seiten kannst du jetzt bequem über den Menüpunkt „Favoriten" bzw. „Lesezeichen" aufrufen.

Das magnetische Feld

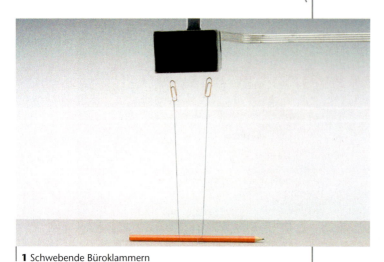

1 Schwebende Büroklammern

Je weiter du die Büroklammer vom Magneten entfernst, desto schwächer ist die Magnetkraft. Verwendest du anstelle der Büroklammer eine Kompassnadel, dann kannst du die magnetische Wirkung in noch größeren Entfernungen feststellen. Die Magnetkraft wird mit zunehmender Entfernung vom Magneten zwar schwächer, niemals aber verschwindet sie ganz.

Der Wirkungsbereich um einen Magneten wird als **magnetisches Feld** bezeichnet. Das magnetische Feld ist nicht sichtbar, aber du kannst es an seiner Wirkung auf Gegenstände erkennen, die Eisen, Nickel oder Cobalt enthalten. Befindet sich ein solcher Gegenstand im Feld eines Magneten, wird er angezogen (▷B 2).

▶ Ein Magnet ist von einem magnetischen Feld umgeben.

Wie wird die Magnetkraft übertragen?
Du hast sicherlich schon herausgefunden, dass sich in dem schwarzen Kasten in Bild 1 ein Magnet befindet. Er zieht die Büroklammern an, obwohl er sie nicht berührt. Hast du dich vielleicht schon gefragt, wie das möglich ist?
Näherst du eine Büroklammer einem Magneten von verschiedenen Seiten, spürst du die magnetische Wirkung rings um den Magneten. Allerdings wirst du feststellen, dass die Magnetkräfte nur innerhalb eines bestimmten Abstandes auf die Klammer wirken.

Winzlinge im Magnetfeld
Wie musst du dir das magnetische Feld vorstellen? Du kannst dir ein Bild davon machen, indem du winzige und sehr leichte Eisenfeilspäne in ein magnetisches Feld bringst.
Unter dem Einfluss der Magnetkraft werden die Eisenspäne selbst zu kleinen magnetischen Nadeln und richten sich im magnetischen Feld aus. In den Polbereichen des Stabmagneten scheinen sie in alle Richtungen abzustehen (▷B 4). Sie hängen aber nicht ungeordnet am Magneten, sondern sind wie bei einer Kette im Bogen aneinandergereiht. Entlang dieser „Ketten" wirkt die magnetische Kraft.

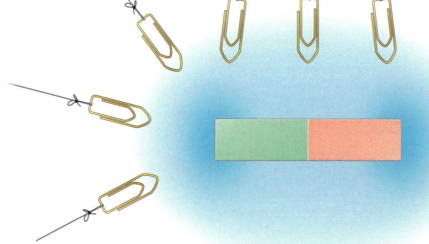

2 Jeder Magnet ist von einem magnetischen Feld umgeben.

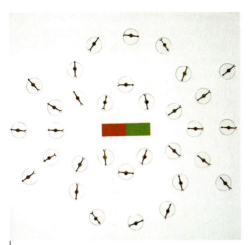

3 Kompassnadeln im Feld eines Stabmagneten

Der Weg zum Magnetpol

Im Bild 3 sind viele kleine Kompassnadeln um den Stabmagneten herum aufgestellt. Du kannst sehen, dass sich auch diese Nadeln im Magnetfeld ausgerichtet haben. Jede Kompassnadel gibt an, in welche Richtung die Magnetkraft an diesem Ort wirkt. Bei genauer Betrachtung erkennst du die bogenförmigen Linien aus Bild 4 wieder.

Eisenspäne und Büroklammern bewegen sich deshalb nicht in gerader Linie auf den Magneten zu. Sie werden durch die magnetische Kraft auf leicht gekrümmten Bahnen in Richtung eines Pols gezogen.

Aufgabe

1. Begründe, weshalb die Büroklammern in Bild 1 auf den Fäden „stehen". Verwende die Begriffe Magnetkraft, Magnetfeld und Abstand.

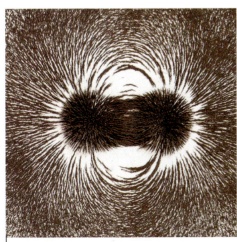

4 Eisenfeilspäne im Feld eines Stabmagneten

Werkstatt

Das Magnetfeld wird erkundet

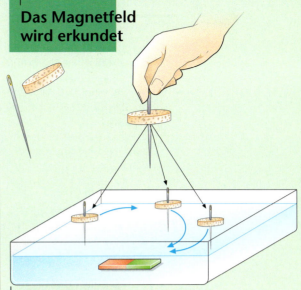

1 Die Bewegung einer magnetisierten Nadel

1 Wirkungsbereich der magnetischen Kraft

Material
Stabmagnet, Büroklammer, Faden, Papier, Stift

Versuchsanleitung
Lege den Stabmagneten auf ein Blatt Papier. Befestige die Büroklammer an dem Faden. Nähere die Büroklammer dem Magneten nun langsam von verschiedenen Seiten.

Aufgabe
Wo beginnt die Magnetkraft zu wirken? Woran erkennst du das? Beschreibe den Wirkungsbereich. Markiere mit dem Stift den Bereich, in dem du die Magnetkraft spürst.

2 Wege zum Magnetpol

Material
Stabmagnet, Wasserschale, Nähnadel, Korkscheibe

Versuchsanleitung
Lege den Stabmagneten in die Wasserschale (▷ B 1). Stecke die Nähnadel durch die Korkscheibe und setze sie an verschiedenen Stellen auf das Wasser.

Aufgabe
Beobachte die Nadel und beschreibe den Weg, auf dem sie sich zu den Polen bewegt. Wann schwimmt die Nadel auf den Nordpol zu und wann auf den Südpol?

33

Das magnetische Feld wird sichtbar

Versuch

1 a) Fülle etwas Speiseöl in eine Glasschale. Gib einige Eisenfeilspäne dazu und rühre gut um.
b) Lege einen Stabmagneten unter die Schale und beobachte die Eisenfeilspäne.
c) Führe den beschriebenen Versuch auch mit anders geformten Magneten durch.

Magnetische Feldlinien

Im Versuch 1 kannst du beobachten, wie sich die Eisenfeilspäne langsam zu den Polen im magnetischen Feld bewegen. An jedem Ort in der Umgebung des Magneten wirkt die magnetische Kraft in eine bestimmte Richtung. Deshalb ordnen sich die Eisenfeilspäne hintereinander in Linien an (▷ B 1; B 2).
Zeichnest du gedanklich diese Linien nach, dann erhältst du magnetische Feldlinien. Mit ihrer Hilfe kannst du dir das magnetische Feld vorstellen, obwohl es unsichtbar ist.

▶ Magnetische Feldlinien geben die Richtung der Magnetkraft an. Sie sind gedachte Linien und können mit Eisenfeilspänen sichtbar gemacht werden.

In einem **Feldlinienbild** werden viele magnetische Feldlinien dargestellt (▷ B 3). So kannst du sofort erkennen, wie das Magnetfeld um den Magneten aussieht und wo die Magnetkraft am stärksten ist. Je größer nämlich die magnetische Kraft an einem Ort im Magnetfeld ist, desto enger liegen dort auch die Feldlinien beieinander. In der Nähe der Pole ist die Magnetkraft am größten. Demzufolge sind dort auch die Feldlinien am dichtesten.

▶ Je dichter die magnetischen Feldlinien liegen, desto größer ist an dieser Stelle die magnetische Kraft.

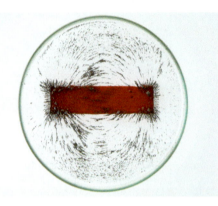
1 Eisenfeilspäne im Feld eines Stabmagneten

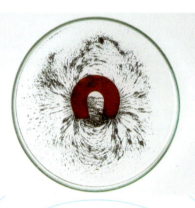
2 Eisenfeilspäne im Feld eines Hufeisenmagneten

Aufgabe

1 Zeichne die Feldlinienbilder des Stabmagneten und des Hufeisenmagneten ab (▷ B 1; B 2).
Beschreibe Gemeinsamkeiten und Unterschiede der beiden Magnetfelder.

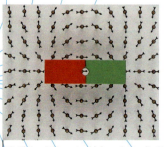
3 Kleine Magnetnadeln zeigen die Kraftrichtung an, daraus leitet man ein Feldlinienbild ab.

Zwei Magnetfelder begegnen sich

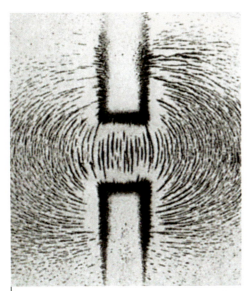

1 Magnetisches Feld zweier ungleichnamiger Pole

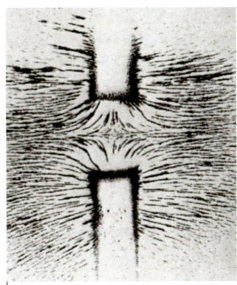

2 Magnetisches Feld zweier gleichnamiger Pole

Anziehung und Abstoßung

Magnete können sich gegenseitig anziehen oder abstoßen. Das hängt davon ab, ob sich gleichnamige oder ungleichnamige Pole gegenüberliegen.
Kannst du dir vorstellen, wie das gemeinsame Feldlinienbild zweier Magnete aussieht? Da du das magnetische Feld nicht sehen kannst, werden Eisenfeilspäne zu Hilfe genommen.

In Bild 1 liegen sich ein Nord- und ein Südpol zweier Stabmagnete gegenüber. Die beiden Magnete ziehen sich an. Im Feldlinienbild wird dies dadurch deutlich, dass die Feldlinien von einem Magneten zum anderen Magneten verlaufen.
In Bild 2 liegen sich gleichnamige Magnetpole gegenüber. Die Feldlinien weichen sich scheinbar aus – die beiden Magnete stoßen sich ab.

Werkstatt

Kunstwerke aus Eisenfeilspänen

Material
2 Magnete, Papier, Bücher, Eisenfeilspäne, Sprühlack

Versuchsanleitung
Lege zwei Stabmagnete so auf den Tisch, dass sich die gleichnamigen Pole der beiden Magnete gegenüberliegen.

Decke die Magnete mit einem Blatt Papier ab, das an jeder Seite durch ein Buch gestützt wird (▷ B 1). Streue vorsichtig Eisenfeilspäne auf das Papier. Klopfe leicht auf das Blatt, bis das Feldlinienbild deutlich zu erkennen ist.

Besprühe das Bild vorsichtig von weitem mit farblosem Lack.
Lasse es einige Minuten trocknen – und fertig ist das Kunstwerk.

Aufgabe
Verwende verschiedene Magnetformen.
Experimentiere mit mehreren Magneten.

1 Versuchsaufbau

Schnittpunkt

Geschichte: Der Kompass

3 Vielleicht wurde so früher auf Schiffen die Nord-Süd-Richtung bestimmt.

1 Magnetit

2 Einfacher Kompass

Ein anziehender Stein

Schon im Altertum kannten die Menschen ein Gestein, das kleine Eisenteilchen anziehen kann. Viele Legenden ranken sich um den Stein mit den besonderen Fähigkeiten. So berichteten Seefahrer über einen magnetischen Felsen irgendwo im Ozean, der angeblich mit ungeheurer Kraft alle Eisennägel aus den Schiffen zog, sobald sie sich in die Nähe des geheimnisvollen Felsens wagten.

Solche natürlichen Magnet-Steine existieren wirklich – aber ihre Anziehung ist längst nicht so stark. Der Magnet-Stein besteht aus Eisenoxid und wird **Magnetit** (Magneteisenstein) genannt (▷ B 1).

Wer erfand den Kompass?

Vermutlich waren Chinesen die ersten Menschen, die den Magnetismus zur Orientierung benutzten. Schon vor ungefähr 1500 Jahren wussten sie, dass es besondere Steine gibt, mit deren Hilfe sie überall auf der Erde den richtigen Weg finden konnten: Hängt nämlich ein Magneteisenstein an einem Faden, dreht er sich stets in Nord-Süd-Richtung.

Auch Seefahrer nutzten diese Erfahrungen, denn so konnten sie sich zeitweise auch ohne Sonne und Sterne auf See orientieren (▷ B 3). Allerdings war der Erfolg dieser Methode noch sehr beschränkt.

Im 13. Jahrhundert gelangte die Nachricht vom richtungweisenden Stein nach Europa und italienische Seeleute entwickelten eine genauere Anzeige. Mit einem Magneteisenstein magnetisierten sie eine Eisennadel, steckten sie durch ein Stück Kork und setzten das Ganze in eine Schale Wasser (▷ B 2). Solch einen einfachen Kompass nutzte vermutlich auch KOLUMBUS, als er 1492 Amerika entdeckte.

Im Laufe der Jahrhunderte wurde der Kompass immer weiter verbessert (▷ B 4). Die Magnetnadel wurde auf eine Scheibe gesetzt, auf der die Himmelsrichtungen eingezeichnet waren. So konnten beliebige Richtungen genau bestimmt werden.

4 Ein Schiffskompass

Schnittpunkt

Erdkunde: Orientierung ohne Kompass

Einen Kompass zu besitzen und mit ihm umgehen zu können, ist sehr praktisch. Doch was machst du, wenn du dich ohne Kompass in einem fremden Gelände zurechtfinden musst? Solange andere Menschen dir über deinen Weg Auskunft geben können, wirst du dein Ziel finden.

Grobe Richtungsbestimmung

Wenn die Sonne scheint, dann kannst du anhand der Uhrzeit die Himmelsrichtungen bestimmen. Die Sonne steht bei uns zu jeder Jahreszeit nach mitteleuropäischer Normalzeit (keine Sommerzeit) etwa um 6 Uhr im Osten, etwa um 12 Uhr im Süden und etwa um 18 Uhr im Westen. Ist deine Uhr auf Sommerzeit gestellt, dann musst du jeweils eine Stunde der Sommerzeit abziehen.

Bestimmung der Südrichtung mithilfe der Uhr

Man kann auch die genaue Südrichtung mit der Uhr bestimmen. Dazu musst du die Uhr so drehen, dass der Stundenzeiger in Richtung Sonne zeigt (▷ B 2). Die Mitte zwischen dem Stundenzeiger und der 12 gibt jetzt die Südrichtung an. Gilt die Sommerzeit, dann ist es die Mitte zwischen Stundenzeiger und der 1.

Bestimmung der Richtung bei Nacht

Der Polarstern steht im Norden, schon die Seefahrer der Antike haben sich deshalb nach ihm gerichtet. Den Polarstern kannst du als einen hellen Stern am Himmel schnell finden, wenn du dich an den Sternbildern des Großen und Kleinen Wagens orientierst (▷ B 1).

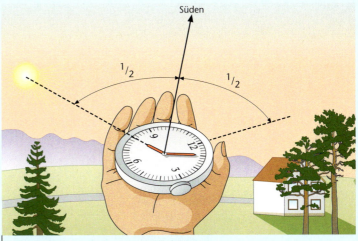

2 Richtungsbestimmung mithilfe einer Uhr

Weitere Orientierungshilfen

Bei bewölktem Himmel oder bei einbrechender Dunkelheit können dir folgende Tipps bei der groben Richtungsfindung helfen:
– Ameisenhaufen befinden sich meist an der Südseite von Bäumen.
– Türme älterer Kirchen stehen meist auf der Westseite, die Altäre sind nach Osten gerichtet.

GPS

Das GPS (Global Positioning System = weltweites Ortsbestimmungssystem) ist ein satellitengestütztes System zur Positionsbestimmung. Ein GPS-Empfänger erhält von mindestens vier GPS-Satelliten ein Signal und berechnet daraus die Position des Empfängers mit einem Fehler von nur wenigen Metern.

Das GPS wird in Flugzeugen, Schiffen und Autos (▷ B 3) eingesetzt. Mittlerweile gibt es aber GPS-Empfänger auch für Fußgänger.

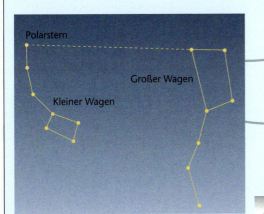

1 Der Polarstern ist leicht zu finden.

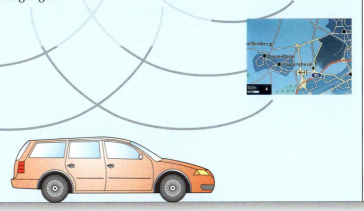

3 Die Orientierung beim Autofahren wird dank GPS zunehmend einfacher.

37

Die Erde – ein riesiger Magnet

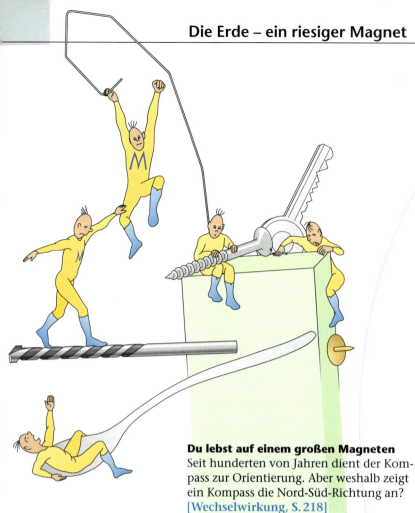

Versuch

1 Hänge einen Stabmagneten an einen Faden und warte, bis er sich nicht mehr bewegt (▷ B 1).
Welcher Pol des Magneten zeigt nach Norden?

Du lebst auf einem großen Magneten

Seit hunderten von Jahren dient der Kompass zur Orientierung. Aber weshalb zeigt ein Kompass die Nord-Süd-Richtung an?
[Wechselwirkung, S. 218]

Im 13. Jahrhundert begannen viele Menschen, ernsthaft eine Antwort auf diese Frage zu suchen. Damals hatte der französische Gelehrte PIERRE DE MARICOURT die Idee, ein Modell der Erde anzufertigen. So experimentierte er mit einem Magneteisenstein, den er zu einer Kugel geschliffen hatte. Verblüfft erkannte er, dass sich kleine Eisenteilchen, die er auf die Kugel gestreut hatte, entlang bestimmter Linien ordneten und an zwei Stellen wieder sammelten. Dabei wurden die Eisenteilchen selbst magnetisch. Er verglich die Magnetkugel mit der Erde und überlegte: Der Magnetstein ist ein Stück aus der Erde. Könnte die Erde demzufolge ein riesiger Magnet sein, der seine Magnetkraft auf den Stein übertragen hatte?

Ungefähr 350 Jahre später bewies der Leibarzt von Königin ELIZABETH I., WILLIAM GILBERT (1544–1603), dass die Erde ein Magnetfeld besitzt.
Für seine Versuche benutzte er eine Magnetnadel, die in jede Richtung frei beweglich war. Zuerst konnte er zeigen, dass die Magnetkraft auch in der weiteren Umgebung von Magneten wirkt und dass sich die magnetischen Felder einer Magnetkugel und eines Stabmagneten ähneln. Dann übertrug er seine Erkenntnisse auf die Erde und tatsächlich: Genauso wie bei der Magnetkugel richtete sich GILBERTS Magnetnadel überall auf der Erde entlang von magnetischen Feldlinien aus.

Warum zeigt die Kompassnadel immer nach Norden?

In Versuch 1 stellt sich der Stabmagnet unter dem Einfluss des Magnetfelds der Erde in Nord-Süd-Richtung ein (▷ B 1). Das ist nichts Neues für dich.
Warum zeigt aber der Nordpol des Magneten nach Norden? Nach den magnetischen Gesetzen müsste doch der Nordpol des Magneten nach Süden weisen.

Um dieses scheinbare Missverständnis aufzuklären, musst du zwischen den geografischen und den magnetischen Polen der Erde unterscheiden.

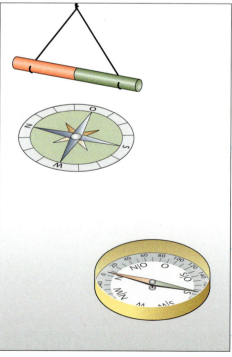

1 Der Nordpol des Magneten zeigt nach Norden.

Die Erde – ein riesiger Magnet

Die geografischen Pole der Erde

Innerhalb von 24 Stunden dreht sich unsere Erdkugel einmal um die eigene Achse. Die „Drehachse" kannst du dir als Stab vorstellen, der vom Nord- zum Südpol genau durch die Erdmitte führt. Die **geografischen Pole** befinden sich an den Orten, wo diese Achse an den Oberflächen austritt. Der geografische Nordpol liegt im Nordpolarmeer, der geografische Südpol in der Antarktis.

Die magnetischen Pole der Erde

Die Erde ist ein riesiger Magnet. Die Pole des **Erdmagneten** und die geografischen Pole liegen aber an völlig verschiedenen Orten.
Der Nordpol des Erdmagneten befindet sich auf der Südhalbkugel der Erde in der Antarktis. Die Entfernung zum geografischen Südpol beträgt etwa 2900 km.

Den magnetischen Südpol findest du dagegen auf der Nordhalbkugel der Erde in Nordkanada. Bis zum geografischen Nordpol sind es von dort aus noch etwa 1500 km.

Jetzt kannst du erklären, warum die Kompassnadel nach Norden weist: Nach den magnetischen Gesetzen zeigt der Nordpol der Kompassnadel zum magnetischen Südpol der Erde, der in nördlicher Himmelsrichtung liegt.

Missweisung

Die Kompassnadel zeigt nicht genau in Nord-Süd-Richtung, sondern zu den magnetischen Polen. Diese Abweichung nennt man **magnetische Missweisung**. Deshalb wird der Winkel zwischen der geografischen Nordrichtung und der magnetischen Südrichtung gemessen. Der Wert kann anschließend am Kompass eingestellt werden, z. B. mit einer drehbaren Winkelskala (▷ B 2). Früher mussten beispielsweise Seefahrer genau wissen, wie weit die Richtung der Kompassnadel vom Nordkurs abweicht, sonst erreichten sie nicht ihr Ziel. Dank satellitengestützter Navigation ist das heute kein Problem mehr.

Aufgabe

1 Wo würdest du ankommen, wenn du der Kompassnadel folgen würdest? Schau im Atlas nach, wo die magnetischen Pole und die geografischen Pole liegen.

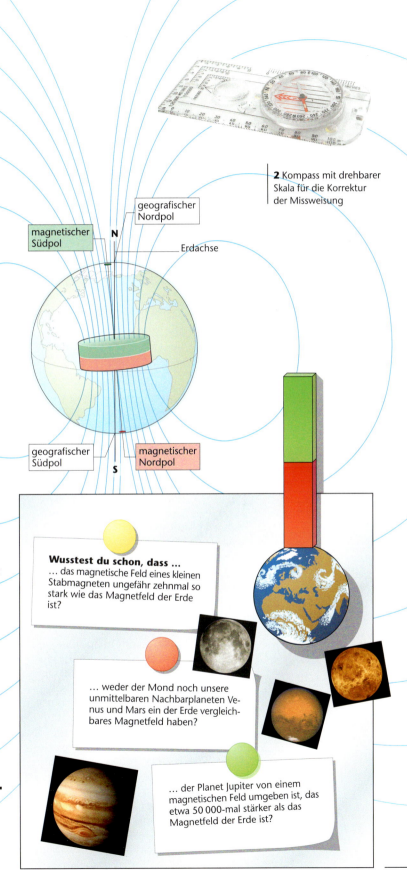

2 Kompass mit drehbarer Skala für die Korrektur der Missweisung

Wusstest du schon, dass …
… das magnetische Feld eines kleinen Stabmagneten ungefähr zehnmal so stark wie das Magnetfeld der Erde ist?

… weder der Mond noch unsere unmittelbaren Nachbarplaneten Venus und Mars ein der Erde vergleichbares Magnetfeld haben?

… der Planet Jupiter von einem magnetischen Feld umgeben ist, das etwa 50 000-mal stärker als das Magnetfeld der Erde ist?

Schnittpunkt

Umwelt: Wissenswertes zum Erdmagnetismus

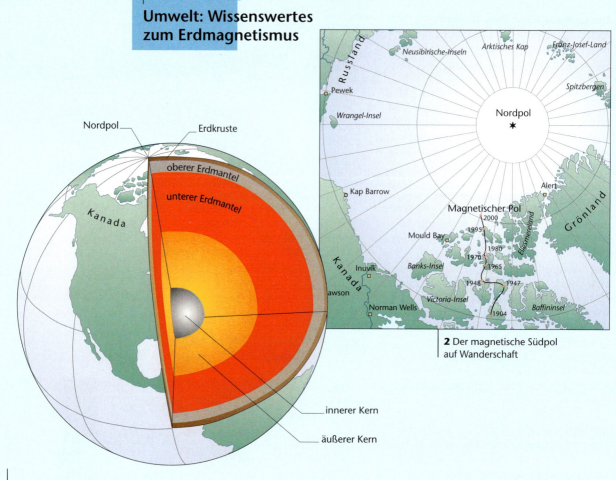

1 Innerer Aufbau der Erde

2 Der magnetische Südpol auf Wanderschaft

Woher kommt der Erdmagnetismus?
Des Rätsels Lösung liegt im Aufbau der Erde. Erst innerhalb der letzten hundert Jahre wurde geklärt, wie das Erdinnere aussieht.
Im Wesentlichen besteht unsere Erde aus der äußeren Erdkruste, dem Erdmantel und dem Erdkern (▷ B 1).
Der äußere Erdkern besteht aus flüssigem, unvorstellbar heißem Eisengestein. Mit einer Geschwindigkeit von etwa 20 km pro Jahr umfließt dieses flüssige Eisengestein den inneren Erdkern, der vermutlich aus festem Eisen und Nickel besteht. Wissenschaftler sind sich heute einig, dass das Magnetfeld der Erde durch diese riesigen Ströme des flüssigen Eisens im äußeren Erdkern erzeugt wird.

Die Magnetpole der Erde wandern
Durch Untersuchungen der Gesteine können Geophysiker viel über die Geschichte und den Aufbau der Erde erfahren. Manche Gesteinsformationen (z. B. Basalt), die vor Millionen Jahren entstanden sind, haben die Richtung und die Stärke des Erdmagnetfelds jener Zeit gewissermaßen „konserviert".

Durch den Vergleich von Gesteinsproben unterschiedlichen Alters konnte festgestellt werden, dass sich die Stärke des magnetischen Feldes im Laufe der Erdgeschichte ständig geändert hat. Auch die Pole blieben nicht am gleichen Ort – das Magnetfeld hat sich in den letzten 50 Millionen Jahren sogar mehrmals vollständig umgepolt. Kannst du dir vorstellen, dass sich der magnetische Südpol schon einmal mitten im Atlantischen Ozean befand? Im Durchschnitt vergehen viele Millionen Jahre bis zu einem Wechsel.

Die letzte Umpolung liegt etwa 750 000 Jahre zurück. Beobachtungen der letzten 150 Jahre zeigen, dass das Magnetfeld wieder schwächer wird. Auch die Magnetpole wandern (▷ B 2). Wissenschaftler rätseln, ob das ein Anzeichen für eine erneute Umpolung sein könnte.

Der innere Kompass der Vögel

Tausende Zugvögel fliegen jährlich von Europa nach Afrika und zurück. Genau wie sie orientieren sich auch Brieftauben (▷ B 3) am Magnetfeld der Erde. Wie ist das möglich?

In bestimmten Bereichen der Schnabelhaut von Brieftauben befinden sich winzige Magnetitteilchen. Diese reagieren auf kleinste Veränderungen des Erdmagnetfelds. Nervenfasern leiten diese „Botschaft" an das Gehirn weiter und die Brieftauben passen ihre Flugroute an.

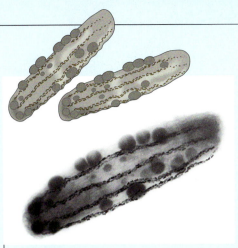

5 Diese Bakterie aus dem Chiemsee enthält Magnetit.

3 Brieftauben orientieren sich am Erdmagnetfeld.

Ein magnetisches Auge

Archäologen nutzen den Magnetismus zum Auffinden von Siedlungsüberresten. Eisenhaltige Sandsteine, die oft zum Bauen benutzt wurden, stören das Magnetfeld der Erde. Die Archäologen bestimmen mit einem Messgerät (Magnetometer) diese „Störung" und können so den genauen Fundort bestimmen.
Als Beispiel kannst du Bild 4 betrachten. Die Messung wurde bei Ausgrabungen in Troia (Türkei) aufgenommen. Die „Störungen" des Magnetfelds sind an der roten Farbe zu erkennen. Rechts ist eine Zeichnung der Ruine zu sehen, Bild 6 zeigt ausgegrabene Reste.

Magnetischer Sinn beim Menschen

Kalifornische Wissenschaftler fanden im menschlichen Gehirn Millionen kleinster Teilchen aus Magneteisenstein.
Tatsächlich konnten sie auch winzige Magnetfelder nachweisen. Haben die Menschen doch einen magnetischen Sinn? Bis jetzt gibt es noch keinen überzeugenden Beweis dafür.

Magnetische Bakterien

Die Natur kennt einen lebenden Kompass wahrscheinlich schon seit vielen Millionen Jahren. Es gibt Bakterienarten, die in Richtung der magnetischen Feldlinien der Erde schwimmen. Diese Bakterien leben in schlammigen, sauerstoffarmen Bodenbereichen, auch in unseren Gewässern (▷ B 5).

Aus Eisen und doch nicht magnetisch

Edelstähle bestehen zu einem Großteil aus Eisen, das besonders gehärtet wurde oder durch Beimischungen, z. B. mit Chrom und Nickel, besonders hart gemacht wurde. Diese Edelstähle werden (fast) nicht mehr von einem Magneten angezogen.

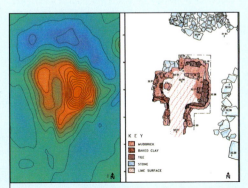

4 Die Messung (links) zeigt die Umrisse der Ruine.

6 Ruine, gefunden mit einem Magnetometer

Schlusspunkt
Magnetismus

▶ Eigenschaften von Magneten
Zwischen einem Magneten und Gegenständen, die Eisen, Nickel oder Cobalt enthalten, wirken magnetische Anziehungskräfte.
Die magnetische Wirkung wird weitergeleitet, wenn ein Magnet einen Gegenstand berührt, der z. B. Eisen enthält (▷B1).
Hältst du aber ein Eisenblech zwischen einen Magneten und einen Eisennagel (die Körper dürfen sich nicht berühren), wird die magnetische Wirkung abgeschirmt.
Die magnetische Wirkung durchdringt Gegenstände, die kein Eisen, Nickel oder Cobalt enthalten.
Körper, die Eisen, Nickel oder Cobalt enthalten, können magnetisiert werden, wenn sie in die Nähe eines Dauermagneten kommen. Durch Erhitzen oder starke Erschütterung kann ein Magnet entmagnetisiert werden.

1 Ungleich verteilte Magnetkraft

▶ Magnetpole
Jeder Magnet hat einen Nordpol und einen Südpol. Im Bereich der Pole ist die Magnetkraft am größten (▷B1). In der Mitte des Magneten wirkt keine magnetische Kraft. Wird ein Magnet geteilt, so entstehen neue Magnete mit eigenem Nord- und Südpol.

▶ Polgesetze
Zwischen Magneten können anziehende und abstoßende Kräfte auftreten: Ungleichnamige Magnetpole ziehen sich an, gleichnamige Pole stoßen sich ab.

▶ Das Magnetfeld
Das Magnetfeld ist der Raum um einen Magneten, in dem magnetische Kräfte wirken. Magnetische Feldlinien (▷B4) sind ein Modell zur Veranschaulichung des magnetischen Feldes. Sie zeigen die Richtung der Magnetkraft an und werden mit Eisenfeilspänen sichtbar.

2 Magnetisierter Eisenstab

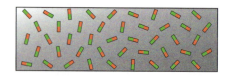

3 Unmagnetisierter Eisenstab

▶ Modell der Elementarmagnete
Nach diesem Modell sind alle Magnete und magnetisierbaren Stoffe aus vielen kleinsten Magneten zusammengesetzt, die nicht mehr teilbar sind. Diese kleinsten Magnete bezeichnet man als Elementarmagnete.
In einem Magnet oder einem magnetisierten Gegenstand sind die Elementarmagnete alle in der gleichen Richtung angeordnet. In einem nicht magnetisierten Körper liegen die Elementarmagnete völlig ungeordnet vor (▷B2; B3).

▶ Das Magnetfeld der Erde
Die Erde hat ein Magnetfeld. Der magnetische Nordpol des Erdmagneten befindet sich auf der Südhalbkugel, der magnetische Südpol auf der Nordhalbkugel der Erde (▷B4).
Ein Kompass enthält eine frei bewegliche Magnetnadel, die sich unter dem Einfluss des Magnetfeldes der Erde ausrichtet. Der Nordpol der Kompassnadel zeigt zum magnetischen Südpol der Erde. Dieser liegt etwa 1 500 km vom geografischen Nordpol entfernt.

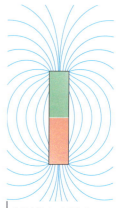

4 Feldlinienbild eines Stabmagneten

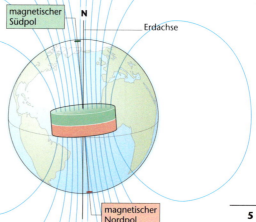

5 Das Magnetfeld der Erde

Aufgaben

1 Bild 6 zeigt ein Kreuzworträtsel zum Magnetismus. Kopiere die Vorlage und beantworte die Fragen a) bis k). Wie lautet der Lösungssatz?

a) In diesem Bereich ist die magnetische Kraft sehr groß.
b) Diesen Magnet nennt man _____ magnet.

c) Wer wies nach, dass die Erde ein Magnet ist?
d) _____ namige Magnetpole stoßen sich ab.
e) Nenne ein Material, das von Magneten angezogen wird.
f) Womit orientierten sich die Chinesen vor über 1 000 Jahren? Verwende die Kurzform.
g) Wie heißt die Abweichung zwischen den geografischen und den magnetischen Polen der Erde?
h) Womit kannst du – von einem Kompass abgesehen – die Himmelsrichtung bestimmen?
i) Dieser Planet hat ein stärkeres Magnetfeld als die Erde.
j) Wie bezeichnet man den Raum um Magnete?
k) Welches Land liegt in der Nähe des magnetischen Nordpols der Erde?

2 Bei einem Stabmagneten ist leider die Farbe völlig abgeblättert. Wie kannst du herausfinden, wo der Nordpol und wo der Südpol ist? (Du hast keine weiteren Magnete zur Verfügung.)

3 Juliana behauptet: „Wegen des Erdmagnetismus fallen alle Gegenstände nach unten." Was meinst du dazu?

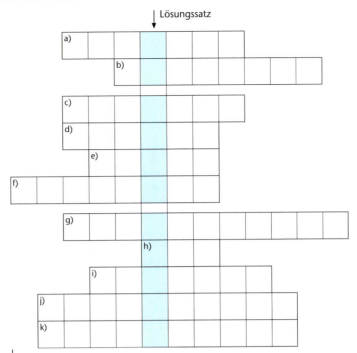

6 Zu Aufgabe 1

4 Stell dir vor, zwei Raumfahrer sind auf dem Mond gelandet. Können sie sich dort mit einem Kompass orientieren? Begründe deine Antwort.

5 Auf Scheckkarten und Festplatten werden durch Magnetisierung kleiner Bereiche Daten gespeichert. Was geschieht, wenn du einen Magneten in die Nähe einer Scheckkarte oder Festplatte bringst?

6 Manche Lautsprecher enthalten sehr starke Magnete. Rund um diese Magnete sind in der Lautsprecherbox Eisenbleche angebracht. Ein Mitarbeiter der Herstellerfirma „Ohrwurm" schlägt vor, diese aus Kostengründen künftig durch Kupferbleche zu ersetzen. Bewerte diesen Vorschlag.

7 Vor dir liegen drei Eisenstäbe. Zwei davon sind Stabmagnete, einer besteht aus unmagnetisiertem Eisen.
a) Finde ohne Hilfsmittel heraus, welches die Magnete sind und welches der Eisenstab ist.
b) Mit den zwei Stabmagneten und dem Eisenstab sollst du die unten abgebildeten Figuren (▷ B 7) so legen, dass sie stabil liegen bleiben, auch wenn der Tisch wackelt. Zeichne zuerst die Figuren in dein Heft. Überlege, wie du jede der Figuren aus den beiden Magneten und dem Eisenstab legen kannst und beschrifte die Pole der beiden Magnete.
Gibt es mehrere Möglichkeiten, eine Figur stabil zu legen?
c) Überprüfe deine Überlegungen durch einen Versuch.

7 Figuren aus Magneten und Eisenstab

Startpunkt

Elektrizität –
im Alltag

Elektroherd, Kreissäge, Wasserkocher, Haartrockner, Telefon, Fernseher, Taschenlampe, Waschmaschine, Computer ... Kannst du dir ein Leben ohne elektrische Geräte vorstellen?

Noch vor hundert Jahren gab es nur sehr wenige elektrische Geräte. Die meisten Arbeiten mussten die Menschen durch eigene Muskelkraft verrichten, denn nur sehr wohlhabende Leute konnten sich Elektrogeräte leisten.

Heute ist für die meisten Menschen ein Leben ohne Elektrizität unvorstellbar. In diesem Kapitel wirst du selbst herausfinden, wie elektrische Geräte angeschlossen werden. Du lernst einige elektrische Bauteile kennen und erfährst, welche Sicherheitsmaßnahmen du beim Umgang mit Elektrizität beachten musst.

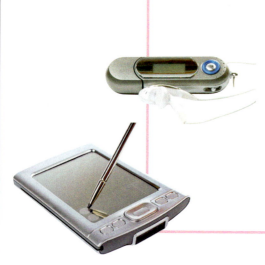

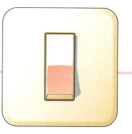

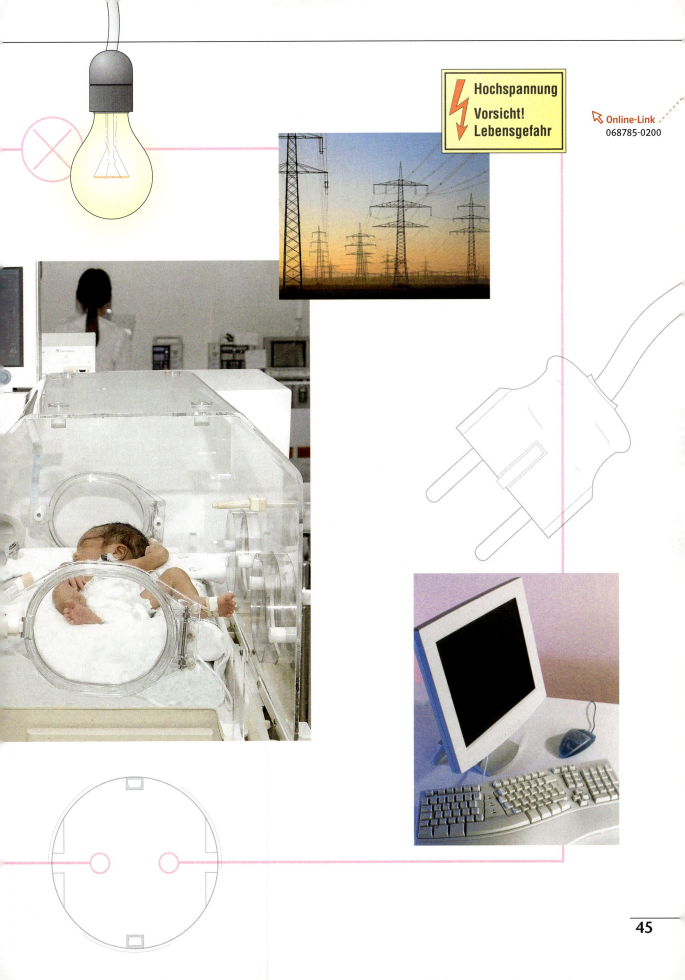

Hochspannung
Vorsicht!
Lebensgefahr

Online-Link
068785-0200

45

Körper werden elektrisch geladen

1 Die Folie zieht die Papierschnipsel an.

2 Haare werden von einer Folie angezogen.

Versuche

1 Schneide einen (doppellagigen) Streifen von einem Tiefkühlbeutel ab.
a) Ziehe die Folien auseinander, ohne dass sie einen anderen Gegenstand berühren. Was beobachtest du, wenn du eine der Folien in die Nähe von Papierschnipseln bringst (▷ B 1) oder an eine Glimmlampe hältst?
b) Ziehe die Folien erst auseinander und lege sie dann wieder genau aufeinander. Was passiert nun mit den Papierschnipseln?
c) Wiederhole a) und b) mit einem Kunststoffstab und einem Wolltuch. Reibe beide Gegenstände vorher kräftig aneinander.

2 Reibe einen Luftballon oder eine Folie an den Haaren einer Mitschülerin oder eines Mitschülers. Was musst du tun, damit die „Haare zu Berge stehen" (▷ B 2)?

3 Reibe verschiedene Kunststoffgegenstände (Lineal, Folien, Löffel, alte Filmnegative usw.) kräftig mit einem Fell oder Wolle. Halte eine Glimmlampe an die geriebenen Gegenstände. Achte speziell auf das Leuchten der Glimmlampe. Findest du Unterschiede?

Wodurch werden Körper elektrisch geladen?

Beim Aussteigen aus dem Auto erhältst du ab und zu einen elektrischen Schlag. Wenn du den Pullover auszienst, knistert es manchmal.

Ein einfacher Versuch verrät dir die Ursache dafür: Wenn du zwei Folien aneinander reibst, laden sie sich elektrisch auf. Du merkst das daran, dass die Folien jetzt Haare, Papierschnipsel oder andere leichte Dinge anziehen.
Diese Anziehung tritt aber erst dann auf, wenn du die beiden Folien voneinander trennst (▷ B 1).

▶ Körper können elektrisch geladen werden, indem man sie aneinander reibt und anschließend trennt.

Bringst du die geladenen Folien wieder zusammen, wird der „elektrische Frieden" wieder hergestellt. Die beiden Folien sind dann ungeladen.

Diesen ungeladenen Zustand bezeichnet man als elektrisch neutral.

Die Glimmlampe als Ladungsanzeiger

Berührst du eine der geladenen Folien mit einer Glimmlampe, blitzt diese kurz auf (▷ V 1). Mithilfe der Glimmlampe wurde die Folienstelle entladen – sie ist nun wieder elektrisch neutral. An anderen Stellen dieser Folie wirst du dasselbe beobachten.

Halte nun die Glimmlampe an die andere Folie. Ist dir aufgefallen, dass jetzt die andere Seite der Glimmlampe aufleuchtet? In einem Fall beobachtest du ein Leuchten auf der Seite, die den geladenen Körper berührt. Im anderen Fall glimmt die Lampe auf der anderen Seite auf.
Sind die beiden Folien unterschiedlich geladen?

Zwei verschiedene Ladungen

Der Franzose CHARLES DU FAY (1698–1739) experimentierte viel mit elektrischen Ladungen.

Werkstatt

Ladungserscheinungen

1 Trennung von Pfeffer und Zucker

Mit diesen Versuchen kannst du selbst elektrostatische Erscheinungen erforschen. Notiere zu jedem Versuch, was du beobachtet hast.
Tipp: Wiederhole die Versuche mehrmals, dann kannst du die Erscheinungen besser beobachten.

1 Pfeffer in der Zuckerdose?

Material
Kunststoffstab, Wolltuch oder Fell, Glasschale, Pfeffer, Zucker

Versuchsanleitung
Mische in einer Glasschale Zucker mit etwas Pfeffer. Reibe einen Kunststoffstab kräftig mit einem Wolltuch und nähere ihn langsam von oben der Mischung (▷ B 1).

2 Tanzende Papierschnipsel

Material
Glasscheibe, Wolltuch oder Fell, Blechboden einer Backform, zwei Bücher, Seidenpapier

Versuchsanleitung
Über dem Blechboden einer Backform befindet sich eine Glasscheibe, die von zwei Büchern gestützt wird. Schneide kleine Schnipsel aus Seidenpapier aus und lege sie auf den Blechboden. Reibe die Glasscheibe kräftig mit einem Wolltuch.

3 Der zuckende Zeigefinger

Material
Glasscheibe, Wolltuch oder Fell, Backblech, Glasschale, Glimmlampe

Versuchsanleitung
Diesen Versuch musst du zusammen mit einem Partner durchführen.
Auf einem Glas liegt ein Backblech (▷ B 2). Dein Partner hält die Spitze seines Zeigefingers ganz nah an den Rand des Blechs.

Reibe eine Folie mehrmals kräftig mit einem Wolltuch. Lege die Folie auf das Backblech und ziehe sie sofort darüber hinweg.

Wiederholt den Versuch. Berührt das Backblech dieses Mal nicht mit dem Finger, sondern mit einer Glimmlampe.

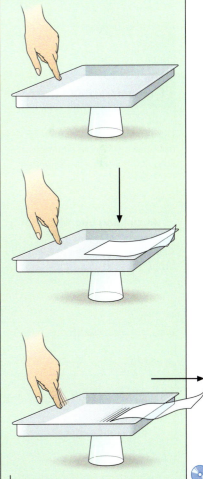

2 Zu Versuch 3

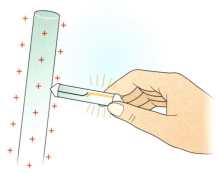

3 Ist ein Körper negativ geladen, dann leuchtet die Glimmlampe auf der Seite des Körpers auf.

4 Ist ein Körper positiv geladen, dann leuchtet die Glimmlampe auf der Seite der Hand auf.

Dabei erkannte er, dass es tatsächlich zwei Arten von elektrischen Ladung gibt.

Mithilfe der Glimmlampe kannst du die beiden Ladungsarten unterscheiden (▷ B 3; B 4).
Wenn du zwei Körper aneinander reibst und dann trennst, ist einer der beiden Körper **positiv** (+) geladen, dies erkennst du daran, dass die Glimmlampe an der „Handseite" aufleuchtet. Der andere Körper ist **negativ** (−) geladen. Die Glimmlampe leuchtet an der „Körperseite" auf.

▶ Es gibt positive und negative Ladungen. Mit der Glimmlampe lassen sich die Ladungsarten unterscheiden.

Aufgabe

1 Erkläre, warum du manchmal einen „elektrischen Schlag" bekommst, wenn du aus dem Auto aussteigst.

Unterschiedlich geladene Körper

1 Haare und Luftballon ziehen sich an.

2 Die Luftballons stoßen sich ab.

Anziehung und Abstoßung
Wenn du zwei elektrisch geladene Gegenstände einander näherst, kannst du dabei Unterschiedliches beobachten: Mal stoßen sich die Gegenstände ab, mal ziehen sie sich an. Das hängt davon ab, wie die Gegenstände geladen sind.
[Wechselwirkung, S. 219]

Wenn du einen Luftballon kräftig an deinen Haaren reibst und ihn dann etwas abhebst, sind beide danach unterschiedlich geladen: der Luftballon ist meist negativ, die Haare sind dann positiv geladen. Weil sich unterschiedlich geladene Körper anziehen, scheinen die Haare am Luftballon zu „kleben" (▷ B 1).

▶ Verschiedenartig geladene Körper ziehen sich an.

Eine andere Feststellung wirst du machen, wenn du zwei Luftballons einander näherst, die beide elektrisch negativ geladen sind (▷ B 2).
In diesem Fall stoßen sich die beiden gleich geladenen Ballons ab. Gleiches gilt für Gegenstände, die beide elektrisch positiv geladen sind.

▶ Gleichartig geladene Körper stoßen sich ab.

Werkstatt

Kräfte zwischen geladenen Körpern

Tipp: Die Versuche gelingen bei trockenem Wetter in einem warmen Raum am besten. Verwende nur trockene Materialien.

1 Anziehung und Abstoßung
Material
Tiefkühlbeutel, Wolltuch, Glimmlampe

Versuchsanleitung
Schneide zwei lange Streifen von dem Tiefkühlbeutel ab.

a) Reibe einen Streifen kräftig an der Tischkante. Fasse den Streifen in der Mitte und hebe ihn vom Tisch ab (▷ B 1). Was beobachtest du?
b) Knicke einen neuen Streifen in der Mitte, halte ihn zwischen deinen Händen und reibe beide Folienteile kräftig aneinander. Trenne die Hälften danach von einander (▷ B 2). Verhalten sich die Folien wie im ersten Versuch?

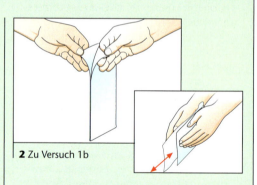

2 Zu Versuch 1b

c) Wiederhole die Versuche a und b Halte nun aber eine Glimmlampe an alle Folienstücke. Achte besonders darauf, welche Seite der Glimmlampe aufblitzt.

Aufgaben
1. Vergleiche die Versuche miteinander. Formuliere Gemeinsamkeiten und Unterschiede in der Durchführung und Beobachtung!
2. Kannst du aus den Ergebnissen deiner Versuche ableiten, welche Folien positiv und welche negativ geladen sind? Begründe.

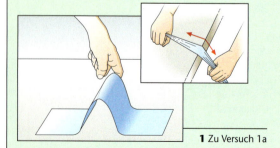

1 Zu Versuch 1a

Woher kommen die Ladungen?

1 JOSEPH JOHN THOMSON

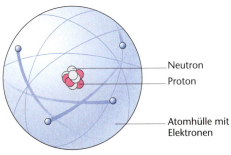

2 Vereinfachtes Kern-Hülle-Modell

Kleinste Teilchen
Schon um 400 v. Chr. waren die griechischen Naturgelehrten LEUKIPP und DEMOKRIT der Meinung, dass alle Körper aus unteilbaren kleinsten Teilchen bestünden. Diese kleinsten Teilchen nannten sie Atom (griech.: atomos = das Unteilbare).
Weil ein einzelnes kleinstes Teilchen nicht mehr sichtbar gemacht werden kann, haben die Menschen Denkmodelle entworfen. Diese Modelle helfen, die Eigenschaften von Körpern zu erklären.
[Materie, S. 214]

Woher kommen elektrische Ladungen?
Mit der Entdeckung der Elektrizität suchten die Physiker nach Erklärungen für elektrische Erscheinungen. Sie vermuteten die Ursache im Aufbau der Atome.
Der Physiker JOSEPH JOHN THOMSON (1856–1940) wies um 1897 ein Teilchen nach: das Elektron. THOMSON stellte fest, dass die Elektronen aus den Atomen stammen und elektrisch negativ geladen sind.

Elektrische Ladungen im Atom
Alle Atome haben einen Atomkern und eine Atomhülle (▷ B 2). Der Atomkern besteht aus elektrisch positiv geladenen Teilchen (Protonen) und elektrisch neutralen Teilchen (Neutronen). Die Atomhülle wird aus den Elektronen gebildet, die sich um den Atomkern bewegen.

Protonen und Elektronen tragen jeweils gleich große, aber entgegengesetzte elektrische Ladungen. Nach außen hin erscheint jedes Atom elektrisch neutral, weil jedes Atom gleich viele Elektronen und Protonen besitzt.

Was geschieht beim Aufladen?
Alle Körper besitzen elektrische Ladungen. Normalerweise bemerkst du davon nichts, denn die Zahl der positiven und negativen Ladungen ist gleich.

Um einen Körper elektrisch aufzuladen, muss man dieses Gleichgewicht stören. Die positiven Ladungen sitzen fest im Atomkern. Aus der Atomhülle können jedoch einzelne Elektronen entfernt werden. Umgekehrt ist es möglich, der Hülle Elektronen hinzuzufügen.
Durch das Entfernen bzw. Hinzufügen eines Elektrons lädt sich das Atom positiv bzw. negativ auf.

Wenn du beispielsweise einen Kunststoffstab mit einem Tuch reibst, gehen einige Elektronen vom Tuch auf den Stab über (▷ B 3). Das Tuch ist danach positiv geladen, es hat Elektronen abgegeben. Der Kunststoffstab lädt sich negativ auf, er hat Elektronen aufgenommen.

Ladungsausgleich
Wenn sich ein positiv und ein negativ geladener Gegenstand berühren, wird das elektrische Gleichgewicht wieder hergestellt: Die Elektronen wandern vom negativ zum positiv geladenen Körper, bis sich die Ladungen wieder ausgeglichen haben (▷ B 4).

▶ Beim Aufladen geht negative Ladung von einem auf den anderen Körper über. Beim Entladen gleichen sich die Ladungen wieder aus.

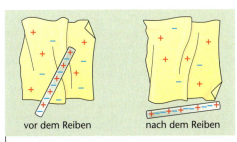

3 Der Übergang von Elektronen führt zur Aufladung.

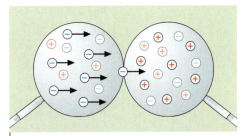

4 Elektronenübergang von negativ zum positiv geladenen Körper

Das Elektroskop

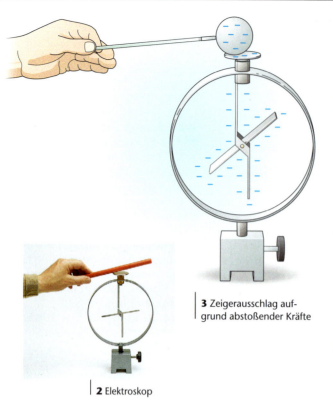

3 Zeigerausschlag aufgrund abstoßender Kräfte

2 Elektroskop

4 Zu Versuch 2

Dasselbe kannst du beobachten, wenn du das Elektroskop mit einem positiv geladenen Gegenstand berührst.

▶ Ein Elektroskop zeigt an, ob ein Körper geladen oder ungeladen ist. Die Art der Ladung kann mit einem Elektroskop nicht festgestellt werden.

Das Elektroskop
Das Elektroskop ist ein Gerät, mit dem sich Ladungen nachweisen lassen.
Es besteht aus Metall und ist isoliert an einer Halterung befestigt.
[Wechselwirkung, S. 219]

Das Elektroskop wird z. B. durch Berührung mit einem negativ geladenen Gegenstand aufgeladen (▷ B 2).

Weil sich die negativen Ladungen gegenseitig abstoßen, verteilen sie sich über das gesamte Elektroskop. Der bewegliche Zeiger und der feste Teil des Elektroskops sind nun gleichartig geladen und stoßen sich gegenseitig ab – der Zeiger schlägt aus.

Aufgaben

1 Eine positiv geladene Kugel wird an ein Elektroskop gehalten. Beschreibe mithilfe der Elektronenwanderung, warum das Elektroskop ausschlägt.

2 Die Karosserie von Autos besteht aus Metall (Eisen). Warum fließen die Ladungen nicht ab, wenn man die Karosserie auflädt?

Versuche

1 ▶ Reibe eine Metallplatte an einem Stück Stoff oder an Papier. Halte die Platte an ein Elektroskop. Wiederhole den Versuch. Befestige die Platte zuvor aber an einem Kunststoffstab. Warum schlägt das Elektroskop jetzt aus?

2 ▶ Stelle ein Backblech auf eine nicht leitende Unterlage. Reibe es mit einer Folie. Halte eine Glimmlampe an verschiedene Stellen des Blechs (▷ B 4).

3 ▶ Lade einen Plastikstab elektrisch auf. Bringe den Stab in die Nähe von kleinen Papierschnipseln und kleinen Aluminiumschnipseln (▷ B 1). Erkläre das unterschiedliche Verhalten von Aluminium und Papier.

4 ▶ Lade zwei Folien durch Reiben aneinander auf. Halte zunächst die eine Folie an das Elektroskop und dann die andere.
Warum schlägt der Zeiger zunächst aus und geht dann wieder in die Ausgangsstellung zurück?

1 Zu Versuch 3

Werkstatt

Ein selbst gebautes Elektroskop

Für deine Untersuchungen, ob Körper elektrisch geladen sind, kannst du dir mit einfachen Mitteln selbst ein Elektroskop bauen.

Material
1 durchsichtiges Gefäß mit Schraubdeckel (Marmeladen-, Honig- oder Schokocremeglas), dicker, fester Metalldraht (etwa 10 cm), 1 Weinkorken, Aluminiumfolie (Haushaltsfolie), Klebstoff, 1 Schere, 1 Messer, 1 Bohrer, 1 Abisolierzange

3 Materialien für ein einfaches Elektroskop

Versuchsanleitung
Bohre in den Deckel des Gefäßes ein Loch, dessen Größe etwa der Dicke des Metalldrahts entspricht. Schiebe den Metalldraht durch das Loch (▷ B 1).
Schneide vom Weinkorken zwei etwa 0,5 cm dicke Scheiben ab. Stecke jeweils eine Scheibe von oben und von unten auf den Metalldraht (▷ B 2). Klebe die Korkscheiben am Deckel fest.

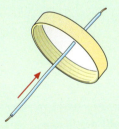

1 Schritt 1

Biege die Enden des Metalldrahts auf etwa 2 cm Länge um (▷ B 4). Sofern der Metalldraht isoliert ist, entferne die Isolierung an den abgebogenen Stücken mit der Zange. Schneide einen etwa 16 cm langen und 1 cm breiten Aluminiumstreifen aus.
Knicke den Aluminiumstreifen in der Mitte und lege ihn auf das untere Ende des Metalldrahts (▷ B 5).

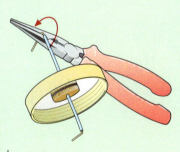

4 Schritt 3

Du kannst den Aluminiumstreifen auch festkleben, achte dann aber darauf, dass er Kontakt zum Draht hat.

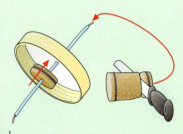

2 Schritt 2

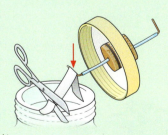

5 Schritt 4

Schneide den Aluminiumstreifen so weit ab, dass er den Boden des Glases nicht berührt.
Schraube den Deckel auf das Glas, fertig ist dein Elektroskop.

Du kannst auch noch eine Kugel aus Aluminiumfolie formen und auf das obere Ende des Elektroskops stecken (▷ B 6). Mit der Aluminiumkugel schlägt der Zeiger noch besser aus.

6 Ein selbst gebautes Elektroskop

Aufgaben
1. Prüfe verschiedene geladene und ungeladene Stoffe mit deinem Elektroskop. Schlägt der Zeiger (die Aluminiumfolie) immer gleich weit aus?

2. Halte einen geladenen Luftballon an dein Elektroskop. Wie lange zeigt das Elektroskop eine Ladung an?

3. Was beobachtest du, wenn du deinem Elektroskop einen geladenen Luftballon näherst? Hörst du auch etwas? Beschreibe.

Impulse

Einfache Stromkreise

Strom kann gefährlich sein
Elektrischer Strom ist in unserem alltäglichen Leben sehr wichtig! Ohne ihn würden viele Haushaltsgeräte nicht funktionieren und das Leben wäre in manchen Bereichen beschwerlicher. Aber man muss beim Umgang mit dem Strom auch vorsichtig sein! Es ist zum Beispiel gefährlich, ein defektes elektrisches Gerät zu benutzen. Wenn man einige Vorsichtsmaßnahmen beachtet, ist der elektrische Strom jedoch eine schöne und nützliche Sache!

● Nenne einige Verhaltensregeln, die du beim Experimentieren mit Strom beachten solltest!

● Stelle dir vor, du hättest ein kleines Geschwisterkind im Alter von einem Jahr! Welche Vorsichtsmaßnahmen müssten in eurer Wohnung getroffen werden, damit sich das Kind nicht durch den Strom verletzen kann?

Strom kannst du nicht sehen oder riechen. Du erkennst ihn aber an seinen Wirkungen, wenn du z. B. das Radio, den Fernseher oder den Mixer anschaltest. Heutzutage nutzen wir die unterschiedlichsten elektrischen Geräte ganz selbstverständlich. Ende des 19. Jahrhunderts war das noch ganz anders.

Ein Morseapparat – schnell selbst gebaut!
Aus einer Wäscheklammer, zwei Heftzwecken, einer Batterie, Kabeln und einer Glühlampe kannst du dir einen Morseapparat bauen!

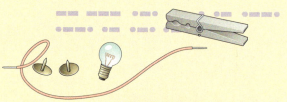

Wie fließt der Strom im Stromkreis?
Will man einen Stromkreis aufbauen, so benötigt man eine Spannungsquelle (z. B. eine Batterie), ein elektrisches Gerät (z. B. eine Glühlampe) und zwei Leiter (z. B. Kabel) von der Quelle zum Gerät und vom Gerät zurück zur Quelle.

● Informiere dich, was „morsen" heißt! Schreibe das Morsealphabet in dein Heft!

● Überlegt in der Gruppe, wie ihr aus den aufgelisteten Materialien einen Morseapparat bauen könnt!

● Bringe mit den genannten Materialien die Glühlampe zum Leuchten.

● Wer war SAMUEL MORSE? Informiere dich im Internet und notiere seine Lebensdaten!

Elektrische Geräte sind vielseitig

Du nutzt elektrische Geräte jeden Tag zum Radiohören, zum Fernsehen, zum Telefonieren.

● Elektrische Geräte können z. B. Wärme, Licht und Bewegung erzeugen. Erstelle eine Liste von Geräten, die diese Wirkungen zeigen.

● Gibt es Geräte, die mehrere Wirkungen zeigen? Wenn ja, welche?

● Manche Geräte schließt du mit einem Stecker an der Steckdose an, andere betreibst du mit Batterien oder Akkus.
Liste auf, zu welchen Zwecken du die Steckdose als Anschluss verwendest und wann du eine Batterie oder einen Akku benutzt.

● In den Leitungen fließt Strom, der die Lampe zum Leuchten bringt. Fertige eine Zeichnung an, mit der du erklären kannst, weshalb die Lampe leuchtet.

Der elektrische Wissenstest

Mit etwas Geschick und Überlegung kannst du dir selbst einen elektrischen Wissenstest bauen. Er funktioniert ganz einfach!
Es gibt vielfältige Möglichkeiten: Du kannst Wörterpaare bilden, Begriffe ihren Erklärungen zuordnen, Vokabeln üben usw.

● Überlege, wie das Spiel funktioniert und erkläre es deinen Mitschülern.

● Viele der Materialien, die du benötigst, findest du zu Hause. Für die Kontaktpunkte neben den Wörtern kannst du z. B. Verschlussklammern aus Messing verwenden. Pro Wörterpaar benötigst du außerdem noch einen Draht, der auf der Rückseite die richtige Verbindung herstellt. Erstelle eine Liste der Materialien, die du sonst noch brauchst.

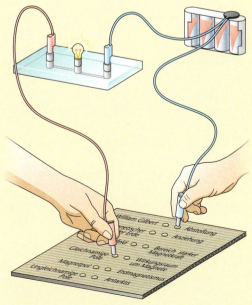

Werkstatt

Elektrische Geräte richtig anschließen

Elektrische Geräte benutzt du jeden Tag ganz selbstverständlich. Aber welche Voraussetzungen müssen erfüllt sein, damit ein Gerät auch funktioniert?

Im folgenden Versuch kannst du es selbst herausfinden. Beachte die Versuchsanweisungen. **Vorsicht**: Experimentiere niemals mit elektrischem Strom aus der Steckdose!

2 Elektromotor

3 Solarzelle

1 Der einfache Stromkreis
Versuchsanleitung
a) Bringe mithilfe von Batterien und Kabeln die Lampen einer Taschenlampe zum Leuchten (▷ B 1). Wie musst du den Stromkreis aufbauen, damit die Lampe leuchtet?

b) Was passiert, wenn du die Kabel an der Fassung vertauschst?

c) Schließe nun zunächst eine Fahrradlampe und anschließend eine Haushaltsglühlampe an die Batterien an.
Was beobachtest du nun? Notiere deine Beobachtungen.

Aufgaben
1. Erstelle eine Materialliste für deinen Versuch. Führe den Versuch anschließend durch.

2. Welche Voraussetzungen müssen erfüllt sein, damit eine Lampe in einem Stromkreis leuchtet? Fasse die Ergebnisse deiner Untersuchungen zusammen.

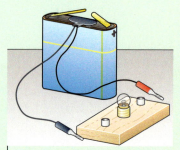

1 Wann leuchtet die Lampe?

2 Wann läuft der Motor?
Material
Solarzelle, Elektromotor, Kabel, starke Taschenlampe

Versuchsanleitung
a) Setze den Elektromotor mithilfe einer Solarzelle in Betrieb. Zeichne die Versuchsanordnung in dein Heft und beschreibe dein Experiment. Notiere Besonderheiten.

b) Verändere die Helligkeit der Lampe. Beschreibe, wie der Motor auf die unterschiedliche Beleuchtung reagiert.

3 Wie läuft der Motor?
Material
Glühlampe (3,8 V), Batteriehalter, Batterien, Elektromotor, Kabel

Versuchsanleitung
a) Schließe die Lampe an die Spannungsquelle an und bringe sie zum Leuchten. Vertausche anschließend die Anschlüsse an der Spannungsquelle. Notiere deine Beobachtungen.

b) Wiederhole den Versuch. Verwende anstelle der Glühlampe nun aber den Elektromotor. Notiere deine Beobachtungen.

c) Vergleiche deine Beobachtungen aus den beiden Versuchen. Halte das Ergebnis schriftlich fest.

4 Der Dynamo als Quelle
Material
Lampe (z. B. 3,8 V), Fahrraddynamo, Kabel

Versuchsanleitung
a) Bringe mit dem Fahrraddynamo die Lampe zum Leuchten. Skizziere den Versuchsaufbau und beschreibe dein Vorgehen.

b) Untersuche, wodurch die Helligkeit der Lampe verändert werden kann. Notiere die Ergebnisse.

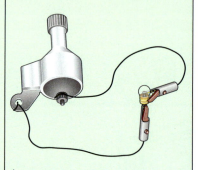

4 Anschluss der Lampe an den Dynamo

Aufgaben
1. Vergleiche die Ergebnisse der Versuche. Welche Bedingungen müssen erfüllt sein, damit ein elektrischer Stromkreis funktioniert?

2. Vergleiche Solarzelle, Batterie und Dynamo miteinander. Welche Vorteile besitzt jede dieser Spannungsquellen und welche Nachteile könnten sie haben?

Der einfache Stromkreis

Ein Tag ohne Elektrogeräte?
Elektrische Geräte erleichtern unser Leben und übernehmen viele Arbeiten, die früher mühselig in Handarbeit verrichtet werden mussten. Einen Brief am Computer schreiben, Musik hören oder schnell noch die Haare trocknen – ohne elektrische Geräte können wir uns unseren Alltag nicht mehr vorstellen.
Überlege selbst einmal, wie dein Tag ohne elektrische Geräte ablaufen würde.

Elektrische Geräte anschließen
Um elektrische Geräte nutzen zu können, müssen sie mit Energie versorgt werden. Dazu brauchst du eine Spannungsquelle. Für eine Glühlampe (▷B4) reicht eine Batterie, Haushaltsgeräte werden an die Steckdose angeschlossen. Der „Strom aus der Steckdose" ist jedoch lebensgefährlich. Keinesfalls darfst du damit experimentieren.
Ungefährliche Spannungsquellen sind z. B. Batterie, Solarzelle oder Fahrraddynamo. Jede Spannungsquelle hat zwei Anschlussstellen, einen Pluspol (+) und der Minuspol (-). An diese werden die elektrischen Geräte angeschlossen.

Der elektrische Stromkreis
Im Bild 1 siehst du einen einfachen elektrischen Stromkreis. Die elektrische Verbindung beginnt an einem Batteriepol und führt durch die Lampe wieder zum anderen Batteriepol zurück. Die Lampe leuchtet nur, wenn die Verbindung an keiner Stelle unterbrochen ist und der elektrische Stromkreis geschlossen ist.
[System, S. 216]
Oft wird in den Stromkreis noch ein Schalter eingebaut (▷B2). Damit kannst du einen elektrischen Stromkreis je nach Bedarf unterbrechen oder schließen.

Die Voltangabe ist wichtig
Sicher hast du schon auf Batterien die Aufschrift 1,5 V oder 9 V gelesen.
Das „V" steht für „Volt".
Damit ein elektrisches Gerät richtig funktioniert, muss es zur Spannungsquelle passen. Das ist der Fall, wenn die Voltangaben auf beiden in etwa übereinstimmen. Ist die Spannungsquelle zu schwach, funktioniert das Gerät nicht. Ist sie zu stark, kann das Gerät kaputt gehen.

Auf dem Sockel der Lampe in Bild 4 findest du die Aufschrift „3,5 V". Zu dieser Lampe passt also z. B. eine 3-V-Batterie. Schließt du die Lampe stattdessen an eine 9-V-Batterie an, geht sie kaputt.

▶ Ein elektrisches Gerät funktioniert nur dann, wenn es an eine geeignete Spannungsquelle angeschlossen ist und der elektrische Stromkreis geschlossen ist.

Die richtige Polung
Bei einer Batterie ist es egal, wie die Lampe an die Pole angeschlossen wird. Vertauschst du die Pole, leuchtet die Lampe genauso wie vorher.
Nicht so bei einem Elektromotor! Bei einem Elektromotor ändert sich die Drehrichtung, wenn die Batteriepole vertauscht werden.

In vielen Geräten ist angegeben, wie die Batterien eingelegt werden müssen. Legst du die Batterie falsch ein, funktioniert das Gerät nicht oder kann zerstört werden.

▶ Achte bei einem elektrischen Gerät darauf, wie die Batterien eingelegt werden müssen. Bei falsch eingelegten Batterien könnte es zerstört werden.

3 Die Pole der Batterie sind gekennzeichnet.

4 Voltangabe auf einer Glühlampe

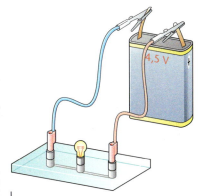

1 Geschlossener elektrischer Stromkreis

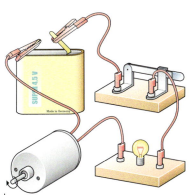

2 Geschlossener elektrischer Stromkreis mit Schalter

Was ist elektrischer Strom?

1 Der Fluss – ein Strom aus Wasser

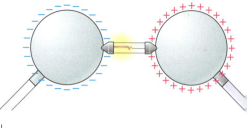

5 Ein elektrischer Strom gleicht Ladungsunterschiede aus.

2 Durch Städte fließen Verkehrsströme.

3 Aus dem Luftballon strömt Luft.

Beim Wasserstrom bewegen sich Wasserteilchen in eine Richtung, bei der Luft Luftteilchen.

Elektrischer Strom

Im elektrischen Stromkreis fließen in festen Stoffen kleine negativ geladene Teilchen. Ähnlich wie bei anderen Strömen, kannst du dir auch den elektrischen Strom als eine Bewegung von einzelnen Teilchen vorstellen, die sich in eine Richtung bewegen.
[Materie, S. 215]
Diese kleinen negativ geladenen Teilchen nennt man Elektronen (▷ B 4).
Elektronen sind so klein, dass wir sie nicht sehen können, auch nicht mit einem Vergrößerungsglas oder einem Mikroskop.

In einem Stromkreis aus Batterie und Lampe strömen die Elektronen in eine Richtung: vom Minuspol der Batterie durch die Lampe zum Pluspol der Batterie

▶ In festen elektrischen Leitern ist der elektrische Strom ein Elektronenstrom.

Verschiedene Ströme

Du kennst unterschiedliche Ströme (▷ B 1 – B 3).
Ein großer Fluss wird als Strom bezeichnet, durch Städte fließen Verkehrsströme, aus dem Luftballon strömt Luft. All diese Ströme haben eine Gemeinsamkeit: Sie bestehen aus Teilchen, die sich in eine gemeinsame Richtung bewegen.

Elektronen

4 Noch zwei Ströme: Schülerstrom und Elektronenstrom im Draht.

Leiter und Nichtleiter

Ein Bindfaden im Stromkreis

Als Jochen einen einfachen Stromkreis aufbauen will, hat er zunächst kein Kabel. Er nimmt deshalb einen Bindfaden anstelle eines Drahtes (▷ B 2).
Warum leuchtet die Lampe nicht? Jochen überprüft die Lampe, indem er Gewinde und Fußkontakt direkt an die Anschlüsse der Batterie hält. Die Lampe leuchtet.

Anschließend holt sich Jochen zwei Kabel, über die er die Lampe mit der Spannungsquelle verbindet. Wiederum leuchtet die Lampe.
Sobald Jochen aber den Bindfaden anstelle eines Kabels verwendet, bleibt es dunkel. Der Bindfaden leitet den elektrischen Strom nicht.

Welche festen Stoffe leiten den elektrischen Strom?

Wenn du genauer untersuchen möchtest, welche Stoffe den elektrischen Strom leiten, musst du verschiedene Gegenstände in den Stromkreis schalten (▷ B 3; V 1).

Bei einigen Stoffen leuchtet die Glühlampe auf. Diese Stoffe leiten den elektrischen Strom.

Bei anderen Stoffen hingegen leuchtet die Glühlampe nicht. Diese Stoffe leiten den elektrischen Strom nicht oder in nur so geringem Maß, dass der Strom nicht ausreicht, um die Lampe aufleuchten zu lassen.

Wenn du die Lampe durch ein empfindliches Strommessgerät ersetzt, dann kannst du manchmal einen geringen Stromfluss feststellen.

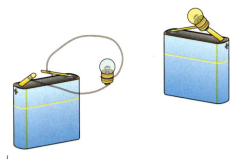

2 Mit einem Bindfaden leuchtet die Lampe nicht.

Leitende Stoffe sind z. B. alle Metalle, aber auch Graphit. Diese Stoffe nennt man **Leiter**.

Zu den nicht leitenden Stoffen zählen z. B. Glas, Porzellan und Kalk. Diese Stoffe nennt man **Isolatoren**.

▶ Stoffe, die den elektrischen Strom gut leiten, werden als Leiter bezeichnet. Stoffe, die den elektrischen Strom nicht leiten, werden Isolatoren (Nichtleiter) genannt.

Versuch

1 Baue einen Prüfstromkreis mit Batterie und Glühlampe (▷ B 3). Schalte verschiedene Gegenstände in den Stromkreis. Trage deine Beobachtungen in eine Tabelle ein (▷ B 1).

Aufgabe

1 Schreibe auf, wo Leiter gebraucht werden und wo Isolatoren wichtig sind. Welche Stoffe werden zum Isolieren benutzt?

Gegenstand	Stoff	Lampe leuchtet
Heft	Papier	
Brille	Glas	
Bleistiftmine	Graphit	
Kreide	Kalk	
Nagel	Eisen	
Türklinke	Aluminium	

1 Tabelle zu Versuch 1

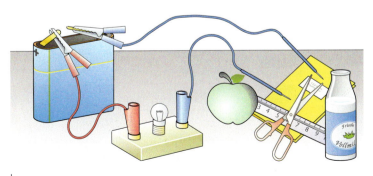

3 Zu Versuch 1

Spannungsquellen

1 Batterien gibt es in zahlreichen Ausführungen.

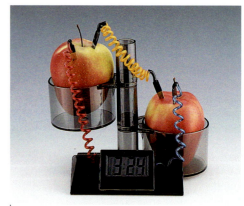

4 Eine Apfelbatterie

Bekannte Spannungsquellen
Beispiele für Spannungsquellen gibt es viele: Haushaltsgeräte werden an die Steckdose angeschlossen. Viele Taschenrechner haben eine Solarzelle als Spannungsquelle. Die Fahrradbeleuchtung nutzt einen Dynamo.
Für unsere Experimente benutzen wir Batterien (▷ B 1) oder Netzgeräte.

Spannung aus Blech
Im Werkstattversuch kannst du eine „Apfelbatterie" herstellen. Dazu steckt man zwei unterschiedliche Metallstreifen in den Apfel. Der Saft des Apfels sorgt dafür, dass sich die Metalle chemisch verändern. Dabei entsteht eine elektrische Spannung. Aus mehreren Früchten kann eine stärkere Spannungsquelle gebaut werden. So kann man mit zwei „Apfelbatterien" eine Digitaluhr betreiben (▷ B 4).

Eine gekaufte Batterie funktioniert ähnlich wie die Apfelbatterie. Zwei verschiedene Stoffe werden mithilfe einer besonderen Flüssigkeit chemisch verändert. Haben sich die Stoffe vollständig umgewandelt, kann in der Batterie keine Spannung mehr erzeugt werden. Die Batterie muss dann gegen eine neue ausgetauscht werden.

Akkumulatoren
Im Gegensatz zu Batterien lassen sich Akkumulatoren wieder aufladen. Dazu benötigst du ein Akkuladegerät.

Solarzellen
Solarzellen können mithilfe von Licht eine elektrische Spannung erzeugen. Solarzellen findest du z. B. auf Hausdächern (▷ B 3), Notrufsäulen (▷ B 2) oder Parkscheinautomaten.
Manchmal findest du sie auch auf Dächern von Wohnmobilen. Hier werden die Solarzellen genutzt, um Akkus aufzuladen oder elektrische Geräte zu betreiben.

Dynamo und Generator
Am Fahrrad ist meist der Dynamo die Spannungsquelle. Auch in Energieversorgungsunternehmen werden Dynamos verwendet. Allerdings sind diese sehr viel größer als ein Fahrraddynamo. Sie werden Generatoren genannt (▷ B 5).

2 Notrufsäule mit Solarmodul

3 Solarmodule

5 Generator als Spannungsquelle

Werkstatt

Eine selbstgebaute Batterie

Eine Batterie kannst du leicht selber bauen. Leider reicht sie aber nicht aus, um daran einen CD-Spieler oder ein anderes Gerät zu betreiben.

Material
Mehrere verschiedene Metallstreifen (z. B. Eisen, Zink, Kupfer), Apfel, Spannungsmessgerät, 2 Krokodilklemmen, 2 Anschlusskabel, Schleifpapier

Versuchsanleitung
Schleife z. B. einen Zinkstreifen und einen Kupferstreifen blank. Stecke die Streifen in den Apfel (▷ B 1). Achte darauf, dass sich die Metallstücke nicht berühren. Sie müssen tief und fest im Apfel sitzen.
Verbinde nun die Metallstreifen mithilfe der Kabel und der Krokodilklemmen (▷ B 1). Lass anschließend das Spannungsmessgerät von deinem Lehrer anschließen.

Aufgaben
1. Welche Spannung erzeugt deine Batterie?

2. Führe den Versuch auch mit anderen Metallen durch. Welche Spannung erhältst du nun?

3. Welche Spannung erhältst du, wenn du zwei gleiche Metalle (z. B. zwei Eisennägel) verwendest?

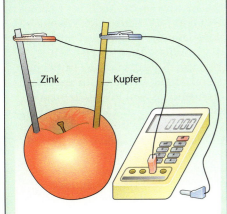

1 Apfelbatterie

Schnittpunkt

Geschichte: Alessandro Volta – Erfinder der Batterie

Graf und Professor
Graf ALESSANDRO VOLTA (1745–1827) war Professor für Physik an den Universitäten Pavia und Padua. Er war der erste, dem es gelang, eine Batterie herzustellen.
Zu Ehren von VOLTA ist deshalb die Einheit der Spannung mit „Volt" benannt.

Vorläufer der Batterie
Zu VOLTAS Zeiten war es für Forscher schwierig, Erscheinungen, die mit dem elektrischen Strom zusammenhingen, zu untersuchen. Sie konnten nicht wie wir heute auf Batterien zurückgreifen. Spannungen mussten mit großem Aufwand in so genannten Elektrisiermaschinen erzeugt werden. Mit diesen Spannungsquellen konnte aber ein elektrischer Strom nur kurzzeitig fließen.

1 ALESSANDRO VOLTA

VOLTAS Batterie
VOLTA verband einen dünnen Draht mit einer Silber- und einer Kupfermünze. Als er die Silbermünze auf seine Zunge legte und mit der anderen Münze die Zungenspitze berührte, entstand ein metallisch-säuerlicher Geschmack in seinem Mund. Die Metalle und der Speichel erzeugten zusammen eine Spannung. Ein Strom floss durch die Zunge, der die Geschmacksnerven reizte.
VOLTA schloss daraus, dass unterschiedliche Metalle und eine Flüssigkeit notwendig seien, um eine Spannung zu erzeugen.

Im Jahr 1800 baute VOLTA seine erste Batterie: Dazu legte er eine Zinkscheibe, eine mit einer bestimmten Flüssigkeit getränkte Pappscheibe und eine Kupferscheibe aufeinander (▷ B 3). Ein solches „Sandwich-Element" erzeugt jedoch nur eine sehr geringe Spannung. Indem er weitere Sandwich-Elemente aufeinander legte, konnte er die Spannung erhöhen.

Als er von der untersten Zinkscheibe einen Draht zur obersten Kupferscheibe führte, sprangen tatsächlich Funken über – VOLTAS Batterie funktionierte.

2 Die Volta-Säule war die erste funktionierende Batterie.

3 Ein Element der Volta-Säule

Leiter und Isolatoren in Aktion – Glühlampe und Fassung

- Glaskolben
- Glühwendel
- Haltedraht
- Glasisolator
- Gewinde und Seitenkontakt
- Isolatorplatte
- Fußkontakt

1 Aufbau einer Glühlampe

Glühlampen gibt es seit über 120 Jahren. Sie wurden in den vielen Jahrzehnten nur wenig verändert. Ihr Aufbau ist immer gleich, ob die Lampe groß ist oder klein.

Der Aufbau einer Glühlampe
Das Äußere der Glühlampe besteht aus einem Glaskolben. Er sitzt auf einem Gewinde, sodass man die Lampe in eine Fassung hineindrehen kann. Unterhalb des Gewindes kannst du eine Isolierschicht und einen Fußkontakt erkennen (▷ B 1).

Im Inneren der Glühlampe verläuft ein Draht vom Fußkontakt zum Glühdraht. Die andere Seite des Glühdrahts ist ebenfalls mit einem Draht verbunden, der den Seitenkontakt mit dem Metallgewinde herstellt. Durch Haltedrähte wird der Glühdraht festgehalten. Ein Glasisolator verhindert, dass sich die Drähte in der Lampe berühren.

Der Glühdraht der Lampe besteht aus dem Metall Wolfram. Es bleibt auch bei Weißglut noch fest und schmilzt nicht. Der Glühdraht ist sehr dünn. Damit er nicht verbrennt, ist der Glaskolben mit einem speziellen Gas gefüllt oder luftleer gepumpt. Der fast 1 m lange Glühdraht einer Haushaltsglühlampe ist doppelt gewendelt, damit er in den Glaskolben passt.

Die Lampenfassung
Die Lampenfassung ist das Gegenstück zur Glühlampe. Wird die Glühlampe vollständig in die Fassung gedreht, haben die leitenden Gewinde von Lampe und Fassung Kontakt miteinander.

Bei modernen Lampen wird anstatt eines Glühdrahts ein Gas zum Leuchten gebracht. Diese Lampen nennt man Energiesparlampen, weil sie die elektrische Energie besser ausnutzen als herkömmliche Glühlampen.

Aufgabe

1 Beschreibe den Weg des Stroms in einem geschlossen Stromkreis. Beschreibe dabei auch den Weg innerhalb der Lampe und der Fassung.

Schnittpunkt

Geschichte: Die Erfindung der Glühlampe

1 HEINRICH GÖBEL

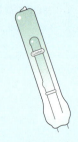

HEINRICH GÖBEL
Der eigentliche Erfinder der Glühlampe ist HEINRICH GÖBEL. Er wurde 1818 in Springe bei Hannover geboren und wanderte 1848 nach Amerika aus. GÖBEL war Optiker und Uhrmacher und eröffnete in New York ein Geschäft für optische Geräte. Er interessierte sich für physikalisch-technische Fragen. 1854 baute er eine Kohlefaser in ein Fläschchen ein, pumpte die Luft ab und ließ Strom durch die Faser fließen. Diese erste Glühlampe leuchtete viele Stunden in seinem Schaufenster. GÖBEL konnte seine Erfindung aber nicht wirtschaftlich nutzen, denn es gab keine Stromversorgung. Außerdem hatten die Menschen damals kein Verständnis für die Erfindung. Noch brauchte sie niemand. Schließlich fehlten GÖBEL das Geld und das Geschick, um seine Erfindungen systematisch zu vermarkten und zu verbreiten.

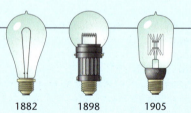

2 Entwicklung der ersten Glühlampen

THOMAS ALVA EDISON
Der Entwickler der modernen Glühlampe war THOMAS ALVA EDISON. Auch seine Lampe aus dem Jahr 1879 hatte einen Glühfaden aus Kohlefaser. Sie leuchtete 45 Stunden. EDISONS Erfindung konnte sich rasch durchsetzen, weil er neben der Glühlampe auch ein komplettes Beleuchtungssystem vom Dynamo bis zum Installationszubehör entwickelte.
Lange Zeit galt deshalb EDISON als Erfinder der Glühlampe. GÖBEL erhielt erst kurz vor seinem Tod Recht: Ein Gericht in New York stellte fest, dass er die Glühlampe bereits 25 Jahre vor EDISON erfunden hatte. In den heutigen Glühlampen befindet sich keine Kohlefaser mehr. Sie wurde durch den Glühdraht aus Wolfram ersetzt.

Strategie
Zum Experten werden

A. Geteilte Arbeit verdoppelt das Wissen
Wenn ihr euch in ein neues Thema einarbeiten möchtet, kommt meist viel Arbeit auf euch zu, denn oft sind die Gebiete sehr umfangreich. Für den Einzelnen ist es dann schwierig, sich in kurzer Zeit über alles selbst zu informieren. Ihr könnt euch die Arbeit erleichtern, wenn ihr das Thema aufteilt und in Gruppen bearbeitet.

B. Die Arbeit in der Gruppe
Euer Lehrer oder eure Lehrerin hilft euch sicher bei der Auswahl der Themen. Ihr könnt festlegen, welche Gruppe sich mit welchem Bereich des Themas beschäftigen will. Dann beginnt die Gruppenarbeit.

Zunächst sollte sich jedes Gruppenmitglied eine zuvor festgelegte Anzahl von Stichwörtern zum Thema notieren. Zu diesen Stichwörtern sammelt nun jeder Einzelne Informationen. Als Quellen könnt ihr Schulbücher, Lexika, Zeitungen, Wissenschaftsreihen für Jugendliche und andere Bücher verwenden. Auch das Internet könnt ihr nutzen. Vielleicht stellt euch auch euer Lehrer oder eure Lehrerin Material bereit.

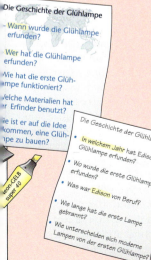

C. Die Auswertung
Tragt alle gesammelten Informationen zunächst zusammen. Ihr habt nun die Aufgabe, Wichtiges von Unwichtigem zu trennen. Vergleicht dazu eure Stichwortlisten. Ihr werdet feststellen, dass einige Begriffe sehr häufig auftauchen, andere vielleicht nur ein oder zwei Mal. So könnt ihr schnell erkennen, welche Punkte wichtig für euer Thema sind. Nun gilt es, die wichtigsten Inhalte, die ihr unter den jeweiligen Stichwörtern gefunden habt, zusammenzufassen. Ihr könnt ein kleines Heft daraus erstellen oder mit Bildern und Zeitungsausschnitten ein Plakat gestalten.

D. Das Wissen weitergeben
Sobald alle Expertengruppen ihre Ergebnisse zusammengestellt haben, können diese weitergegeben werden. Dazu verteilen sich die Mitglieder der Gruppe 1 auf die anderen Gruppen. Die Experten berichten ihren Mitschülerinnen und Mitschülern über ihr Themengebiet. Achtet darauf, dass die anderen die Möglichkeit haben, Stichpunkte mitzuschreiben. Anschließend verteilen sich die Experten aus Gruppe 2 auf die anderen Gruppen und berichten nun ihrerseits. Wenn ihr auf diese Weise weiterverfahrt, erhalten schnell alle Schülerinnen und Schüler die Informationen aus den anderen Gruppen.

E. Die Ergebnisse präsentieren
Wenn alle Experten ihre Ergebnisse vorgetragen haben, besitzt jeder Schüler und jede Schülerin einen guten Überblick über das gesamte Themengebiet. Damit die gesammelten Informationen nicht verloren gehen, solltet ihr sie zusammentragen.

Ihr könnt die Plakate für eine Ausstellung verwenden oder aus euren Informationen ein eigenes Buch zusammenstellen. Vielleicht besteht sogar die Möglichkeit, eine Internetseite zum Thema zu gestalten!

Strategie

Ein Arbeitsblatt für die Klasse

Du sollst bis zur nächsten Woche für deine Mitschülerinnen und Mitschüler ein Arbeitsblatt über Glühlampen erstellen. Dazu hast du die entsprechenden Seiten im Schulbuch durchgelesen und noch über 20 Seiten aus dem Internet ausgedruckt.
Wie bekommst du nun eine sinnvolle Gliederung in diese Menge an Informationen?

Du könntest zum Beispiel danach fragen, woher die Glühlampen ihren Namen haben.

Plane genügend Platz für die Antworten ein. Du kannst mit der Anzahl der Striche schon eine kleine Hilfe geben, wie viele Erklärungsmöglichkeiten es geben könnte.

Aber nur Fragen zu stellen, die sich auf den Text im Physik-Buch beziehen, ist nicht so spannend. Bemühe dich deshalb, Fragen zu entwickeln, die auf unterschiedliche Weise beantwortet werden können.

Auch ein Lückentext ist interessant, in den deine Mitschülerinnen und Mitschüler wichtige Begriffe eintragen können. Dabei kannst du die fehlenden Begriffe auf dem Arbeitsblatt bereits vorgeben oder auch nicht.

A. Was ist wichtig?
Frage dich zuerst, was deine Klassenkameraden über Glühlampen unbedingt wissen sollten. Notiere die Begriffe, die du gefunden hast, auf kleine Kärtchen. Schreibe zu jedem Begriff ein oder zwei Stichworte.

In einem Wortsuchspiel kannst du wichtige Begriffe verstecken. Vielleicht findest du ein entsprechendes Programm im Internet. Ansonsten kannst du die Tabellenfunktion deines Schreibprogramms benutzen. Gib noch an, wie die Begriffe im Wortsuchspiel verteilt sind: vorwärts, rückwärts, waagerecht, senkrecht oder diagonal.

B. Interessant gestalten – gewusst wie!
Wenn du dir genügend Fragen überlegt hast, geht es an die Gestaltung deines Arbeitsblattes. Es sollte möglichst abwechslungsreich sein. Du weißt sicher, dass Menschen sich auf unterschiedliche Weise Dinge einprägen und lernen: Manche brauchen ein Bild zum Anschauen, andere lesen lieber einen Text.

Auf dieser Seite findest du viele Ideen, wie du dein Arbeitsblatt gestalten kannst. Sicher fallen dir noch weitere ein. Schau auch einmal in Rätselheften nach.

Auf dein Arbeitsblatt darfst du auch etwas zeichnen, wenn du das kannst. Beziehe diese Zeichnung in deine Frage mit ein. Deine Mitschülerinnen und Mitschüler erinnern sich vielleicht später noch an diese Zeichnung und dann fallen ihnen die Begriffe dazu schneller wieder ein.

DAS GROSSE GLÜHLAMPEN-RÄTSEL

Ergänze die fehlenden Wörter:

Das Äußere der Glühlampe besteht oben aus dem _____.
Darunter befindet sich das _____, sodass man die Lampe in die _____ eindrehen kann.
Unterhalb des _____ befindet sich zunächst die _____ und ganz unten der _____.

Hier haben sich 10 Begriffe rund um die Glühlampe versteckt. Finde sie und rahme sie farbig ein.

K	I	B	J	W	E	N	D	E	L
J	O	G	P	O	L	A	R	G	I
G	Ö	B	E	L	E	B	A	E	H
R	N	I	D	F	I	R	H	W	T
F	G	Ö	I	R	T	E	T	I	O
B	L	F	S	A	E	B	A	N	M
A	U	O	M	R	L	E	D	P	L
S	Q	N	E	G	I	K	E	L	L
I	S	O	L	A	T	O	R	K	

Aus welchen Teilen ist die Glühlampe aufgebaut?

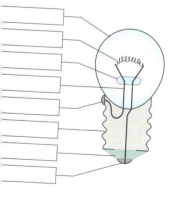

Stimmt's oder stimmt's nicht? Du musst dich entscheiden. Sind alle Antworten richtig, ergeben die roten Buchstaben ein Lösungswort:

Im Inneren der Glühlampe verläuft ein Draht vom Fußkontakt
a) zum Glühdraht (P)
b) zum Glaskolben (C)

Der Erfinder der Glühlampe ist
a) Edison (I)
b) Göbel (R)

Der Glühdraht besteht aus
a) Kupfer (E)
b) Wolfram (I)

Zwischen Gewinde und Fußkontakt befindet sich
a) ein Isolator (M)
b) ein Leiter (S)

Die Glühlampe gibt es seit
a) etwa 150 Jahren (A)
b) etwa 50 Jahren (E)

Lösung: _ _ _ _ _

Hoppla, hier ist etwas durcheinandergeraten. Kannst du erklären, was?

TERILE _____
Erklärung: _____

SONEDI _____
Erklärung: _____

HAGRLDÜHT _____
Erklärung: _____

Bei den „Stimmt/stimmt nicht"-Fragen müssen sich deine Mitschülerinnen und Mitschüler entscheiden, welche der beiden angegebenen Antworten richtig ist. Formuliere die falsche Antwort nicht zu unwahrscheinlich, damit sie überlegen müssen.

Wenn du hinter die falschen und richtigen Antworten noch Buchstaben setzt, könnte sich am Schluss – wenn alle richtigen Antworten erkannt wurden – ein Lösungswort ergeben.

Wie wäre es mit einem Kreuzworträtsel? Auch dazu findest du im Internet entsprechende Programme.

Anstelle eines Kreuzworträtsels kannst du die Buchstaben wichtiger Begriffe auch durcheinander wirbeln. Deine Mitschülerinnen und Mitschüler müssen sie zu sinnvollen Wörtern ordnen. Lasse sie die Begriffe dann aber noch einmal mit eigenen Worten erklären.

Vielleicht findest du zum Schluss noch einen Spruch oder einen Comic. Dann lösen deine Mitschülerinnen und Mitschüler dein Arbeitsblatt sicher mit noch mehr Spaß.

Wege für Strom und Daten

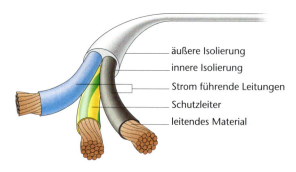

2 Aufbau eines Kabels

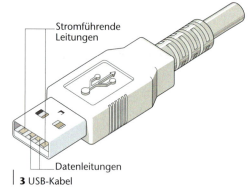

3 USB-Kabel

1 Experimentierkabel

Stromleitungen
Um elektrische Geräte richtig anzuschließen, benötigt man Leitungen für den elektrischen Strom.
Im Bild 1 siehst du, wie ein einfaches Experimentierkabel aufgebaut ist: Es besteht aus mehreren feinen Kupferdrähten, die von Kunststoff umhüllt sind. Durch die vielen einzelnen Drähte bleibt das Kabel biegsam und bricht nicht so leicht.
Die Materialien Kupfer und Kunststoff erfüllen im Kabel unterschiedliche Aufgaben: Kupfer wird eingesetzt, weil es ein sehr guter elektrischer Leiter ist. Kunststoff ist dagegen ein Isolator, dadurch wird verhindert, dass jemand einen elektrischen Schlag bekommt. [Materie, S. 214]
Die Zuleitungen für elektrische Haushaltsgeräte bestehen meist aus drei einzelnen Leitungen (▷ B 2). Die Kupferdrähte in ihnen sind viel dicker als beim Experimentierkabel, weil ein stärkerer Strom fließt.
Alle drei Leitungen sind voneinander gut isoliert. Außen sind alle Leitungen noch einmal von einem Mantel aus Kunststoff umgeben.

Daten-Leitungen
Mithilfe eines USB-Kabels (▷ B 3) können Daten zwischen einem Computer und einem Gerät, wie beispielsweise einer Kamera oder einem Speicherstick ausgetauscht werden. Gleichzeitig können per USB-Kabel auch manche Geräte, wie z. B. eine Computermaus oder eine Tastatur mit Strom versorgt werden. Deshalb findest du in USB-Kabeln mindestens 4 Leitungen: zwei dienen zur Datenübertragung, zwei dienen der Stromversorgung.

Aufgabe

1 Untersuche den Aufbau verschiedener Kabelreste. Bereite eine Präsentation vor.

Schnittpunkt

Geschichte: Die Kindertage elektrischer Kabel

1 Telegrafenkabel (um 1840)

2 Starkstromkabel (um 1900)

Die ersten Telegrafenkabel
Um 1837 wurden die ersten Telegrafenkabel zur Nachrichtenübertragung eingesetzt. Stimmen konnte man damals noch nicht hören, die Nachricht wurde von einem Gerät auf Papier aufgezeichnet. Die Telegrafenkabel bestanden aus Kupferdrähten, die mit Harz isoliert und in Holz eingelassen waren (▷ B 1). Das Holz hatte jedoch einen großen Nachteil: Es nahm Feuchtigkeit auf. Die Folge war, dass einerseits die Leitungen nicht mehr richtig isoliert wurden und andererseits die Kabel mit der Zeit brüchig wurden.

Die ersten Starkstromkabel
1880 wurden die ersten Starkstromkabel für die Berliner Straßenbeleuchtung eingesetzt. Auch dafür wurden zunächst einfache einzelne Kupferdrähte verwendet. Erst später wurden mehrere Drähte gebündelt.

Zur Isolierung benutzte man eine Papierschicht, die mit einem Spezialöl getränkt war. Außen wurde das Kabel von einem Bleimantel umhüllt, der die Papierschicht vor Feuchtigkeit schützen sollte (▷ B 2).

Wie funktioniert die Fahrradbeleuchtung?

Strampeln für Energie

Hast du schon einmal die Beleuchtung an Fahrrädern genauer untersucht? Möglicherweise wirst du dabei verschiedene Varianten finden.

Manche Fahrradlampen werden von einer Batterie mit Energie versorgt, den Stromkreis mit Hin- und Rückleitung kannst du deutlich erkennen.
[Energie, S. 213]

Bei anderen Fahrrädern musst du jedoch kräftig in die Pedale treten, damit die Scheinwerfer leuchten. Hier dient ein Dynamo als Energiequelle. Wenn sich das Rädchen am Dynamo dreht, leuchtet die Lampe.
Oftmals findest du dabei jedoch nur ein einziges Kabel, das vom Dynamo zur Fahrradlampe führt. Ein zweites Kabel als Rückleitung fehlt.
Dennoch ist der Stromkreis auch hier geschlossen, man bedient sich nur eines Tricks: Als Rückleitung wird der Metallrahmen des Fahrrads benutzt.

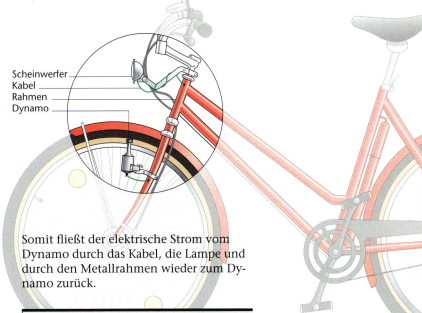

Somit fließt der elektrische Strom vom Dynamo durch das Kabel, die Lampe und durch den Metallrahmen wieder zum Dynamo zurück.

1 Lampe und Dynamo am Fahrrad

Versuch

1 Bringe mithilfe eines Dynamos eine Lampe zum Leuchten. Demonstriere dabei, wie die Fahrradbeleuchtung funktioniert.

Schnittpunkt

Umwelt: Das verkehrssichere Fahrrad

Sicherheit ist Vorschrift

Zwei Räder und ein Lenkrad – für ein verkehrssicheres Fahrrad reicht das nicht aus. Fahrräder müssen sich in einem technisch einwandfreien Zustand befinden, sonst darfst du sie nicht im Straßenverkehr benutzen. Die StVZO (Straßenverkehrszulassungsordnung) schreibt ganz genau vor, welche Sicherheitsausstattung ein Fahrrad haben muss (▷ B 1).

Sehen und gesehen werden

Besonders wichtig ist die Beleuchtungsanlage. Bei Regen, Nebel oder Dämmerung erkennen Autofahrer oft nur schlecht, dass sich ein Fahrrad vor ihnen befindet. Deshalb musst du darauf achten, dass du gut gesehen wirst: Lampen und Reflektoren sind Pflicht. Beachte auch, dass du als Energiequelle einen Dynamo benutzen musst, batteriebetriebene Leuchten dürfen nur zusätzlich angebracht werden.

Bremsen, Klingel und Co.

Neben einer gut hörbaren Klingel ist auch vorgeschrieben, dass dein Fahrrad zwei unabhängige Bremsen haben sollte: eine Handbremse für das Vorderrad und eine Rücktrittbremse für das Hinterrad. Wichtig sind auch rutschfeste und fest angebrachte Pedalen, diese müssen je zwei Pedalreflektoren aufweisen.

1 Sicherheitsausstattung am Fahrrad

Werkstatt

Schalter – selbst gebaut

Bislang hast du nur einen einfachen Stromkreis mit Batterie, Lampe, Fassung und Kabeln aufgebaut. Nach Beendigung deiner Versuche musstest du den Stromkreis unterbrechen, indem du z. B. die Krokodilklemme von der Batterie entfernt hast.
Mit Schaltern kannst du Stromkreise einfach unterbrechen oder schließen.

1 Ein einfacher Taster

Material
Aufbaubrett mit Lüsterklemmen, Batterie, Lampe mit Fassung, Lochstreifen, Schrauben, Draht

Versuchsanleitung
Mithilfe eines Möbelverbinders oder Lochstreifens und einem blanken Drahtstück lässt sich ein einfacher Taster bauen.
Entferne von den beiden Enden eines Drahtstücks etwa 2 cm der Isolierung. Führe ein Ende durch eine Bohrung des Lochstreifens und verdrille den Draht. Schraube den Lochstreifen auf dem Aufbaubrett mit zwei Schrauben fest (▷ B 1).

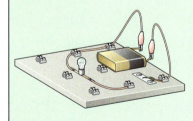

1 Zu Versuch 1

Schraube das andere Drahtende in einer Lüsterklemme fest.
Entferne von einem etwa 15 cm langen Drahtstück die Isolierung. Biege den Draht zu einer Schlaufe. Schraube den Draht in einer dem Lochstreifen gegenüberliegenden Lüsterklemme fest. Biege den Draht so, dass er den Lochstreifen berührt, wenn der Draht heruntergedrückt wird (▷ B 3).

2 Verschiedene Schalter

Verbinde die blanke Drahtschlaufe mit der Lampe und einem Pol der Batterie. Verbinde den Lochstreifen mit dem anderen Pol der Batterie.

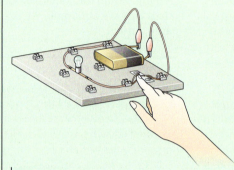

3 Der Kontakt wird geschlossen.

Aufgaben
1. Beschreibe, wann die Lampe leuchtet.
2. Kannst du den Aufbau so abändern, dass der Taster den Stromkreis ausschaltet? Beschreibe den Versuchsaufbau.
3. Wo könnte man einen solchen „Unterbrecher" einsetzen?

2 Ein-Aus-Schalter

Um den Stromkreis dauerhaft zu unterbrechen, musst du dir einen Ein-Aus-Schalter basteln.

Material
Aufbaubrett mit Lüsterklemmen, Batterie, Lampe mit Fassung, Lochstreifen, Schrauben, Draht

Versuchsanleitung
Befestige einen Draht an einem Lochstreifen. Schraube den Lochstreifen mit einer Schraube so wie in Bild 4 fest. Der Lochstreifen muss sich dabei noch drehen lassen.

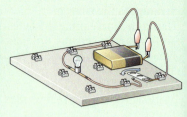

4 Zu Versuch 2

Befestige eine zweite Schraube auf das Aufbaubrett, sodass sie den Lochstreifen berührt, wenn du ihn drehst. Befestige einen Draht an der zweiten Schraube.

Aufgabe
Beschreibe an mindestens drei Beispielen, wie ein solcher Schalter eingesetzt wird.

3 Wechselschalter

Material
Aufbaubrett mit Lüsterklemmen, Batterie, Lampe mit Fassung, Lochstreifen, Schrauben, Draht

Versuchsanleitung
Ein Wechselschalter ist ein Schalter, der zwei Kontaktpunkte hat. Baue einen Wechselschalter wie in Bild 5 gezeigt auf.

Aufgabe
Eine Wechselschaltung wird zum An- und Ausschalten des Lichts in Treppenhäusern oder Fluren eingesetzt. Man benötigt dafür zwei Wechselschalter. Informiere dich, wie die Wechselschaltung funktioniert.

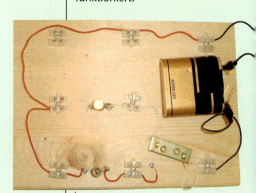

5 Zu Versuch 3

Schalter

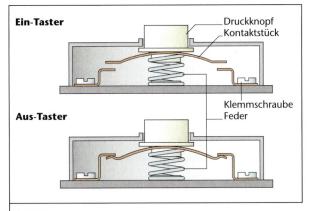

1 Taster

2 Beispiel für Ein-Aus-Schalter

Schalterarten
Schalter können verschieden aussehen (▷ B 3). Alle Schalter haben aber denselben Zweck: Sie sollen den Stromkreis unterbrechen oder schließen.
Manche Schalter muss man drücken, andere ziehen und wieder andere drehen. Zugschalter (z. B. an alten Stehlampen) werden mit einem Seil oder Faden betätigt.

Taster
Die Haustürglocke soll nur so lange läuten, wie jemand auf den Klingelknopf drückt. Dazu verwendet man einen **Taster** (▷ B 1). Wenn der Taster gedrückt wird, dann schließt das Kontaktstück aus Blech den Stromkreis, es läutet. Wenn man den Taster loslässt, dann federt das Kontaktstück zurück, der Stromkreis ist wieder unterbrochen.

Im Kühlschrank ist für die Beleuchtung ebenfalls ein Taster eingebaut. Diesen Taster nennt man auch **Öffner** oder Aus-Taster (▷ B 1). Er funktioniert aber umgekehrt wie der Taster bei der Klingel: Wenn du die Kühlschranktür schließt, dann wird der Taster gedrückt und der Stromkreis unterbrochen. Wenn du die Tür öffnest, dann wird der Taster losgelassen. Der Stromkreis wird geschlossen, das Licht im Kühlschrank leuchtet.

▶ Taster unterbrechen oder schließen den Stromkreis nur solange sie gedrückt werden.

Ein-Aus-Schalter
Wenn du abends ein dunkles Zimmer betrittst, schaltest du das Licht am Lichtschalter ein. Wenn du das Zimmer verlässt, schaltest du das Licht aus. Der Lichtschalter kann kein Taster sein, da der Stromkreis dauerhaft geschlossen oder unterbrochen wird, nachdem du den Schalter betätigt hast. Ein solcher Schalter heißt **Ein-Aus-Schalter** (▷ B 2).
Jeder Ein-Aus-Schalter hat zwei Stellungen.

3 Verschiedene Schalter

▶ Ein-Aus-Schalter unterbrechen oder schließen den Stromkreis dauerhaft.

Wechselschalter
Lisa muss zum Arzt. Im Wartezimmer befinden sich zwei Leuchtschilder. Wenn ein Patient das Behandlungszimmer betreten soll, leuchtet „Bitte eintreten" auf, andernfalls leuchtet „Bitte warten". Wie funktioniert diese Schaltung?
In dieser Schaltung ist ein spezieller Schalter eingebaut: der **Wechselschalter**.
Mit einem Wechselschalter kannst du bestimmen, welcher von zwei Stromkreisen geschlossen wird.

Magnetschalter
Reedschalter (▷ B 4) bestehen aus einem Glasröhrchen, in dem ein Eisenplättchen durch Magnetkraft an einen Kontakt gezogen wird. Reedschalter reagieren sehr empfindlich. Sie schließen den Stromkreis bereits dann, wenn ein Magnet nur in die Nähe gehalten wird.

Einbruchsicherungen an Fenstern arbeiten mit Reedschaltern. Bei einem Fahrradtachometer ist ein Reedschalter an der Radgabel befestigt. Der Magnet sitzt an der Speiche.

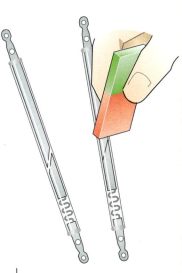

4 Reedschalter

67

Schaltplan und Schaltzeichen

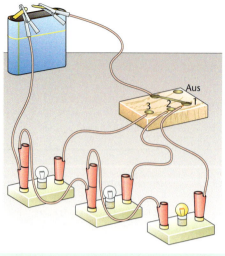

und wie sie miteinander verbunden sind (▷ B 2). Um sich die Arbeit zu erleichtern, verwendet man für jedes Bauteil ein festgelegtes Schaltzeichen (▷ B 3).

Von der Schaltung zum Schaltplan
Beginne beim Zeichnen immer an einem Pol der Stromquelle. Verfolge in Gedanken den Weg durch den Stromkreis von Bauteil zu Bauteil bis zum anderen Pol der Stromquelle. Ergänze dann weitere Bauteile.

Beachte beim Zeichnen:
- Kabel werden durch gerade Linien dargestellt.
- Bei Richtungsänderungen werden Kabel im rechten Winkel weiter gezeichnet.
- Die Stellen, an denen Kabel miteinander verbunden sind, werden mit einem kleinen Punkt markiert.
- Bauteile werden nie in eine Ecke gezeichnet.

Wenn du eine Schaltung nach Vorlage eines Schaltplans aufbauen sollst, gehst du genauso vor. Beginne auch hier an einem Pol der Stromquelle.

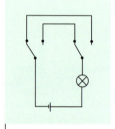

1 Schaltplan einer Schaltung mit zwei Wechselschaltern

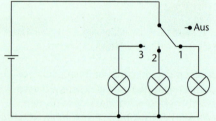

2 Schaltung und passender Schaltplan

Ein schneller Plan für jede Schaltung
Wenn du deine Schaltungen in Worten jemandem beschreiben müsstest, dann wäre das meist sehr aufwändig.
In einem **Schaltplan** kannst du schnell und übersichtlich darstellen, welche Bauteile in einer Schaltung verwendet werden

Aufgabe
1 Betrachte Bild 1. Baue die dort abgebildete Schaltung nach. Wie müssen die Schalter stehen, damit die Lampe leuchtet?

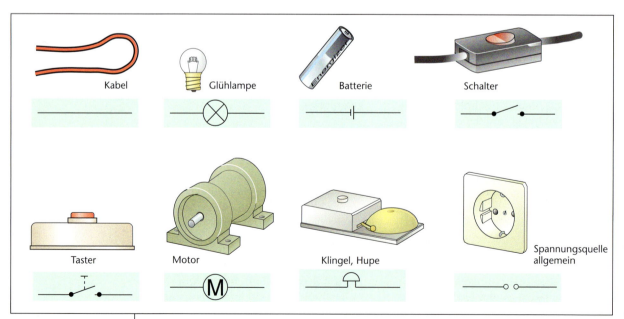

3 Bauteile und die zugehörigen Schaltzeichen

Schalterlogik

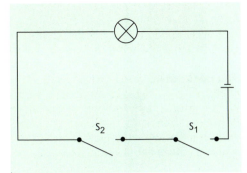

1 Das Prinzip einer Sicherheitsschaltung

2 Heckenschere mit Sicherheitsschaltung

Die UND-Schaltung

Herr Dittmer arbeitet in einer Druckerei. Er kann mit seiner Papierschneidemaschine über 1 000 Blätter auf einmal zuschneiden.
Damit er nicht aus Versehen mit der einen Hand den Schneidemotor einschaltet, während er noch mit der anderen den Papierstapel zurechtrückt, ist an der Maschine eine Sicherheitsschaltung eingebaut. Die Maschine lässt sich nur dann einschalten, wenn mit jeder Hand ein Schalter betätigt wird. Die Schaltung heißt **Sicherheitsschaltung** oder UND-Schaltung, weil Schalter 1 und Schalter 2 gleichzeitig betätigt werden müssen.

Wie eine solche Sicherheitsschaltung funktioniert, kannst du in Versuch 1 selbst ausprobieren. Das dazugehörige Schaltbild findest du in Bild 1.

▶ Bei der UND-Schaltung ist der Stromkreis nur geschlossen, wenn Schalter 1 und Schalter 2 geschlossen sind.

Überall UND-Schaltungen

In vielen elektrischen Geräten ist eine Sicherheitsschaltung eingebaut. Dabei ist normalerweise der zweite Schalter geschlossen. Erst bei Gefahr öffnet er sich und unterbricht so den Stromkreis.
Im Föhn z. B. ist neben dem Ein-Aus-Schalter ein wärmeempfindlicher Schalter eingebaut. Dieser Schalter unterbricht den Stromkreis, wenn der Föhn, z. B. bei einem Wärmestau, zu heiß wird.

Auch in den naturwissenschaftlichen Räumen wirst du eine UND-Schaltung finden. Am Lehrerpult und am Ausgang befinden sich NOT-AUS-Schalter. Mit diesen Schaltern kann der Stromkreis für den gesamten Raum unterbrochen werden.

Die ODER-Schaltung

In Mehrfamilienhäusern findest du meist zwei Klingelknöpfe für jede Wohnung: Ein Klingelknopf befindet sich an der Haustür und einer an der Wohnungstür (▷ B 2). Probiere es aus: Wenn der untere, der obere oder sogar alle beide Klingelknöpfe gedrückt werden, läutet die Türklingel. Die Schaltung heißt ODER-Schaltung. Das Prinzip der Schaltung findest du in Bild 3.

▶ Bei der ODER-Schaltung ist der Stromkreis geschlossen, wenn ein oder mehrere Schalter geschlossen sind.

Versuche

1 Baue die Schaltung nach Bild 1 auf. Probiere alle Schaltmöglichkeiten aus. Wann leuchtet die Lampe? Formuliere Ergebnissätze.

2 In Bild 3 ist eine Schaltung mit zwei Schaltern gezeichnet. Probiere diese Schaltung aus.
Wann leuchtet die Lampe? Vergleiche deine Ergebnisse mit den Ergebnissen aus Versuch 1.

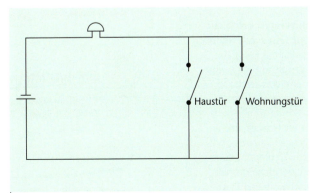

3 ODER-Schaltung

Strategie

Wie erstelle ich ein Plakat?

Plakate kennst du als öffentlich angebrachte Werbung an Wänden oder Litfaß-Säulen. Die Werbefachleute setzen auf Plakaten geschickt Bild und Text ein, damit dir im Vorübergehen die Werbebotschaft auffällt und in Erinnerung bleibt. So soll es auch mit Plakaten sein, die du für den Unterricht gestaltest. Hier ein paar Tipps:

A. Das Wichtigste zuerst – die Überschrift
Die Überschrift deines Plakates muss groß und deutlich geschrieben werden, damit man rasch erkennt, um welches Thema es geht. Benutze dazu z. B. die breite Seite deines Filzstiftes.

B. Ein Bild sagt mehr
Du findest bestimmt Bilder zu deinem Thema. Suche solche, die das Thema möglichst groß und deutlich abbilden. Gehe aber sparsam mit den Bildern um. Das Plakat soll am Ende nicht aussehen wie ein Fotoalbum.

C. Fasse dich kurz
Rede nicht lange um den heißen Brei. Schreibe nur wenig Text. Kurze Sätze lassen sich leicht lesen und prägen sich rasch ein.

D. Den Text gliedern
Unterteile das Thema in Abschnitte. Gleiche Inhalte werden dazu unter einer Zwischenüberschrift zusammengefasst.

E. Ordnung schaffen
Bilder und Texte sollten nicht wahllos durcheinandergewürfelt werden. Benutze Farben und Symbole, um den Platz auf deinem Plakat aufzuteilen und zu ordnen. Eine gute optische Aufteilung fällt sofort ins Auge und verleitet zum Hinschauen.

F. Mit Zeichnungen erklären
Manche Dinge lassen sich weder mit Worten noch mit Fotos beschreiben. Für solche Fälle kannst du auch selber etwas zeichnen, um dein Thema zu erklären.

G. Weniger ist immer mehr
Ein Plakat darf nicht zu voll und überladen sein. Es braucht auch leere Flächen. Versuche deshalb auch immer, etwas freien Platz zu lassen.

SCHALTUNGEN MIT ZWEI SCHALTERN

MATERIAL
Batterie,
Lampe mit Fassung,
2 Ein-Aus-Schalter,
2 Wechselschalter,

DIE UND-SCHALTUNG
Bei der Und-Schaltung müssen beide Schalter geschlossen sein, damit die Lampe leuchtet.
Die Schalter sind in Reihe geschaltet. →

DIE ODER-SCHALTUNG
Bei der Oder-Schaltung leuchtet die Lampe, wenn ein oder beide Schalter geschlossen sind.
Die Schalter sind parallel geschaltet. →

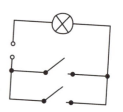

DIE WECHSELSCHALTUNG
Bei der Wechselschaltung kann man an jedem Schalter die Lampe ein- oder ausschalten.

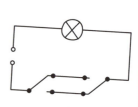

Reihen- und Parallelschaltung von Lampen

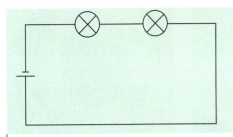

1 Schaltplan einer Reihenschaltung

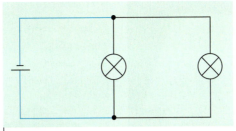

2 Schaltplan einer Parallelschaltung

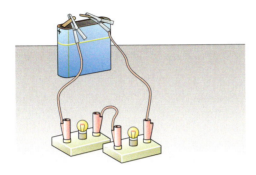

3 Reihenschaltung

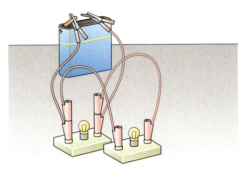

4 Parallelschaltung mit gemeinsamer Zuleitung

Eine Spannungsquelle für mehrere Lampen

Bei einem Fahrrad, in einem Auto oder auch in deinem Zimmer leuchten oft mehrere Lampen gleichzeitig. Diese werden meistens von einer einzigen Spannungsquelle versorgt. Welche Möglichkeiten gibt es dafür?

Reihenschaltung

Im Bild 1 sind die Lampen in einer Reihe angeordnet. Der Stromkreis führt von der Batterie nacheinander durch jede Lampe und wieder zur Batterie zurück. Solch eine Schaltung wird als **Reihenschaltung** bezeichnet.

In Versuch 1 wirst du zwei wichtige Eigenschaften der Reihenschaltung kennen lernen. Je mehr Lampen in Reihe geschaltet werden, desto schwächer leuchtet jede einzelne. Dreht man eine der Lampen aus der Fassung, dann ist der gesamte Stromkreis unterbrochen.

Parallelschaltung

Du kannst auch jede Lampe getrennt mit der Batterie verbinden. Dann bildet jede Lampe mit der Batterie einen eigenen Stromkreis. Oftmals benutzen die Lampen eine gemeinsame Zuleitung (▷ B 2; B 4). Eine solche Anordnung wird **Parallelschaltung** genannt.
Der große Vorteil: Du kannst jede Lampe einzeln an- oder ausschalten. Ist eine der Lampen kaputt, so ist nur der betreffende Stromkreis unterbrochen – die anderen Lampen leuchten weiter.
Eine weitere Eigenschaft (▷ V 2) der Parallelschaltung ist, dass die Lampen nicht schwächer leuchten, wenn zusätzlich (gleichartige) Lampen in den Stromkreis geschaltet werden.

Versuche

1. Schließe eine Lampe (3,8 V) an eine geeignete Batterie an. Schalte nacheinander weitere gleiche Lampen in Reihe hintereinander (▷ B 1 und B 3). Wie verändert sich die Helligkeit der Lampen? Löse eine beliebige Lampe aus der Fassung. Was geschieht?

2. Wiederhole Versuch 1. Schalte jedoch die Lampen nicht in Reihe, sondern parallel zueinander (▷ B 2 und B 4).

Aufgabe

1. In die Schaltungen der Bilder 1 und 2 sollen Schalter eingebaut werden. Wo müsstest du Schalter einbauen, wenn …
   a) … alle Lampen gleichzeitig ein- oder ausgeschaltet werden sollen?
   b) … jede Lampe einzeln geschaltet werden soll?

Der elektrische Strom hat viele Wirkungen

1 Lichtwirkung

2 Wärmewirkung: Vorsicht heiß!

3 Chemische Wirkung: Nicht alles ist Gold, was glänzt.

Heizen – Leuchten und Veredeln
Lampen, Computer, Küchenherd – mit elektrischem Strom funktioniert eine Vielzahl von unterschiedlichen Geräten. Hast du schon einmal darüber nachgedacht, woran du erkennen kannst, dass elektrischer Strom fließt?

Den elektrischen Strom kannst du nicht direkt sehen. Ob Strom fließt oder nicht, kannst du nur an seinen Wirkungen erkennen.
Die Wärmewirkung des elektrischen Stroms hast du möglicherweise schon einmal am eigenen Leib erfahren. Wenn du in die Nähe einer Herdplatte oder eines Bügeleisens kommst, dann spürst du die Wärme. Vielleicht hast du dich auch schon einmal an einer heißen Glühlampe verbrannt.

In solchen Geräten befinden sich Heizdrähte aus Metall. Wenn Strom durch sie fließt, erwärmen sie sich.

An der Glühlampe erkennst du eine weitere Wirkung des elektrischen Stroms. In Glühlampen wird ein Draht so stark erhitzt, dass er zu glühen beginnt und Licht aussendet.

Glühlampen sind jedoch Energieverschwender: Der größte Teil der Energie wird nicht in Licht sondern in unerwünschte Wärme umgewandelt. Deshalb werden Glühlampen mehr und mehr von Energiesparlampen und Leuchtstofflampen ersetzt. Ihre Lichtwirkung ist bei gleichem Strom viel stärker und sie erwärmen sich nur wenig.
[Wechselwirkung, S. 218]

Schnittpunkt
Technik: Elektromotoren

Elektromotoren überall
Was haben Mixer, CD-Player und Waschmaschine gemeinsam? In allen Geräten wird durch den elektrischen Strom eine Bewegung erzeugt: Im Mixer dreht sich ein Messer, im CD-Player wird die CD gedreht, in der Waschmaschine bewegt sich die Wäschetrommel ...
In diesen und in vielen anderen Geräten befindet sich ein Elektromotor. Fließt Strom durch einen Elektromotor, so erzeugt er eine Drehbewegung. Das Bild zeigt einen zerlegten Elektromotor. Du kannst erkennen, dass er im Inneren einen aufgewickelten Draht aus Kupfer enthält. Wenn Strom durch diese Leitung fließt, wird in Kombination mit einem Magneten Bewegung erzeugt.

Elektromotoren im Auto
Elektromotoren treiben zahlreiche Geräte an. Meist sind es aber Geräte, die klein sind und im Haushalt genutzt werden. Für größere Maschinen benutzt man dagegen überwiegend Verbrennungsmotoren, die mit Benzin oder Dieselöl betrieben werden.

Der elektrische Strom hat viele Wirkungen

Mithilfe des elektrischen Stroms können Gegenstände verkupfert oder verchromt werden. Dabei wird der Gegenstand mit einer dünnen Schicht eines Metalls überzogen.

Elektrische Magnete überall
Elektrischer Strom hat auch eine magnetische Wirkung. Ohne Elektromagnete würden viele Elektrogeräte nicht funktionieren. Im Mixer, der Bohrmaschine oder im Föhn findest du Motoren, die ohne die magnetische Wirkung des elektrischen Stroms nicht laufen würden. Besonders starke elektrische Magnete werden zum Heben von Eisenschrott benötigt.

Elektromagnete
Im Jahr 1820 fand der dänische Physiker HANS CHRISTIAN OERSTED (1777–1851) heraus, dass elektrischer Strom eine magnetische Wirkung hat.

Seine Entdeckung kannst du selbst ausprobieren. Wenn du einen Draht an eine Batterie anschließt und über eine Kompassnadel hältst, wirst du beobachten, dass die Kompassnadel plötzlich die Richtung ändert.

Einen „richtigen" Elektromagneten kannst du bauen, wenn du einen isolierten Draht zu einer Spule aufwickelst und an eine Batterie anschließt. Je mehr Wicklungen die Spule hat, desto größer ist die magnetische Wirkung. Wickelst du den Draht zudem um einen Eisenkern (z. B. einen Eisennagel), so verstärkt sich die magnetische Wirkung um ein Vielfaches.

▶ Elektrischer Strom ist an seinen Wirkungen erkennbar. Diese sind Wärme- und Lichtwirkung sowie magnetische und chemische Wirkung.

4 Ein selbst gebauter Elektromagnet.

Werkstatt

Elektrische Magnete im Test

1 Vom Draht zum Elektromagnet
Material
Batterie, Kabel, Schalter, Kompass, isolierter Kupferdraht, Karton, Nägel

Versuchsanleitung
Baue einen einfachen Stromkreis mit einem geöffneten Schalter auf. Lasse die Kompassnadel in Nord-Süd-Richtung einpendeln.

a) Halte das Kabel parallel zur Kompassnadel über den Kompass und schalte kurz den Strom ein. Vertausche die Pole und wiederhole den Versuch.

b) Halte den Draht quer zur Kompassnadel und teste wie der Kompass sich jetzt verhält.

2 Elektromagnete selber wickeln
Material
Batterie, Kabel, Kompass, isolierter Kupferdraht, ein großer (Huf-)nagel (aus Eisen), Eisennägel

Versuchsanleitung
a) Wickle den isolierten Kupferdraht mehrfach um den Hufeisennagel.
Schließe deine selbstgebaute Spule an eine Batterie an und teste, wie viele Nägel angezogen werden können.

b) Entferne den Hufnagel und teste, wie viele Nägel jetzt angezogen werden.

c) Wickle verschiedene Spulen mit unterschiedlichen Wicklungszahlen, z.B. 50, 100, 200 Wicklungen. Hat die Zahl der Windungen einen Einfluss auf die magnetische Wirkung?

d) Finde mit einem Kompass heraus, wo sich die Magnetpole des Elektromagneten befinden.

Aufgabe
Fasse die Ergebnisse der Versuche 1 und 2 zusammen.

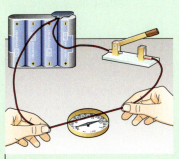

1 Zu Versuch 1

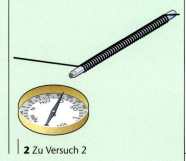

2 Zu Versuch 2

Sicherheitsmaßnahmen beim Umgang mit dem elektrischen Strom

1 Brand durch Kurzschluss

Menschen haben keinen Stromsinn
Wenn du mit der Hand in die Nähe einer heißen Kochplatte kommst, dann spürst du die Wärme. Dein Temperatursinn warnt dich, sodass du dich nicht verbrennst. Wir Menschen haben aber keinen Sinn, der uns vor einem Stromschlag warnen könnte. Wir können den elektrischen Strom nur an seinen Wirkungen oder mithilfe von Geräten erkennen.

Eine Wirkung spürst du z. B. bei einem Stromschlag. Du hast bestimmt schon einmal einen Stromschlag bekommen, wenn du über einen Teppich gegangen bist und anschließend z. B. ein Metallgeländer angefasst hast.

Was du da gefühlt hast, war jedoch nicht der Strom selbst, sondern das Zucken deiner Muskeln, die vom Strom angeregt wurden. Ein solcher Stromschlag ist ungefährlich. Du kannst dich höchstens erschrecken.

Falls aber ein stärkerer Strom durch deinen Körper fließt, kann das schlimme Folgen haben. Weil der Herzschlag durch elektrische Signale gesteuert wird, kann ein Stromschlag das Herz aus dem Takt oder sogar zum Stillstand bringen.

▶ Vorsicht! Du darfst niemals mit dem elektrischen Strom aus der Steckdose experimentieren! Lebensgefahr!

Falls du selbst Versuche machen möchtest, dann arbeite am besten nur mit Batterien.

Auch Wasser leitet den Strom
Du bist sicher schon oft gewarnt worden: „Fass keine elektrischen Anlagen mit nassen Händen an! Lebensgefahr!"
Strom kann auch in Wasser fließen. Wenn du Salz hinzugibst, nimmt der Stromfluss deutlich zu.

Auch wenn du kein Salz ins Wasser schüttest, es sind immer Stoffe im Wasser gelöst, die dafür sorgen, dass Strom fließen kann. Deshalb ist die oben angeführte Warnung so wichtig.

Kurzschluss
Im Haushalt entstehen Kurzschlüsse, wenn sich die elektrischen Leitungen berühren. Dies kann passieren, wenn Stromleitungen angebohrt werden. Hat der Metallbohrer zu beiden Leitungen Kontakt, wird ein Kurzschluss ausgelöst. Der Strom fließt in einem solchen Fall direkt von einem Pol der Spannungsquelle zum anderen (▷ V 2).
Bei einem Kurzschluss fließt ein sehr großer Strom, der sogar Brände verursachen kann!

▶ Bei einem Kurzschluss fließt der Strom direkt von einem Pol der Spannungsquelle zum anderen.

Versuche

1 a) In einen Stromkreis mit einer Lampe wird ein dünner Draht eingefügt (▷ B 3). Über den Draht wird ein Stück Papier gehängt. Weitere Lampen werden zur schon vorhandenen Lampe angeschlossen.
Wie viele Lampen können angeschlossen werden, bis das Papier brennt?

b) Versuch 1a wird wiederholt, anstelle des Drahts wird aber nun ein Stromstärkemessgerät angeschlossen. Beschreibe deine Beobachtungen.

2 Ein Lämpchen wird an ein Netzgerät angeschlossen. In den Stromkreis ist ein Aluminiumstreifen gespannt (▷ B 2).
Warum schmilzt der Aluminiumstreifen durch, wenn das Lämpchen mit einem Draht überbrückt wird (▷ B 4)?

Überlastete Stromkreise

Tina fönt sich in ihrem Zimmer die Haare. Dabei hört sie Musik. Als ihr Vater dann noch den Staubsauger anschaltet, fällt in Tinas Zimmer der Strom aus. Weshalb hat die Sicherung den Stromkreis unterbrochen?

Der Versuch 1 zeigt, dass sich in der gemeinsamen Leitung die Stromstärke mit jedem neu angeschlossenen Gerät erhöht. Dabei können die elektrischen Leitungen so heiß werden, dass ein Brand entsteht. Die elektrischen Leitungen sind überlastet.

▶ Bei einer Überlastung fließt ein hoher Strom in der gemeinsamen Leitung der angeschlossenen Geräte.

Die Sicherung

Sicherungen verhindern, dass bei einer Überlastung oder einem Kurzschluss ein Brand entstehen kann.

Die einfachsten Sicherungen sind die Schmelzsicherungen (▷ B 5). Sie bestehen aus einem dünnen Draht, der von einem Porzellankörper umgeben ist. Überschreitet der Strom einen bestimmten auf der Sicherung aufgedruckten Wert, wird der Draht heiß und schmilzt durch. Der Stromkreis ist unterbrochen.

Viele elektrische Geräte sind zusätzlich durch eine Feinsicherung abgesichert (▷ B 6). Auch hier schmilzt der dünne Draht im Inneren der Sicherung durch, wenn ein zu großer Strom fließt.

▶ Sicherungen unterbrechen den Stromkreis, wenn ein zu großer Strom fließt.

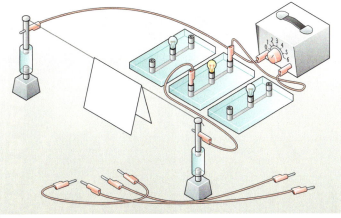

3 Aufbau der Schaltung zu Versuch 1

Sicherungsautomaten

Im Haushalt findet man häufig Sicherungsautomaten. Sie werden durch einen zu großen Strom nicht zerstört, sondern es wird ein Schalter umgelegt. Ist die Störung beseitigt, kann man den Schalter und somit auch den Stromkreis wieder schließen.
Die in einem Haushalt benötigten Sicherungen befinden sich im Sicherungskasten.

5 Schmelzsicherung

Aufgaben

1 Erkundige dich, wo sich bei euch zu Hause die Sicherungen befinden.

2 Öffne eine Schmelzsicherung. Was stellst du fest?
Beschreibe, was sich im Inneren der Schmelzsicherung befindet!

6 Feinsicherung

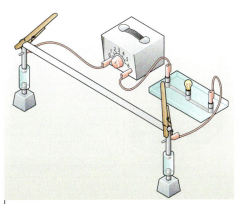

2 Schaltungsaufbau zu Versuch 3 – ohne Kurzschluss

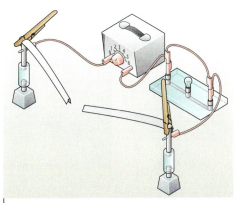

4 Schaltungsaufbau zu Versuch 3 – mit Kurzschluss

Ohne Energie läuft nichts

1 Ein Sportler braucht Energie

2 Hier wird Energie benötigt

▶ Um einen Körper zu bewegen, ihn zu erwärmen oder eine Lampe zum Leuchten zu bringen, ist Energie notwendig.

Energieträger
Ein Stück Kohle hat Energie gespeichert. Das kannst du zeigen, indem du die Kohle anzündest. Kohle ist ein Energieträger. Beim Verbrennen gibt die Kohle Wärmeenergie ab. Diese kann z. B. Wasser erhitzen. Damit ist Energie von der Kohle an das Wasser übergegangen. In der Natur gibt es viele weitere Energieträger: Erdöl und Erdgas, Nahrungsmittel, Wasser, Wind und die Sonne sind einige Beispiele dafür.

Energie in vielen Varianten
Alle Energieträger besitzen Energie. Allerdings unterscheidet sich die Form der Energie, die sie enthalten.
Wenn in einem Wasserkraftwerk die Turbinen durch strömendes Wasser angetrieben werden, nutzt man z. B. die Bewegungsenergie des Wassers.
Die in Kohle, Benzin, Erdgas und in der Nahrung gespeicherte Energie heißt chemische Energie und elektrischer Strom transportiert elektrische Energie zu Geräten wie Glühlampen oder Elektromotoren (▷ B 3).

Energie hält das Leben in Gang
Der Begriff Energie begegnet dir täglich, z. B. wenn du aufgefordert wirst, sparsam mit Energie umzugehen, oder wenn von einer geballten Ladung Energie die Rede ist, die in einem „Energydrink" stecken soll. Doch was bedeutet „Energie" eigentlich?

Menschen, Tiere und Pflanzen benötigen Energie, um sich z. B. zu bewegen. Auch du brauchst Energie zum Laufen, zum Radfahren oder zum Fußballspielen. Über die Nahrung wird die dazu benötigte Energie geliefert.

Auch elektrische Maschinen und Geräte benötigen Energie zum Arbeiten. (Da es sich um elektrische Vorgänge handelt, spricht man von elektrischer Energie.) Diese Energie bewirkt beispielsweise, dass eine Lampe leuchtet, dass sich ein Elektroherd erwärmt oder ein Motor dreht.

Energie – ein Verwandlungskünstler
Die Energie, die in den verschiedenen Energieträgern gespeichert ist, kann umgewandelt werden.

Bei der elektrischen Autorennbahn wird elektrische Energie in Bewegungsenergie umgewandelt.
Der Fahrraddynamo „erzeugt" keine elektrische Energie, sondern er wandelt Energie um, die ihm durch Bewegung (Drehen des Rädchens) zugeführt wird.
[Energie, S. 213]

Beispiel				
Energieträger	Wasser	Radfahrer	Nahrung	elektrischer Strom
Energieform	Bewegungsenergie	Höhenenergie	chemische Energie	elektrische Energie

3 Beispiele für Energieformen und Energieträger

In Batterien laufen chemische Vorgänge ab, bei denen elektrische Energie frei wird. Eine Solarzelle wandelt Sonnenenergie in elektrische Energie um, diese kann wiederum in Bewegungsenergie von einem Ventilator umgewandelt werden.

Woher kommt elektrische Energie?

Wir bekommen die elektrische Energie von einem Energieversorgungsunternehmen. Bereitgestellt wird die Energie in Kraftwerken.

In einem Kraftwerk wird die Energie, die beispielsweise in Kohle oder Erdgas gespeichert ist, in elektrische Energie umgewandelt. Die Funktionsweise eines solchen Kraftwerks kannst du dir mithilfe eines einfachen Modellversuchs verdeutlichen (▷ B 5).

Überlandleitungen transportieren die elektrische Energie in die Städte.

Energietransport im Stromkreis

Jeden Tag hast du mit Elektrizität zu tun. Wie kommt die Energie von der Steckdose zu den Elektrogeräten?

Diese Aufgabe übernimmt der elektrische Strom. Er transportiert im Stromkreis die elektrische Energie zu den Geräten. Diese wandeln die Energie dann um: Der Wasserkocher gibt z. B. Wärme ab, der Glühdraht beginnt zu leuchten oder ein Motor beginnt sich zu drehen.

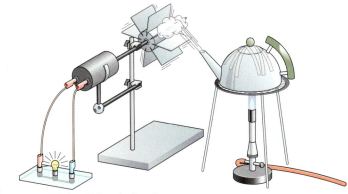

5 Das Modell eines Wärmekraftwerks

▶ Wenn elektrische Geräte arbeiten, dann wandeln sie elektrische Energie in andere Energieformen um.

Aufgaben

1 Beschreibe die Energieumwandlungen, die im Bild dargestellt sind.

2 Welche Geräte im Haushalt arbeiten mit der Energie des elektrischen Stromes, welche werden manuell betrieben? Fertige für jedes Gerät ein Energieschema an.

3 Batterie, Steckdose usw. werden oft als Energiequelle bezeichnet. Was meinst du zu diesem Begriff? Begründe.

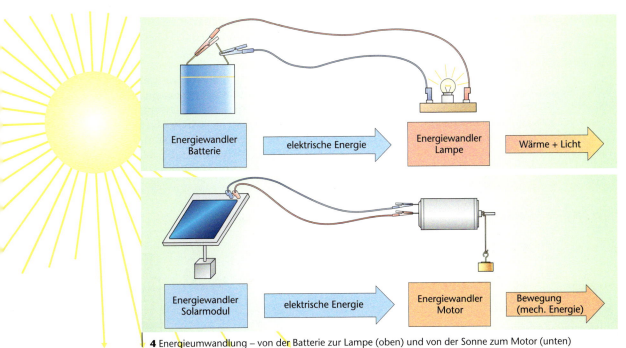

4 Energieumwandlung – von der Batterie zur Lampe (oben) und von der Sonne zum Motor (unten)

Schlusspunkt

Elektrizität – im Alltag

▶ Elektrische Aufladung von Körpern

Zwei Körper können elektrisch aufgeladen werden, indem man sie aneinander reibt und anschließend trennt (▷ B 2). Der eine Körper ist dann positiv geladen, der andere negativ.

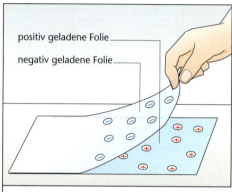

2 Zwei Körper werden elektrisch geladen.

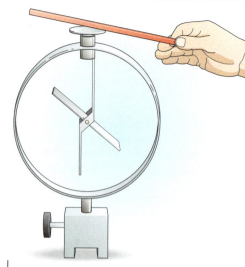

3 Ladungsnachweis mit einem Elektroskop

▶ Entladen

Beim Entladen gleichen sich die Ladungen eines positiv und eines negativ geladenen Körpers wieder aus.
Sind die Ladungsunterschiede groß genug, kannst du dabei Funken beobachten.
Nach dem Entladen sind die Körper wieder elektrisch neutral.

▶ Elektrische Kräfte

Verschiedenartig geladene Körper ziehen sich an, gleichartig geladene Körper stoßen sich ab (▷ B 1).
Auch zwischen einem (positiv oder negativ) geladenen Körper und einem ungeladenen Körper treten elektrische Kräfte auf. Geladene und ungeladene Körper ziehen sich gegenseitig an.

▶ Elektroskop

Mithilfe eines Elektroskops kannst du nachweisen, dass ein Körper elektrisch geladen ist.
Die Ladung wird auf das Elektroskop übertragen und verteilt sich dort. Da sich gleiche Ladungen abstoßen, schlägt der Zeiger aus (▷ B 3).
Mit dem Elektroskop kannst du allerdings nicht die Art der Ladung bestimmen.

▶ Elektrische Geräte

Elektrische Geräte funktionieren nur dann, wenn sie an eine passende Spannungsquelle angeschlossen sind und der elektrische Stromkreis an keiner Stelle unterbrochen ist.
Elektrische Haushaltsgeräte werden an die Steckdose angeschlossen. Der „Strom aus der Steckdose" ist jedoch lebensgefährlich. Du darfst keinesfalls damit experimentieren.

▶ Der elektrische Stromkreis

Ein elektrischer Stromkreis ist eine ununterbrochene elektrische Verbindung, die von einem Pol der Spannungsquelle durch das angeschlossene Elektrogerät zum zweiten Pol der Spannungsquelle führt (▷ B 5).

▶ Spannungsquellen

Spannungsquellen sind z. B. Batterien, Akkus, Dynamos und Netzgeräte.
Ein elektrisches Gerät und die Spannungsquelle passen dann zusammen, wenn die Voltangaben bei beiden etwa übereinstimmen.

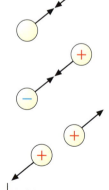

1 Elektrische Anziehung und Abstoßung

Elektrizität – im Alltag

▶ Leiter und Isolatoren
Alle Metalle leiten den elektrischen Strom sehr gut. Man nennt sie deshalb Leiter.
Stoffe, die den elektrischen Strom nicht leiten, werden Isolatoren (Nichtleiter) genannt. Isolatoren sind z. B. Glas, Kunststoff, Granit oder Porzellan.

▶ Schaltzeichen
Mithilfe von Schaltzeichen können elektrische Schaltungen übersichtlich dargestellt werden (▷ B 4).

▶ Schalter
Schalter findest du in fast allen Elektrogeräten. Mit einem Schalter kann ein elektrischer Stromkreis unterbrochen werden.

▶ Reihen- und Parallelschaltung
In einer Reihenschaltung sind alle Lampen hintereinander geschaltet (▷ B 4). Sie haben einen gemeinsamen Stromkreis. Schraubt man eine Lampe heraus, so leuchten die anderen Lampen auch nicht mehr.

Sind die Lampen parallel geschaltet, dann bildet jede Lampe zusammen mit der Spannungsquelle einen eigenen Stromkreis (▷ B 4). Schraubst du eine Lampe heraus, dann leuchten die anderen Lampen trotzdem weiter.

▶ Wirkungen des elektrischen Stroms
Den elektrischen Strom kannst du nicht direkt sehen. Ob Strom fließt oder nicht, kannst du nur an seinen Wirkungen erkennen.
Wärme und Lichtwirkung: An Glühlampen kannst du erkennen, dass der elektrische Strom eine Wärme- und eine Lichtwirkung hat. Die Glühlampe sendet im Betrieb Licht aus und sie erwärmt.
Magnetische Wirkung: Der elektrische Strom hat eine magnetische Wirkung. Diese nutzt man z. B. zum Bau von Elektromotoren aus.

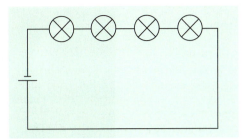
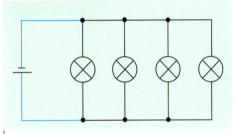

4 Reihen- und Parallelschaltung

▶ Elektrische Energie
Mit dem elektrischen Strom wird elektrische Energie transportiert.
Wenn elektrische Geräte arbeiten, dann wandeln sie elektrische Energie in andere Energieformen um.

▶ Kurzschluss und Sicherungen
Ein Kurzschluss liegt vor, wenn der Strom, ohne durch ein elektrisches Gerät zu fließen, von einem Pol der Spannungsquelle zum anderen fließt.
Dabei können sich die Leitungen so stark erwärmen, dass sogar Brände entstehen können.
Sicherungen verhindern dies, indem sie den Stromkreis bei Kurzschluss unterbrechen.

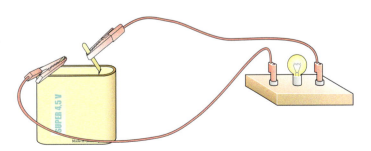

5 Stromkreis

Aufgaben

1. Ergänze deine Lernkartei um die Begriffe Stromkreis, Spannungsquelle, Sicherung ...

2. Wenn du einen Pullover aus bestimmten Materialien ausziehst, knistert es manchmal und anschließend stehen deine Haare zu Berge.
Erkläre diese Erscheinung.

3. Gibt es in ungeladenen Körpern elektrische Ladungen? Erkläre.

4. Auch zwischen einem geladenen und einem neutralen Körper wirken Anziehungskräfte.
a) Probiere aus, ob du den Wasserstrahl so ablenken kannst (▷ B 7).
b) Versuche diese Erscheinung zu erklären.

5. Überlege, welche Probleme in einem Krankenhaus auftreten könnten, wenn der Strom ausfällt.

6. Erstelle eine Liste von elektrischen Geräten. Welche dieser Geräte könnte man durch handbetriebene Apparate ersetzen?

7. Welche Stoffe leiten den elektrischen Strom gut? Welche Stoffe zählen zu den Isolatoren?

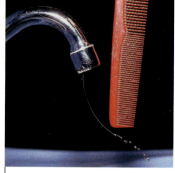

7 Zu Aufgabe 4

8. Beschreibe den Aufbau einer Glühlampe.

9. Welche Schalterarten kennst du? Wofür werden sie benutzt?

10. Vier Lampen sollen so in einen Stromkreis gebaut werden, dass sie paarweise ein- oder ausgeschaltet werden können. Zeichne den Schaltplan und erläutere die Schaltung deinen Mitschülern.

11. Wo findet man eine UND-Schaltung? Welchen besonderen Namen hat sie noch?

12. Finde heraus, wo im Haushalt die Reihenschaltung von Lampen benutzt wird.

13. a) Bild 8 zeigt eine komplizierte Schaltung aus lauter gleichen Glühlampen. S1 bis S4 sind Schalter. Beschreibe, was geschieht, wenn wie folgt umgeschaltet wurde:
b) S3: geschlossen,

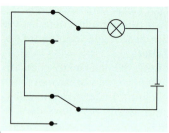

9 Zu Aufgabe 14

c) S1: offen, S3: geschlossen,
d) S2: geschlossen, S3: geschlossen, S4: geschlossen.
e) Warum leuchten B und C immer gleich hell?
f) Wie müssen die Schalter stehen, damit nur die Lampe A leuchtet? Begründe.

14. Bild 9 zeigt eine Wechselschaltung. Sie wird z. B. in Treppenhäusern verwendet. Beschreibe, wann die Lampe leuchtet.

15. Entwirf eine Parallelschaltung mit zwei Lampen. Zeichne Schalter ein, mit denen
a) beide Lampen gleichzeitig,
b) jede Lampe einzeln ein- bzw. ausgeschaltet werden kann.

16. Weshalb sind im Haushalt alle elektrischen Geräte parallel geschaltet?

17. Baue mithilfe drei- bzw. fünfadriger Kabel, Batterie, Lampe und Verteilerdose Modellstromkreise a) für ein Zimmer, b) für einen Hausflur auf.

6 Mehrfachsteckdose

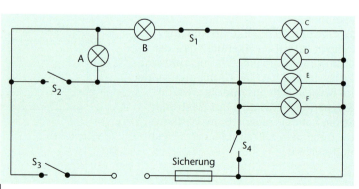

8 Zu Aufgabe 13

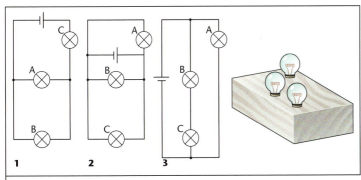

10 Zu Aufgabe 18

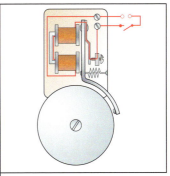

12 Zu Aufgabe 19

18 a) In Bild 10 siehst du drei Lampen. Die Schaltung ist in der Kiste versteckt. Wird die Lampe A herausgedreht, leuchten noch die Lampen B und C. Dreht man die Lampe B heraus, leuchtet nur noch Lampe A. Welche der Schaltskizzen in Bild 3 verbirgt sich in der Kiste?
b) Überlege dir eine Schaltung mit drei Lampen, für die gilt: Dreht man die Lampe C heraus, leuchtet keine Lampe. Wird Lampe B herausgedreht, leuchten die Lampen A und C.

19 Welche der folgenden Aussagen treffen für einen Dauermagneten bzw. für einen Elektromagneten zu?
a) Er besitzt einen Nord- und einen Südpol.
b) Er lässt sich mit einfachen Mitteln umpolen.
c) Durch starke Erschütterung kann die Magnetkraft verloren gehen.
d) Er zieht Gegenstände an, die Nickel enthalten.
e) Die Magnetkraft lässt sich verändern.
f) Die Magnetkraft lässt sich einfach ausschalten.

20 In einer Kiste befinden sich Gegenstände aus Kupfer, aus Eisen und aus Kunststoff. Überlege dir Möglichkeiten, wie du die unterschiedlichen Stoffe trennen kannst?

21 Finde heraus, wie die Klingel im Bild 12 funktioniert.

22 Welche Aufgaben haben Sicherungen im Haus?

23 In der Schule verfügt der Physikraum über einen eigenen Sicherungskasten. Lass ihn dir von der Lehrkraft zeigen.

24 Vergleiche den elektrischen Strom mit „Wasserströmen" und „Menschenströmen". Wie lassen sich modellhaft geschlossene Stromkreise mit einer Lampe oder mit einem Motor darstellen?

25 Nenne sinnvolle Möglichkeiten, elektrische Energie einzusparen!

26 Woran erkennt man, dass elektrischer Strom fließt? Erläutere dies an Beispielen.

27 Claudia hat an ihrem Fahrrad ihr metallenes Schutzblech gegen eines aus Kunststoff ausgetauscht (▷ B 13). Nachdem sie das Rücklicht daran festgeschraubt hat, stellt sie fest, dass es nicht mehr leuchtet.
a) Wie muss der Stromkreis zur Beleuchtung des Fahrrads aufgebaut sein, wenn das Rücklicht nach Austausch des Schutzblechs nicht mehr funktioniert?
b) Erstelle einen genauen Schaltplan.
c) Wie kann Claudia das Rücklicht wieder zum Leuchten bringen?

11 Wasserstrom

13 Ein Schutzblech aus Kunststoff

Startpunkt

Sonne – Energielieferant für die Erde

Die Sonne ist für uns von zentraler Bedeutung. Erst ihr Licht und ihre Wärme machen das Leben auf der Erde möglich.

Kannst du dir vorstellen, in wie vielen Bereichen die Strahlung der Sonne gebraucht wird? Pflanzen, Tiere, aber auch wir Menschen nutzen sie jeden Tag. Allerdings werden wir nicht das ganze Jahr in gleichem Maße von der Sonne versorgt. Abhängig von der Jahreszeit liefert sie mal mehr, mal weniger Licht und Wärme.

Du weißt, dass Eis schmilzt, wenn es erwärmt wird. Gibt es noch weitere Besonderheiten beim Erwärmen und Abkühlen von Körpern?
Wieso werden Brücken auf Rollen gelagert, wieso haben Heizungsanlagen Ausdehnungsgefäße?

Und im Verlauf eines Jahres erleben wir unterschiedliche Jahreszeiten. Die Ursache dafür wirst du kennen lernen und wie wir Menschen uns davor schützen, während der kalten Wintermonate nicht zu frieren. Auf diese und andere Fragen wirst du in diesem Kapitel Antworten erhalten.

83

Impulse

Was sich mit der Temperatur alles ändert

In Haus und Küche
In der Küche werden Speisen zubereitet. Dazu müssen meistens Zutaten erhitzt oder abgekühlt werden. Vieles ist roh nicht genießbar, es muss gebraten werden.
Beschreibe deine Beobachtungen bei folgenden Situationen.

> Falls du in der Küche selbst experimentierst, mache das nur, wenn ein Erwachsener dabei ist, der aufpasst, dass du dich nicht verbrennst. Benutze eventuell Topflappen.
> Achte auch darauf, dass du dich nicht an heißem Dampf verbrennst.

● Kartoffeln oder Gemüse werden in einem Topf gekocht und dabei entfernst du den Deckel vom Topf.

● Bratfett wird in die Pfanne gegeben, um Fleisch zu braten.

● Ein Kuchen wird mit warmer Schokoglasur eingestrichen und hat sich nach einer halben Stunde abgekühlt.

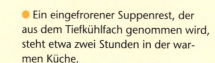

● Ein eingefrorener Suppenrest, der aus dem Tiefkühlfach genommen wird, steht etwa zwei Stunden in der warmen Küche.

● Du rührst längere Zeit mit einem Löffel aus Metall in einem heißen Topf.

● Du hältst deine Hand in die Nähe eines heißen Kochtopfs.

● Fenster und Türen in einem Raum sind geschlossen. Über der Heizung, die viel Wärme abgibt, hängt eine Gardine.

● An einem heißen Sommertag soll eine zu warme Glasflasche mit Mineralwasser schnell gekühlt werden. Sie wird ins Eisfach gelegt, dort vergessen und erst am nächsten Tag herausgenommen.

In Natur und Technik

Im Laufe eines Tages und zwischen Sommer und Winter können sich die Temperaturen stark verändern. In manchen Situationen wird ein Körper stark erhitzt oder abgekühlt.
Beschreibe deine Beobachtungen bei folgenden Situationen.

- Es regnet stark im Sommer, es bilden sich Pfützen auf den Straßen. Wenig später scheint wieder die Sonne.

- Im Winter hängen Eiszapfen an einer Regenrinne in der Sonne.

- Es hat zu Beginn des Winters das erste Mal nachts gefroren und die Vogeltränke mit Wasser steht noch im Garten.

- Im Spätherbst ist es morgens in der Nähe von Gewässern oft neblig am Boden. Häuser und Bäume ragen aus dem Bodennebel hervor. Die Sonne scheint und es wird im Laufe des Vormittags immer wärmer.

- Der Brenner unter einem Heißluftballon wird entzündet. Die Luft im Innern des Ballons wird erwärmt.

- Manche Radwege sind aus Beton gegossen. Fahrten über solche Radwege können etwas „ungemütlich" sein.

- Falls deine Schule aus mehreren Gebäudeteilen besteht, die ineinander übergehen, schau dir mal die „Nahtstellen" zwischen den Gebäuden innen und außen an.

Der Temperatursinn

1 Mit der Haut nehmen wir Temperaturen wahr.

Die Haut – das größte menschliche Organ

Die Haut ist das größte menschliche Organ. Über die Haut spüren wir Berührung und Druck, wir können Dinge ertasten, Schmerz empfinden und Wärme und Kälte spüren. In der Haut befinden sich feine „Sensoren". Sie reagieren auf Berührung, Schmerz, Wärme oder Kälte und leiten die entsprechenden Signale über Nervenbahnen an das Gehirn weiter.

Im Freibad

Jochen und Anke gehen an einem heißen Sommertag ins Freibad. Nachdem sie sich umgezogen haben, legen sie ihre Sachen auf die Liegewiese und ab geht's, zum Schwimmbecken. Jochen duscht sich noch kalt ab, während Anke gleich die Stufen ins Becken hinab steigt. „Ist das kalt!" ruft Anke und geht langsam Stufe für Stufe tiefer ins Wasser. Jochen springt ins Wasser und taucht wieder auf. „Ist doch ganz warm", sagt er. „Komm endlich rein, du Frostbeule". Warum empfinden die beiden dieselbe Wassertemperatur so unterschiedlich?

Der Temperatursinn

In der Haut liegen „Sensoren", mit denen wir Wärme oder Kälte fühlen.

Anke und Jochen empfinden die gleiche Temperatur des Wassers unterschiedlich, weil sie vorher unterschiedlichen Temperaturen ausgesetzt waren. Jochen empfindet das Wasser nach der kalten Dusche als warm, während es Anke im Vergleich zur warmen Luft kalt erscheint.

Der Temperatursinn ist für uns Menschen überlebenswichtig, damit wir unseren Körper entsprechend schützen.

▶ Der Mensch besitzt einen Temperatursinn, der ihn seine Umwelt als warm oder kalt empfinden lässt.

Wärmeübertragung

Zwischen zwei Körpern mit unterschiedlichen Temperaturen findet Wärmeübertragung statt. Eine Heizung z. B. überträgt Wärme an die Zimmerluft. Bei Eiswürfeln in der Hand wird Wärme von der Hand an das Eis übertragen. Wärme ist eine Form von Energie. Wärmeübertragung ist daher Übertragung von Energie.

Temperatur und Wärme

Alle Wärmequellen geben Wärme ab. Wärme ist das, was ein warmer Körper abgibt oder ein kalter Körper aufnimmt. Dadurch verändert sich die Temperatur des Körpers. Die Temperatur ist das, was das Thermometer anzeigt.

▶ Ein Körper, der einen anderen erwärmt, überträgt Energie.

3 Energieübertragung beim Flaschenwärmer

2 Ist das Wasser warm oder kalt?

Temperatur und Thermometer

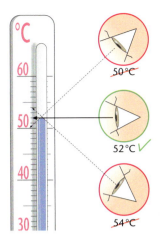

1 Richtiges und falsches Ablesen

Temperaturen – richtig gemessen?
Beim Ablesen der Temperaturen auf dem Thermometer musst du folgendes beachten:
- Das Flüssigkeitsgefäß des Thermometers muss vollständig in die Flüssigkeit eintauchen.
- Du musst beim Ablesen senkrecht auf das Thermometer schauen.

Celsius, Fahrenheit, Kelvin
Thermometer, die bei uns im täglichen Gebrauch sind, haben eine Celsius-Skala, benannt nach ANDERS CELSIUS (1701–1744). Die Celsius-Skala ist nicht die einzige Skala, die man zur Temperaturmessung verwendet. In den USA triffst du auf die Fahrenheit-Skala, in Wissenschaft und Technik verwendet man die Kelvin-Skala (▷ B 2).
Auf der Celsius-Skala liegt der **Gefrierpunkt** von Wasser bei 0 °C, der **Siedepunkt** bei 100 °C. Der Siedepunkt ist erreicht, wenn das Wasser kocht. Dazwischen ist die Skala in 100 gleich große Schritte eingeteilt: 1 Schritt = 1 °C. Nach oben und unten verlängert man die Skala mit derselben Schrittlänge. Unterhalb des Gefrierpunktes entstehen so die Minusgrade.
Etwa 30 Jahre vor CELSIUS entwickelte der Deutsche GABRIEL FAHRENHEIT (1686–1736) sein Thermometer. Zur Einteilung seiner Temperaturskala benutzte er seine Körpertemperatur (100 °F) und eine spezielle Kältemischung aus Eis, Wasser und Salmiaksalz (0 °F).
Wie weit lassen sich Körper abkühlen? Die niedrigste Temperatur beträgt ca. –273 °C. LORD KELVIN (1824–1907) wählte diese Temperatur als Nullpunkt seiner Skala. Auf der Kelvin-Skala (K) siedet Wasser also bei 373 K (lies: 373 Kelvin).

Temperaturunterschiede werden in Kelvin (K) angegeben. Beispiel: Der Temperaturunterschied von +15 °C bis +75 °C beträgt 60 K.

Aufgaben

1. Informiere dich über den Astronomen ANDERS CELSIUS. Halte ein Referat über diesen Forscher.

2. Lies aus Bild 2 für 50 °C und –10 °C die ungefähren Temperaturwerte in °F und K ab.

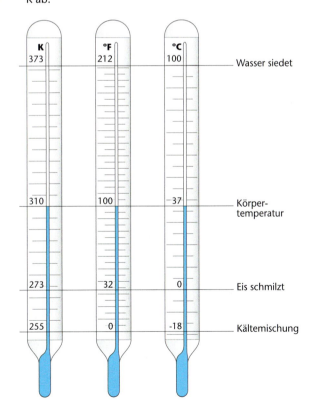

2 Verschiedene Temperaturskalen

Werkstatt

Das Thermometer bekommt eine Skala

Material
2 Bechergläser, Wasser, einige Eiswürfel, Thermometer ohne Skala, wasserfester Stift, Zeichenkarton, Schere, Lineal, Heizplatte oder Gasbrenner mit Gestell

1 Kennzeichnung des Gefrierpunkts

Versuchsanleitung
Lege die Eiswürfel in ein Becherglas und fülle etwas Wasser ein. Warte bis das Eis größtenteils geschmolzen ist. Tauche das Thermometer ohne Skala hinein. Der untere Teil muss von der Eis-Wasser-Mischung bedeckt sein. Bewegt sich die Flüssigkeitssäule nicht mehr, kannst du auf dem Thermometer die Stelle markieren, an der sie endet: 0 °C (▷ B 1).

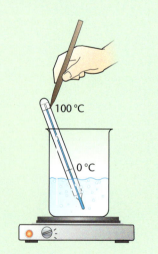

2 Kennzeichnung des Siedepunkts

Fülle das zweite Becherglas mit Wasser und bringe das Wasser auf der Heizplatte zum Sieden.

Halte das Thermometer in das siedende Wasser. **(Vorsicht! Spritzgefahr!)** Wenn die Flüssigkeitssäule im Thermometer zur Ruhe gekommen ist, markiere auf dem Thermometer die Stelle, an der sie endet: 100 °C (▷ B 2).

Übertrage die Markierungen im richtigen Abstand auf den Zeichenkarton. Verbinde sie mit einem Lineal und teile die Strecke in 10 gleiche Teile.

Beschrifte die Skala (▷ B 3): 0 °C, 10 °C, 20 °C, …, 100 °C. Vielleicht gelingt dir eine noch feinere Unterteilung in 5-°C-Schritte.

Verlängere die Skalen nach oben und unten. Temperaturen unter 0 °C bekommen ein Minuszeichen.

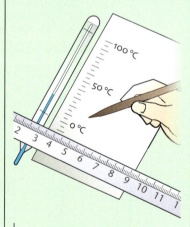

3 Einteilung der Skala

Schneide die Skala zurecht und befestige sie am Thermometer. Achte dabei auf die korrekte Ausrichtung (▷ B 4).

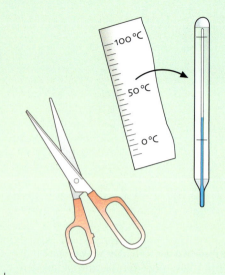

4 Anbringen der Thermometerskala

Teste dein Thermometer!
a) Miss die Temperatur im Klassenraum, einmal mit deinem Thermometer und einmal mit einem bereits vorhandenen Thermometer. Vergleiche die Messwerte.

b) Halte dein Thermometer in den Luftstrom eines Haartrockners. Miss die Temperatur dicht vor dem Haartrockner und dann im Abstand von 20 cm. Vielleicht hat dein Haartrockner unterschiedliche Leistungsstufen. Dann kannst du die Temperaturwerte der verschiedenen Stufen vergleichen.

Aufgabe
Mit Thermometern misst man in verschiedenen Temperaturbereichen. Es gibt daher verschiedene Thermometer, die teilweise auch unterschiedlich empfindlich sind. Schreibe – soweit möglich – die Temperaturbereiche und die Skaleneinteilung für folgende Thermometer auf: Fieberthermometer, Innen- bzw. Außenthermometer, Thermometer am Gefrierschrank, Anzeige für Kühlwassertemperatur am Auto. Du kannst die Liste noch ergänzen!

Schnittpunkt

Geschichte: Anders Celsius

ANDERS CELSIUS – ein junger Professor

Am 27. Januar 1701 wurde ANDERS CELSIUS in Uppsala in Schweden geboren. Sein Vater war dort Professor an der Universität. Über die Jugend von CELSIUS ist sehr wenig bekannt. Er muss aber an der Universität studiert haben, denn er wurde schon mit 29 Jahren Professor für Astronomie (Himmelskunde) an der Universität von Uppsala.

Forschungsreisen

Es stellte für den jungen Astronomen ein Problem dar, dass es in Schweden keine Sternwarte gab, an der er hätte forschen können. So begab er sich 1732 auf eine mehrjährige Studienreise, die ihn nach Nürnberg, Rom und schließlich nach Paris führte. Er konnte dort von anderen Astronomen lernen und erste Erfahrungen bei der Beobachtung des Sternenhimmels sammeln.

Von Paris aus nahm er an einer Expedition nach Lappland in den hohen Norden Europas teil. Ihr Ziel war herauszufinden, welche Form die Erdkugel hat. Die Gelehrten der damaligen Zeit waren sich nicht sicher, ob die Erdkugel rund oder an den Polen etwas abgeflacht ist – etwa wie ein Ball, den man an zwei Seiten leicht eindrückt.

Das Thermometer bekommt eine Skala

Nach seinen Reisen kehrte CELSIUS nach Uppsala zurück, wo er an der Planung und dem Bau einer Sternwarte mitwirkte, die im Jahr 1740 fertiggestellt wurde. Weit über die Landesgrenzen hinaus bekannt wurde er aber nicht durch die Erforschung des Sternenhimmels. CELSIUS beschäftigte sich auch mit dem Thermometer und entwickelte eine Skala dafür.

2 Die Erde ist keine Kugel.

3 In diesem Band berichtete CELSIUS erstmals über seine Temperaturskala.

CELSIUS schlug vor, den Schmelz- und den Siedepunkt des Wassers als Bezugspunkte für eine Thermometerskala zu verwenden. Diese beiden Punkte am Thermometer nannte er „beständige Grade", weil das beim Wasser beständig (immer) die gleichen Punkte sind. Er wies dem Siedepunkt die Temperatur 0°C und dem Gefrierpunkt 100°C zu. Den Abstand zwischen diesen beiden Punkten unterteilte er in 100 gleiche Abschnitte.

Einige Jahre später vertauschte ein Schüler von ANDERS CELSIUS die Bezeichnungen für die beständigen Grade: 0°C war nun dem Gefrierpunkt und 100°C dem Siedepunkt von Wasser zugeordnet. Diese Celsius-Skala findet sich noch heute auf vielen Thermometern.

1 Zu CELSIUS' Forschungen gehörte auch die Beobachtung des Meeresspiegels.

Werkstatt

Temperaturen messen und berechnen

Die Temperatur ist nur eines von mehreren Wetterelementen – allerdings ein sehr wichtiges. Aus dem Verlauf der Temperatur während eines Monats oder Jahres kannst du z. B. ablesen, welche Monate günstig für das Pflanzenwachstum sind. Wie du Temperaturen misst und daraus Monats- und Jahresmittelwerte berechnest, lernst du auf dieser Seite.

Material
Thermometer, Heft, Lineal, Stift

Versuchsanleitung
Zeichne in dein Heft eine Tabelle wie in Bild 1 gezeigt. Hänge das Thermometer im Freien an einem schattigen Platz auf. Lies die Temperatur jeden Tag drei Mal ab. Achte darauf, dass du die Temperatur immer zu den gleichen Zeiten misst (z. B. um 7 Uhr, um 14 Uhr und um 21 Uhr). Trage die Messwerte in die Tabelle ein.

Datum	7 Uhr	14 Uhr	21 Uhr	Tagesmitteltemperatur
14. Juli	18 °C	24 °C	19 °C	20 °C

1 Gemessene Temperaturwerte

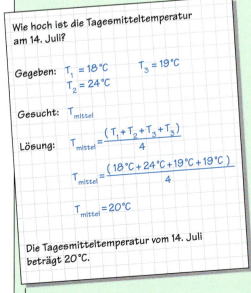

2 Berechnung der Tagesmitteltemperatur

a) **Tagesmitteltemperatur**
Um die Temperaturen verschiedener Tage vergleichen zu können, musst du die Tagesmitteltemperatur berechnen. Addiere dazu die Temperaturwerte, die du um 7 Uhr, um 14 Uhr und um 21 Uhr gemessen hast. Damit du nachts nicht messen musst, wird der Messwert von 21 Uhr doppelt gezählt.
Diese Summe durch 4 dividiert ergibt die Tagesmitteltemperatur (▷ B 2). Notiere die Werte in einer Tabelle wie in Bild 3.

Erstelle aus den berechneten Werten ein Diagramm (▷ B 4).

Datum	1.4.	2.4.	3.4.	...
Tagesmitteltemp. in °C	12	14	17	...

3 Tagesmitteltemperaturen

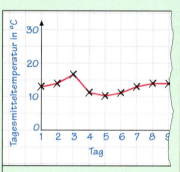

4 Temperaturverlauf eines Monats

b) **Monatsmitteltemperatur**
Um die Monatsmitteltemperatur zu berechnen, bildest du von allen Tagesmitteltemperaturen eines Monats die Summe. Dividiere diese Summe anschließend durch die Anzahl der Tage.

Monat	J	F	M	A	M	J	J	A	S	O	N	D
Oslo	−5	−4	0	5	11	15	17	16	11	6	1	−2
Frankfurt/M.	0	1	5	9	14	17	19	18	15	9	5	1
Rom	7	8	11	14	18	22	25	24	21	16	12	9

5 Monatsmitteltemperaturen (in °C) verschiedener Städte

Wenn du am Ende jeden Monats die berechnete Monatsmitteltemperatur (▷ B 6) deines Wohnorts in ein Temperaturdiagramm einträgst, kannst du erkennen, wie sich die Temperatur im Laufe des Jahres verändert hat (▷ B 7).

Monat	Mai	Juni	Juli	...
Monatsmitteltemp. in °C	14	18	18	...

6 Monatsmitteltemperaturen

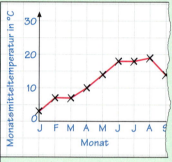

7 Temperaturverlauf eines Jahres

Aufgaben
1. Die Jahresmitteltemperatur berechnet sich ähnlich wie die Monatsmitteltemperatur: Zähle die durchschnittlichen Temperaturen aller Monate zusammen und teile die Summe durch 12. Berechne auf diese Weise aus den Werten in Bild 5 die Jahresmitteltemperatur von Rom.

2. Erstelle aus den in Bild 5 angegebenen Werten die Temperaturkurven eines Jahres für Oslo, Rom und Frankfurt/M. Zeichne das Diagramm wie in Bild 7 vorgegeben.

Die Ausdehnung von Flüssigkeiten

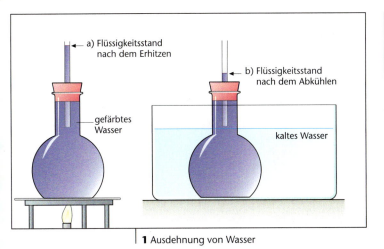

1 Ausdehnung von Wasser

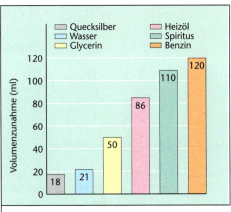

3 Ausdehnung von 10 l Flüssigkeit bei einer Temperaturerhöhung um 10 K

Versuche

1. Fülle einen Rundkolben mit gefärbtem Wasser und verschließe ihn mit einem Stopfen mit Steigrohr (▷ B 1). Markiere den Wasserstand. Stelle dann den Glaskolben in kaltes Wasser, markiere ebenfalls den Wasserstand und erwärme anschließend den Glaskolben. Beschreibe deine Beobachtung.

2. Fülle Reagenzgläser mit unterschiedlichen Flüssigkeiten und verschließe die Gläser mit Stopfen und Steigrohr. Achte auf die gleiche Füllhöhe und markiere die Flüssigkeitsstände. Tauche die Reagenzgläser in eine Wanne mit heißem Wasser. Vergleiche die Höhe der Flüssigkeitsstände.

Wie ein Thermometer funktioniert

Du hast schon unterschiedliche Arten von Thermometern kennen gelernt. In den Flüssigkeitsthermometern steht eine Flüssigkeit im Steigrohr – je nach Temperatur – höher oder niedriger. Denn Flüssigkeiten dehnen sich bei Erwärmung aus und ziehen sich bei Abkühlung wieder zusammen. Wie unterschiedlich die Ausdehnung verschiedener Flüssigkeiten ist, zeigt dir Versuch 2.

Flüssigkeiten wie Heizöl, Spiritus und Benzin dehnen sich bei Erwärmung besonders stark aus (▷ B 3). Daher gibt es z. B. bei Tanks in Autos Vorrichtungen, die das Auslaufen von Benzin bei starker Erwärmung verhindern.

Die Heizungsanlage

Jede Heizungsanlage hat ein geschlossenes Rohr- und Heizkörpersystem, das mit Wasser gefüllt ist. Bevor die Heizung im Spätherbst eingeschaltet wird, muss die Anlage ganz mit Wasser gefüllt sein, denn Luftblasen stören den reibungslosen Durchfluss des Wassers. Im Winter wird das Wasser stark aufgeheizt und dehnt sich aus. Um das zusätzliche Wasservolumen aufnehmen zu können, besitzt jede Heizungsanlage ein Ausdehnungsgefäß (▷ B 2).

Der tropfende Wasserhahn

In manchen Badezimmern befinden sich Warmwassergeräte. Kaltes Leitungswasser läuft ein und wird darin wie mit einem Tauchsieder erhitzt. Da sich auch in diesen Geräten das Wasser beim Erhitzen ausdehnt, kommt es vor, dass durch den Druck in dem Gefäß der Wasserhahn tropft.

▶ Flüssigkeiten dehnen sich beim Erwärmen aus und ziehen sich beim Abkühlen wieder zusammen. Verschiedene Flüssigkeiten tun dies jedoch unterschiedlich stark.

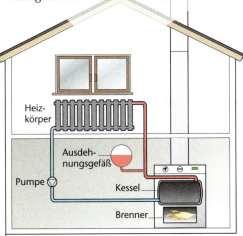

2 Heizungsanlage mit Ausdehnungsgefäß

Die Anomalie des Wassers – Wasser bildet eine Ausnahme

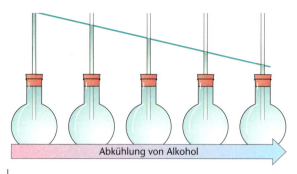

1 Alkohol und Wasser werden abgekühlt.

Wasser verhält sich anders

Peter hat an einem heißen Sommertag Durst, aber das Mineralwasser ist ihm zu warm. Damit es mit dem Abkühlen schneller geht, legt er die Flasche in die Tiefkühltruhe. Als seine Freunde dann klingeln, um ihn zum Spielen abzuholen, ist die Wasserflasche vergessen.
Am Abend ist der Ärger groß. Seine Mutter hat die Flasche oder das, was von ihr übrig geblieben ist, in der Tiefkühltruhe gefunden: ein Eisklotz und viele Glasscherben.
Wasser bildet bei den Flüssigkeiten eine Ausnahme. Es zieht sich beim Abkühlen zwar auch zusammen, aber nur bis +4°C. Bei stärkerer Abkühlung dehnt es sich wieder aus.

▶ Bei +4°C hat sich Wasser am stärksten zusammengezogen. Es hat sein kleinstes Volumen. Wenn Wasser stärker abgekühlt wird, dehnt es sich wieder aus.

Temperaturen im Winter in einem See

Im Winter kühlt sich das Wasser in einem See ab, weil ein Wärmetransport vom wärmeren Wasser zur kälteren Luft stattfindet. Da Wasser von +4°C sich am stärksten zusammengezogen hat, ist es am schwersten. Es sinkt auf den Boden des Sees. Wenn Wasser kälter als +4°C wird, dehnt es sich wieder aus. Das bedeutet, es wird leichter und sinkt nicht mehr nach unten.

Daher nimmt im Winter in einem See vom Boden her nach oben die Temperatur ab. An der Oberfläche gefriert dann das Wasser bei 0°C.
Diese „Temperaturschichtung" kannst du überprüfen, wenn du den Versuch machst, wie er in Bild 2 zu sehen ist.

Versuche

1. Fülle ein Reagenzglas zur Hälfte mit Wasser (▷ B 3). Markiere den Wasserstand und stelle das Reagenzglas in eine Kältemischung (Mischung aus zerstoßenem Eis und Salz). Markiere jetzt die Höhe des Eisstandes und vergleiche.

2. Lege folgende Dinge über Nacht in das Frostfach des Kühlschrankes oder in die Tiefkühltruhe:
a) eine verschlossene Coladose,
b) eine mit Wasser gefüllte und gut verschlossene Flasche (wie Peter es getan hat).
Wickle zum Schutz alle Gegenstände in Plastiktüten ein.

3. Eine mit Wasser gefüllte und mit einer Schraube verschlossene Eisenkugel wird mehrere Stunden ins Frostfach des Kühlschrankes gelegt. Beschreibe und begründe das Ergebnis.

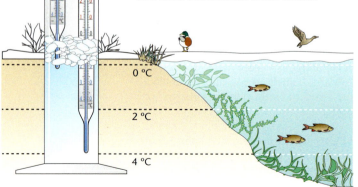

2 Temperaturschichtung im Versuch und im See

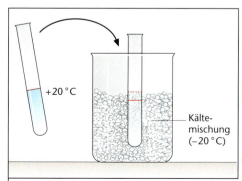

3 Das Volumen von Wasser und Eis

Schnittpunkt

Biologie: Der Garten im Winter

Schäden durch Frost

Aisha fährt mit ihrem Vater im Winter in den kleinen Garten am Stadtrand, um nachzusehen, ob alles in Ordnung ist. „Warum wackeln denn einige Platten hier im Gartenweg?", fragt Aisha. „Die stehen ja hoch an den Seiten. Das war doch im letzten Herbst noch nicht."
„Da hat sich Regenwasser unter den Platten angesammelt und das ist jetzt im Winter gefroren", erklärt der Vater. „Das Eis hat einige Platten hochgehoben. Viel schlimmer aber ist, dass ich im letzten Herbst vergessen habe, das Wasser aus der Leitung abzulassen. Der erste Nachtfrost kam sehr früh und überraschend."
„Aber das taut doch im Frühjahr wieder auf", sagt Aisha.
„Das ist richtig. Aber schau mal hier", sagt der Vater und zeigt auf einen Riss in der Leitung. „Das Wasserrohr ist undicht und muss im Frühjahr erneuert werden."

Bodenlockerung durch Frost

Aisha wundert sich auch darüber, dass der Vater im Herbst in einigen Beeten den Boden zwar umgegraben, aber nicht glatt geharkt hat. Das hat er mit Absicht nicht gemacht. Denn wenn das im feuchten Boden enthaltene Wasser im Winter gefriert, dehnt es sich aus und lockert dabei den Boden auf.

Pflanzen werden abgedeckt

Im Herbst muss der Garten „winterfest" gemacht werden. Dazu werden z. B. Pflanzen, die nicht viel Frost vertragen können, mit Stroh oder Torf abgedeckt (▷ B 1). Diese Materialien sind gut geeignet zur Wärmedämmung und verhindern ein Austrocknen des Bodens.

Wenn der Boden im Winter von einer Schneeschicht bedeckt ist, bietet diese einen guten Schutz vor eisigem Wind.

In Obstplantagen besprüht man im Frühjahr sogar blühende Bäume mit Wasser, wenn es noch späte Nachtfröste gibt (▷ B 2). Das Wasser überzieht die Bäume mit einem „eisigen" Schutzpanzer. Dadurch werden die Blüten vor zu kaltem Wind und zu großem Frost geschützt.

Aufgabe

1 Warum können Platten im Winter in einem Gartenweg angehoben werden und warum muss man aus frei liegenden Wasserleitungen im Herbst das Wasser ablassen?

1 Frostschutz für Pflanzen

2 Absichtlich vereiste Obstblüten

Die Ausdehnung fester Körper

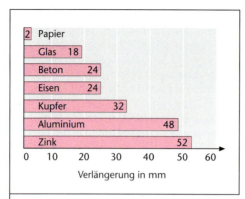

1 Ausdehnung von 100-m-Stäben bei einer Temperaturerhöhung um 20 K

Ein Radweg mit „Hindernissen"

Mehmet ist am Nachmittag mit seinen Freunden unterwegs. Die Jungen haben ihre Skateboards dabei und wollen auf dem neuen Gehweg, der entlang der leicht abschüssigen Straße ins Tal führt, ihre Fahrkünste unter Beweis stellen. Der neue Weg ist aus Beton gegossen und schön glatt. Aber die Enttäuschung der Jungen ist trotzdem groß. Alle 20 Meter unterbricht ein 2 cm breiter Spalt, der mit Teer ausgegossen wurde, den Weg. „Das ruckelt ja fürchterlich", sagt Mehmet. „Ist denen da der Beton ausgegangen?"

Nein! Beton haben die Bauarbeiter genug gehabt. Aber sie haben beachtet, dass sich feste Körper beim Erwärmen ausdehnen und beim Abkühlen wieder zusammenziehen. Das kannst du bei den Versuchen mit der Eisenkugel (▷ V 2) und den Metallstäben (▷ V 3) erkennen. Beim Erhitzen wird die Kugel größer (▷ B 3), beim Abkühlen wieder kleiner. Entsprechend dehnt sich auch ein „Betonband" in der Sommerhitze aus und zieht sich im Winter wieder zusammen. Wie stark die Ausdehnung bei Beton und bei anderen Materialien ist, zeigt Bild 1.

Dehnungsfugen und Dehnungsbögen

Bei größeren Bauwerken (Brücken, Gebäuden, langen Mauern usw.) muss man Dehnungsfugen einbauen, damit durch die veränderte Länge zwischen Sommer und Winter keine Risse entstehen. Brücken liegen deshalb zusätzlich auf Rollen und Rohrleitungen haben Dehnungsbögen (▷ B 4). [Wechselwirkung, S. 219]

▶ Feste Körper dehnen sich beim Erwärmen aus und ziehen sich beim Abkühlen wieder zusammen.

Versuche

1 Ein Bolzen aus Eisen wird in eine Halterung eingeklemmt (▷ B 2). Die Halterung wird erhitzt und festgespannt. Beschreibe, was nach einigen Minuten passiert und begründe.

2 Die kalte Eisenkugel passt genau durch die kreisrunde Öffnung (▷ B 3). Warum bleibt sie nach dem Erhitzen darin hängen?

3 Durch unterschiedliche Metallrohre wird heißes Wasser geleitet (▷ B 5). Vergleiche die Beobachtungen am Zeigerausschlag mit den Werten in Bild 1.

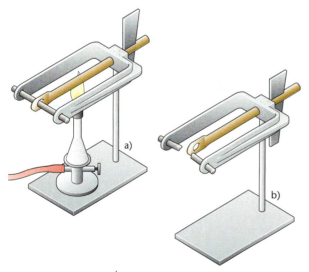

2 Der Bolzen wird gesprengt.

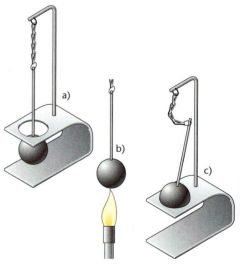

3 Eine Eisenkugel wird dicker.

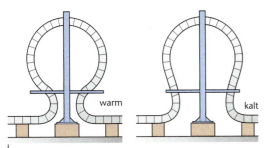

4 Dehnungsbogen bei Rohrleitungen

Aufgaben

1 Wodurch verhindert man die Bildung von Rissen in großen Gebäuden oder Bauwerken?

2 Warum ist es „günstig", dass sich Beton und Eisen bei Erwärmung gleich stark ausdehnen (▷ B 1)?

3 Eine Brücke aus Beton ist 300 m lang. Um wie viele Zentimeter verlängert sie sich zwischen Winter und Sommer bei einem Temperaturunterschied von 20 K?

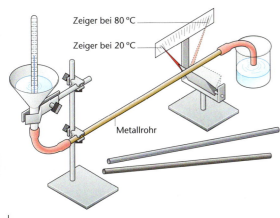

5 Verschiedene Materialien dehnen sich unterschiedlich aus.

Schnittpunkt

Technik: Das Bimetall

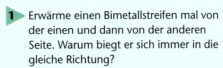

1 Ein Bimetall krümmt sich bei Erwärmung.

Viele Elektrogeräte schalten sich automatisch ein und aus und regeln somit die Temperatur. Das passiert z. B. beim Backofen, dem Toaster und dem Bügeleisen. Geregelt werden diese Geräte durch einen Bimetallstreifen. Ein Bimetall ist ein „Zweimetall"; es besteht aus zwei fest miteinander verbundenen Metallstreifen. Da sich beide Metalle bei Erwärmung unterschiedlich stark ausdehnen, krümmt sich der Bimetallstreifen (▷ B 1) und kann auf diese Weise einen Stromkreis öffnen oder schließen. [Wechselwirkung, S. 218]

Versuche

1 Erwärme einen Bimetallstreifen mal von der einen und dann von der anderen Seite. Warum biegt er sich immer in die gleiche Richtung?

2 Schalte ein Bügeleisen ein. Gelegentlich hörst du ein leises Klicken. Was mag das wohl sein?

Aufgaben

1 Was ist ein Bimetall?

2 Beschreibe, wie beim Bügeleisen die Temperatur automatisch geregelt wird (▷ B 2).

3 Wie funktioniert das abgebildete Bimetallthermometer?

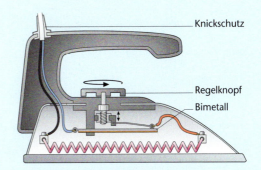

2 Ein Thermostat beim Bügeleisen

Werkstatt

Ausdehnung von Körpern

1 Eine Stricknadel wird länger

Material
2 leere Weinflaschen mit Korken, 1 Stricknadel aus Metall, 1 Stecknadel, 1 Strohhalm, 1 Kerze

Versuchsanleitung
Baue den Versuch wie in Bild 1 auf. Achte darauf, dass die Stricknadel fest auf der Stecknadel aufliegt und diese sich trotzdem noch leicht rollen lässt. Bewege die brennende Kerze unter der Stricknadel langsam hin und her.

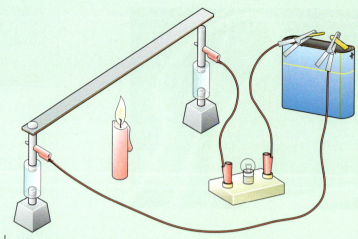

3 Das Modell eines Feuermelders

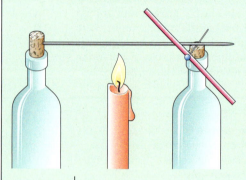

1 Wie man eine Stricknadel verlängert

2 Ein Draht wird gedehnt

Material
2 Tonnenfüße, 2 Stativstangen, 50 cm Kupferdraht, 50 cm Gummiband, 1 schwere Schraube

Versuchsanleitung
a) Spanne den Kupferdraht zwischen die beiden Stativstangen und beschwere ihn mit einer Schraube in der Mitte (▷ B 2). Erwärme den Draht mit einer brennenden Kerze.
b) Ersetze den Kupferdraht durch das Gummiband und erwärme es ebenfalls (ohne es dabei zu verbrennen).

Aufgabe
Beschreibe deine Beobachtungen zu a) und b).

3 Ein biegsamer Streifen

Material
1 „Papierstreifen" von einer Kaugummi- oder Zigarettenverpackung, Holzwäscheklammer, 1 Streichholz

Versuchsanleitung
Halte den Streifen kurz über die Flamme (▷ B 4b), ohne ihn zu versengen. Biegt sich der Streifen wie in Bild 4b gezeigt?
Erkläre das Verhalten des Streifens.

4 Ein einfacher Feuermelder

Material
2 Isolierstiele, 2 Tonnenfüße, 1 Bimetallstreifen, 1 Glühlampe mit Fassung, 2 Krokodilklemmen, 3 Kabel, 1 Batterie, 1 Kerze

Versuchsanleitung
Baue den Versuch wie in Bild 3 auf. Halte eine Kerze unter den Bimetallstreifen.

Aufgabe
Beschreibe und erkläre deine Beobachtung.

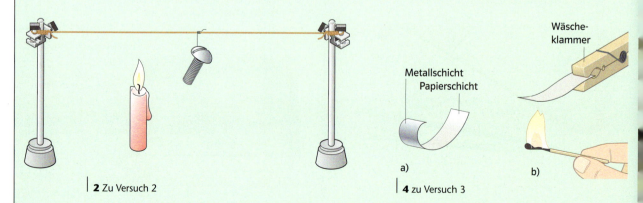

2 Zu Versuch 2

4 zu Versuch 3

Schnittpunkt
Geografie: Unterschiedliche Wüstenarten

1 Felswüste (Hamada)

2 Kieswüste (Serir)

3 Sandwüste (Erg)

4 Zerborstener Felsblock

Ein zerborstener Felsblock

Wer hat denn diesen riesigen Felsblock zerschlagen (▷ B 4)? Menschen haben das wohl kaum geschafft. Das ist durch die großen Temperaturunterschiede in der Wüste passiert.

Am Tag können die Steine in der Wüste bis zu 70 °C warm werden. Nachts dagegen sinken die Temperaturen in den höher gelegenen Gebieten bisweilen unter 0 °C. Durch diese großen Temperaturunterschiede kommt es zu Spannungen im Gestein. Am Tage dehnt es sich aus und in der Nacht zieht es sich wieder zusammen. Schließlich brechen die Steine auseinander.

Wüstenreisende berichten, dass es nach Pistolenschüssen klingt, wenn das Gestein zerspringt.

Die unterschiedlichen Wüstenarten

Die Wüsten der Erde sind etwa nur zu einem Fünftel mit Sand bedeckt. Die Bilder 1 bis 3 zeigen unterschiedliche Wüstenarten, die sich im Laufe von Jahrmillionen gebildet haben. Dabei spielen Wasser und Wind, aber vor allem die großen Temperaturunterschiede zwischen Tag und Nacht eine entscheidende Rolle. Wie aus Felswüste schließlich Sandwüste wird, kannst du dir sicherlich denken. Die Felsen verwittern immer weiter. Der Sand, der dabei entsteht, wird von den Stürmen weggeweht und zu hohen Dünen aufgetürmt. Auch Sandstürme, die wie „Schmirgelpapier" an den Felsen und Steinen arbeiten, tragen zur Zerkleinerung des Materials bei.

Versuch

1 Bei diesem Versuch muss eine Schutzbrille getragen werden!
Erhitze Steine mit einem Bunsenbrenner (▷ B 5) und tauche sie anschließend in ein Becherglas mit kaltem Wasser. Wiederhole den Versuch mehrmals. Untersuche den Boden des Becherglases.

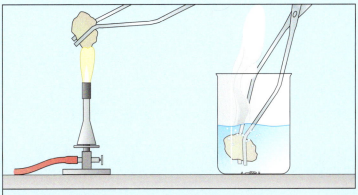

5 Ein Stein wird großen Temperaturschwankungen ausgesetzt.

Die Ausdehnung von Gasen

1 Gase ziehen sich beim Abkühlen zusammen

3 Ein Luftballon wird „aufgepumpt".

Eine Geburtstagsüberraschung

Nina hat im Januar Geburtstag. Damit alle, die zu ihrer Geburtstagsfeier kommen, das Haus leichter finden, hat sie in der warmen Wohnung drei bunte Luftballons aufgeblasen und dann draußen in der kalten Luft an der Haustüre befestigt. Als die ersten Gäste eintreffen, wundert sich Nina über die „Größe" ihrer Luftballons (▷ B 1). Gase verhalten sich bei Erwärmung und bei Abkühlung ähnlich wie feste Körper. Sie dehnen sich aus und ziehen sich zusammen. Aber es besteht ein wichtiger Unterschied: Sind Ausgangsvolumen und Temperaturänderung gleich, dann ändert sich bei allen Gasen das Volumen gleich stark (▷ B 2).

▶ Gase dehnen sich beim Erwärmen aus und ziehen sich beim Abkühlen zusammen. Das geschieht bei Gasen stärker als bei festen Körpern.

▶ Alle Gase dehnen sich bei gleicher Erwärmung gleich stark aus.

Aufgaben

1 Welche Gemeinsamkeiten und welche Unterschiede bestehen bei der Erwärmung und Abkühlung von Gasen und von festen und flüssigen Körpern?

2 Erkläre, warum der Ballon in Bild 3 wie von „Geisterhand" aufgepumpt wird.

3 Beschreibe, wie das Gasthermometer (▷ B 6) funktioniert. Was hat dieser Versuch mit dem nebenstehenden „Schnittpunkt" zu tun?

4 Plane einen Versuch, der zeigt, dass sich Gase (Luft) beim Abkühlen zusammenziehen. Hilfe: Schaue dir dazu den Versuch in Bild 4 an und überlege, was du bei der Planung und Durchführung ändern musst.

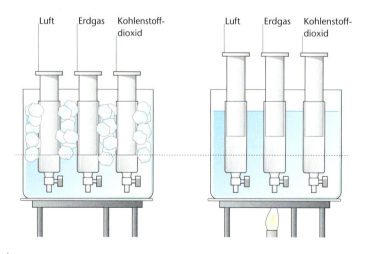

2 Alle Gase dehnen sich bei gleicher Erwärmung gleich stark aus.

4 „Magische" Hände?

Versuche

1. Spanne einen Luftballon über eine leere, kalte Glasflasche (▷ B 3). Erwärme anschließend die Flasche in einem warmen Wasserbad.

2. Befeuchte die Öffnung einer gekühlten, leeren Glasflasche mit etwas Wasser und lege ein Geldstück darauf. Erwärme die Flasche mit deinen Händen. Beobachte, beschreibe und erkläre, was passiert.

3. Fülle einen gekühlten Glaskolben zur Hälfte mit Wasser. Verschließe ihn mit einem durchbohrten Stopfen, durch den ein Glasrohr so tief hineingesteckt wird, dass es bis ins Wasser reicht. Erwärme den oberen Teil des Kolbens mit deinen Händen (▷ B 5).

5 Ein Springbrunnen

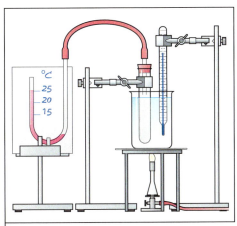

6 Ein Gasthermometer

Schnittpunkt

Geschichte: Otto von Guericke

1 Otto von Guericke

Vor mehr als 350 Jahren lebte in Magdeburg der Ratsherr und Physiker Otto von Guericke. Zur damaligen Zeit tobte in Europa ein 30 Jahre dauernder grausamer Krieg. Guericke half mit seinen naturwissenschaftlichen Kenntnissen, Festungsbauten für seine Heimatstadt zu errichten.

Bekannt wurde er aber durch seine interessanten Versuche mit „Luft", die er zum Teil im Freien zur Unterhaltung seiner Mitmenschen durchführte. Er ist auch der Erfinder der Luftpumpe.

In seinem Haus hatte er zum Erstaunen seiner Besucher einen Temperaturanzeiger aufgehängt, der vom Boden bis zur Decke reichte. Der obere Teil des Gerätes bestand aus einer großen Hohlkugel. Was sich in dem langen schlanken Teil unterhalb der Kugel befand, blieb dem Betrachter verborgen. Der sah außerhalb einen an einer Schnur hängenden Engel, der mit ausgestrecktem Arm auf verschiedene Temperaturangaben zeigte.

Wenn du dir mal das „Innere" des „Neuen Magdeburger Thermometers" anschaust (▷ B 2), kannst du die Funktionsweise des Gerätes sicherlich erklären.

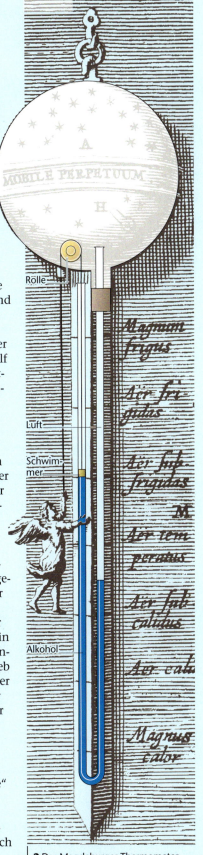

2 Das Magdeburger Thermometer

Bewegung durch Luft

1 Segelflieger

3 Brenner eines Heißluftballons

4 Weihnachtspyramide

Warme und kalte Luft

Sicherlich hast du schon einmal beobachtet, dass sich eine Weihnachtspyramide dreht, wenn die Kerzen darunter angezündet werden (▷ B 4). Auch die Gardinen über einer Heizung bewegen sich, wenn diese im Winter angeschaltet wird.
Die Ursache für die Bewegung ist die Erwärmung der Luft. Luft dehnt sich, wie andere Gase auch, bei Erwärmung aus. In einer kühleren Umgebung steigt die warme Luft auf. Dabei versetzt sie die Pyramide in Drehung oder bewegt die Gardine.

2 Warmes Wasser steigt auf

Versuch 1b demonstriert dir dies auf anschauliche Weise. Da sich warme und kalte Luft in mancher Hinsicht ähnlich wie warmes und kaltes Wasser verhalten, wird dieser Versuch mit Wasser durchgeführt.
Eine mit heißem, gefärbtem Wasser gefüllte Flasche wird vorsichtig in ein Gefäß mit kaltem Wasser getaucht. Man kann nun beobachten, wie das gefärbte Wasser nach oben aufsteigt (▷ B 2).

▶ Wie alle Gase dehnt sich Luft beim Erwärmen aus und steigt in einer kühleren Umgebung nach oben.

Ballonfahrer, Segelflieger und Vögel

Auch Ballonfahrer nutzen diese Eigenschaft der warmen Luft, um vom Boden abzuheben. Unterhalb der Ballonhülle wird ein Brenner angebracht, der die Luft in der Hülle erwärmt (▷ B 3).
Segelflieger suchen Gebiete mit aufsteigender Luft, um sich in weiten Bögen immer höher in die Luft schrauben zu können (▷ B 1). Das kannst du an Sommertagen auch bei manchen Vögeln beobachten, die mit weit ausgebreiteten Flügeln durch die Luft gleiten.

Aufgaben

1 Erkläre, warum ein Heißluftballon vom Boden abheben kann.

2 Über Heizkörpern sind Zimmerdecken oft schmutziger als anderswo. Begründe.

Versuch

1 Warme und kalte Luft verhalten sich ähnlich wie warmes und kaltes Wasser. Deshalb werden die folgenden Versuche mit Wasser durchgeführt.

a) Fülle einen Luftballon mit sehr warmem Wasser und einen zweiten mit Eiswasser (Wasser, das mit Eiswürfeln abgekühlt wurde). Achte darauf, dass sich in den Ballons keine Luftblasen bilden. Lege beide Ballons in ein Gefäß mit lauwarmem Wasser. Beobachte und erkläre.

b) Fülle ein großes Gefäß zu drei Vierteln mit kaltem Wasser. Befestige am Hals einer kleinen Flasche eine Schnur, sodass ein Henkel entsteht. Fülle nun die Flasche bis zum Rand mit heißem, gefärbtem Wasser. Tauche die Flasche in das kalte Wasserbad ein (▷ B 2). Beschreibe deine Beobachtung und erkläre sie.

Werkstatt

Was die Luft bewegt

	Wasser	Sand
Anfangstemperatur		
nach 30 min		
nach …		

2 Tabelle zu Versuch 3

Wodurch werden Luftströmungen verursacht? Mit folgenden Versuchen lernst du die Voraussetzungen für die Entstehung von Wind kennen und kannst leichte Luftbewegungen nachweisen.

1 Bauanleitung für eine Flügelscheibe

Material
Papier, Zirkel, Schere, Lineal, Stecknadel, Stabmagnet, Kerze

Versuchsanleitung
Zeichne mit dem Zirkel zwei ineinander liegende Kreise (Radien 1 cm und 5 cm) auf das Papier. Teile die Kreise mit Lineal und Stift in 8 gleiche Segmente (die Linien müssen durch das Einstichsloch des Zirkels gehen).

Schneide nun den äußeren Kreis aus. Schneide anschließend entlang der Linien bis zum inneren Kreis. Knicke alle „Flügelteile" in die gleiche Richtung etwas nach oben. Stecke die Stecknadel durch das Einstichsloch des Zirkels. Hänge die Stecknadel an den Magneten und halt die Flügel-

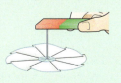

scheibe im Abstand von ca. 15 cm über eine Kerzenflamme. Beschreibe und erkläre deine Beobachtung.

2 Luftbewegung zwischen zwei Räumen

Material
Streichhölzer, Kerze

Versuchsanleitung
Diesen Versuch kannst du im Türrahmen zwischen einem warmen und einem kalten Raum durchführen. Im Winter funktioniert er auch an einem geöffneten Fenster. Achte darauf, dass kein Durchzug entsteht. Halte eine brennende Kerze oben, in der Mitte und unten in den Türrahmen der geöffneten Tür (▷ B 3).

Aufgabe
Beobachte und erkläre das Verhalten der Kerzenflamme.

3 Erwärmung von Wasser und Sand

Material
2 Schälchen, Sand, Wasser, Küchenwaage, Thermometer, Löffel, Herdplatte oder Heizung

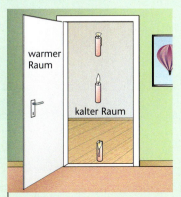

3 Zu Versuch 2

Versuchsanleitung
Fülle in ein Schälchen 200 g Wasser, in das andere 200 g Sand. Die Anfangstemperaturen von Sand und Wasser müssen gleich sein. Erwärme das Wasser und den Sand gleichzeitig. Stelle dazu beide Schälchen für etwa 10 Minuten auf eine warme Herdplatte oder für eine halbe Stunde auf die warme Heizung (▷ B 4).

Durchmische den Sand nach Ablauf der Zeit gründlich mit einem Löffel. Rühre auch das Wasser kurz um. Miss die Temperaturen von Wasser und Sand. Übertrage die Tabelle (▷ B 2) in dein Heft und trage die Werte ein.
Miss nach einer halben Stunde erneut die Temperaturen von Wasser und Sand.

Aufgabe
An der Küste weht tagsüber der Wind vom Meer her und nachts vom Land her. Erkläre mithilfe der Beobachtungen aus den Versuchen 1 bis 3.

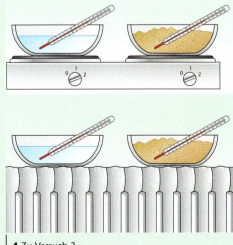

1 Zu Versuch 1

4 Zu Versuch 3

Schnittpunkt

Geografie: Winde, Luft und Wassermassen

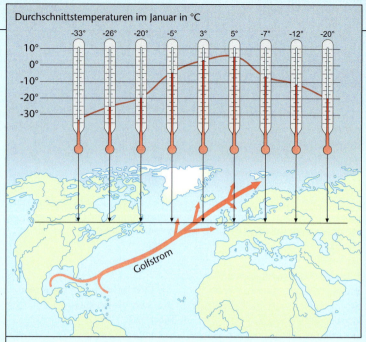

2 Der Golfstrom beeinflusst unser Klima.

Warum weht der Wind?

Wenn sich Luft bewegt, dann nennt man das Wind. Ursache für die Entstehung der Winde ist die unterschiedliche Erwärmung der Erdoberfläche durch die Sonne.

Ein heißer Tag am Meer. Die Sonne strahlt von einem wolkenlosen Himmel. Aber vom Meer her weht eine angenehme kühle Brise. Gegen Abend lässt der Wind nach, es wird windstill. Nach Sonnenuntergang beginnt der Wind erneut zu wehen, und zwar vom Land in Richtung Meer. Das wiederholt sich an allen heißen Sommertagen. Ist das ein Zufall?

Du hast schon festgestellt, dass der Sand am Strand sehr heiß wird, während das Wasser kühl bleibt. Die Luft über dem Land erwärmt sich also am Tage mehr als über dem Wasser. Sie steigt auf. Über dem kühlen Wasser ist die Luft kälter und sinkt ab. Es entsteht ein „Kreislauf der Luft" (▷ B 1).
Am Tag weht der Wind von der See her; wir haben **Seewind**. Nachts ist es umgekehrt, weil sich das Land schneller abkühlt als das Wasser.

Luft und Wasser transportieren Wärme

Auf der Erde ist es sehr unterschiedlich warm. Im Bereich des Äquators sind die Temperaturen sehr hoch (etwa 30 °C), an den Polen sind sie sehr tief (bis – 40 °C). Weil sich die Luft um die Erde herum bewegt, wird Wärme mit ihr transportiert. Dadurch werden die großen Temperaturunterschiede zwischen den Polen und dem Äquator ein wenig ausgeglichen.

Es gibt warme und kalte Meeresströmungen in den Ozeanen der Erde. Auch sie sorgen für einen **Temperaturausgleich**. Zwischen Wasser und der sich darüber befindlichen Luft findet ein Wärmetransport statt. Warmes Wasser gibt Energie an kältere Luft ab und erwärmt diese dadurch. Das Ganze geht auch umgekehrt, warme Luft erwärmt kaltes Wasser.

Nord- und Westeuropa werden von einer warmen Meeresströmung, dem so genannten Golfstrom, beeinflusst. Er transportiert warmes Wasser aus dem Golf von Mexiko bis zu uns nach Europa (▷ B 2). Welchen Einfluss dieser warme Meeresstrom auf die Lufttemperaturen in unseren nördlichen Breiten hat, kannst du an den Thermometern in Bild 2 ablesen.

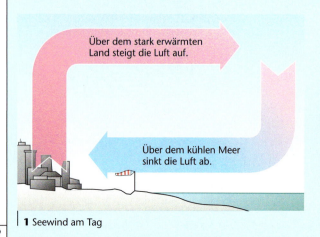

1 Seewind am Tag

3 Landwind bei Nacht

Schnittpunkt

Geschichte: Der Traum vom Fliegen

1 Ikarus

3 Motorflugzeug der Gebrüder WRIGHT

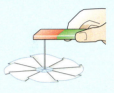

4 Lilienthal-Gleiter

Es war schon immer ein Menschheitstraum, wie die Vögel fliegen zu können. Schon aus der griechischen Mythologie ist bekannt, dass Menschen sich aus Wachs und Federn Flügel hergestellt und an die Arme gebunden haben.

Der Traum vom „Fliegen" begann sich zu erfüllen, als aufsteigende warme Luft in große Ballons gefüllt wurde. Im Jahre 1783 fand die erste öffentliche Ballonfahrt statt.

Nachweislich gelang 1709 dem Jesuitenpater BARTOLOMEU LOURENÇO DE GUSMÃO (1685–1724) der erste gesicherte Versuch ein Modell eines Heißluftballons fliegen zu lassen. Der Ballon hatte etwa eine Größe von 80 cm. In einer kleinen Schale unter dem Ballon wurde eine brennbare Flüssigkeit entzündet. Der Ballon stieg auf, berührte dabei allerdings Wandbehänge und Vorhänge und setzte sie in Brand.

Auch die Gebrüder MONTGOLFIÈR experimentierten in der Nähe von Lyon mit Heißluftballons. Sie hatten beobachtet, dass brennendes Papier aufsteigt. Sie vermuteten, dass der Rauch das Papier nach oben trieb. Aus Papiersäcken entwickelten sie erste einfache Ballone (Montgolfière genannt). Unter der Ballonhülle entzündeten sie ein Feuer.

Der erste öffentliche, unbemannte Start fand im Juni 1783 statt. Es wurde Stroh und Schafwolle verbrannt, sodass starker Rauch entstand. Der Ballon stieg etwa 20 Meter hoch und blieb 10 Minuten in der Luft.
Im November 1783 war es dann soweit. Der erste mit zwei mutigen Menschen besetzte Ballon erhob sich vor den Augen des französischen Königspaares MARIE ANTOINETTE und KÖNIG LUDWIG XIV. in luftige Höhen.

2 Heißluftballons

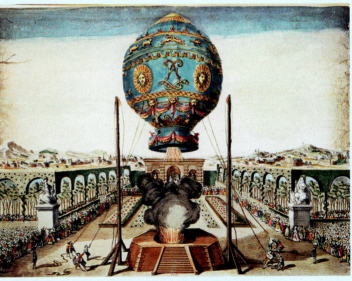

5 Heißluftballon der Gebrüder MONTGOLFIÈR

Schmelzen – Verdampfen – und zurück

1 Eisläufer

Wasser in der Natur

Im Sommer ist es angenehm, auf einem See Boot zu fahren oder im Wasser zu plantschen. Bleibt es lange Zeit heiß und trocken, sinkt der Wasserspiegel im See, das Wasser verdunstet. Es bildet sich unsichtbarer Wasserdampf.
An kühlen Herbsttagen ist der See unter weißen Nebelschwaden verborgen. Nebel besteht aus kleinen Wassertröpfchen, die in der Luft schweben.
Bleibt es lange Zeit kalt, bedeckt eine Eisschicht den See (▷ B 1). Das Wasser ist gefroren.
Wasser kommt in drei Zustandsarten vor. Als Eis ist es fest, als Wasser flüssig und als Wasserdampf gasförmig (▷ B 2 – B 7). Diese Zustandsarten werden auch **Aggregatzustände** genannt. In welchem Aggregatzustand das Wasser sich jeweils befindet, hängt von der Temperatur ab.
[Energie, S. 213]

▶ Wasser kann in drei Aggregatzuständen vorliegen: fest, flüssig oder gasförmig.

8 Wolken, Wasser, Schnee und Eis

Die Aggregatzustände ändern sich

Am Südpol in der Antarktis gibt es nur Schnee und Eis. Die Forscher, die dort leben, müssen ihr Trinkwasser selbst herstellen. Sie brechen Blöcke aus dem Eis und erwärmen sie in großen Kesseln. Das Eis **schmilzt**. Wenn der Feststoff schmilzt, dann ändert er seinen Aggregatzustand. Er wird flüssig.
Erwärmt man das Wasser weiter, dann verdampft es. Die Flüssigkeit geht in den gasförmigen Zustand über. Es entsteht Wasserdampf.

▶ Beim Schmelzen wird ein Feststoff flüssig. Beim Verdampfen wird eine Flüssigkeit gasförmig. Dazu muss der Stoff jeweils erwärmt werden.

Beim Kochen füllt sich die Küche mit Wasserdampf. Kalte Fensterscheiben beschlagen, weil der Wasserdampf wieder flüssig wird. Man sagt, das Wasser **kondensiert**. Im Gefrierfach kann man Eiswürfel herstellen. Bei tiefen Temperaturen **erstarrt** Wasser zu Eis.

▶ Beim Kondensieren wird ein Gas flüssig. Beim Erstarren wird eine Flüssigkeit fest. Dabei muss gekühlt werden.

2 Feuchte Luft

3 Bach

4 Eisberg

5 Wasserdampf

6 Flüssiges Wasser

7 Gefrorenes Wasser

Versuche

1 Gib in ein Becherglas zwei Eiswürfel und erwärme sie mit der nicht leuchtenden Brennerflamme. Miss die Zeit, bis die Eiswürfel geschmolzen sind.

2 Erhitze im Erlenmeyerkolben etwas Wasser bis zum Sieden. Halte kurz eine kalte Glasscheibe in den Wasserdampf.

Schmelzen – Verdampfen – und zurück

Kerzenwachs

So wie Wasser in festem, flüssigem und gasförmigem Zustand vorkommen kann, so gilt das auch für andere Stoffe.

Kerzenwachs ist bei Zimmertemperatur fest. Wenn man ein brennendes Streichholz an einen Kerzendocht hält, dann dauert es eine Weile, bis die Kerzenflamme entsteht.
Beim Entzünden des Dochtes muss erst das feste Wachs geschmolzen werden. Wenn das flüssige Wachs dann im Docht durch die Wärme verdampft, brennt die Kerze. Das, was da bei der Kerze brennt, ist der Wachsdampf, das gasförmige Wachs.

So ändert sich auch hier – wie beim Wasser – der Aggregatzustand des Wachses durch Zufuhr von Wärme. Wenn die Kerzenflamme ausgepustet wird, kühlt sich das flüssige Wachs ab und wird wieder fest.

9 Hier liegt das Wachs in den drei Aggregatzuständen vor.

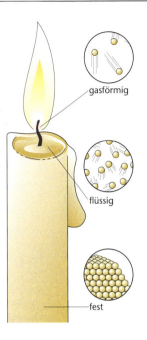

Werkstatt

Erstarren und kondensieren

1 Wasserdampf wieder verflüssigen

Material
1 Schutzbrille, 1 Gasbrenner, 1 Stativ, 1 Doppelmuffe, 1 Universalklemme, 2 Reagenzgläser (Durchmesser 20 mm und 30 mm), 1 Stopfen (einfach durchbohrt), 1 hohes Becherglas (400 ml), 1 Glasrohr (gewinkelt, ungleichschenklig), Wasser

Versuchsanleitung
Baue eine Apparatur wie in Bild 1 gezeigt auf. Erwärme das Wasser bis zum Sieden. Pass auf, dass du dich dabei nicht verbrühst! Was passiert im rechten Reagenzglas?

2 Metall gießen
Material
1 Schutzbrille, 1 Schmelzlöffel aus Metall, 1 Teelicht oder 1 Kerze, Zinn, 1 Messer, 1 Schüssel (Glas oder Keramik), Wasser, Zündhölzer

Versuchsanleitung
Schneide mit dem Messer einige Stückchen von der Zinnstange ab. Erwärme diese Stückchen in einem Metalllöffel über einer Flamme bis sie geschmolzen sind. Gieße das flüssige Metall in kaltes Wasser. Vergleicht eure „Kunstwerke". Warum sehen sie so unterschiedlich aus?

Aufgaben
1. Informiere dich bei welcher Temperatur die Stoffe Glas, Eisen und Blei schmelzen. Nutze dazu verschiedene Informationsquellen (Physikbuch, Lexikon, Internet …)

2. Warum kann man bei Schokolade unterschiedliche Schmelztemperaturen finden?

2 Das Metall erstarrt zu ganz ungewöhnlichen Formen.

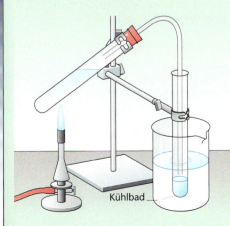

1 Wasserdampf entsteht

Das Teilchenmodell

Wieso ändern Stoffe ihren Aggregatzustand?

Wenn du eine Kerze anzündest, schmilzt das Wachs und wird flüssig. Und das Parfüm, das deine große Schwester aufgetragen hat, kannst du schon von weitem riechen. Um zu verstehen, warum das so ist, muss man ins „Innere" der Stoffe schauen.

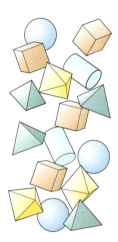

Das Modell der kleinsten Teilchen

Stell dir vor, du teilst einen Eisennagel. Ein kleineres Nagelstück teilst du wieder und wieder und wieder. Bald ist das Eisenstück so klein, dass du ein Mikroskop zu Hilfe nehmen musst. Du teilst das Eisenstückchen weiter und weiter…
Irgendwann erhältst du ein kleinstes Teilchen Eisen, das nicht weiter teilbar ist. Ein solches kleinstes Eisenteilchen ist etwa 0,000 000 1 mm groß!
Die kleinsten Teilchen eines Stoffes wie z. B. Eisen sind untereinander alle gleich. Alle kleinsten Eisenteilchen haben die gleiche Größe und sind gleich schwer.

Die kleinsten Teilchen verschiedener Stoffe, z. B. die von Wasser und Eisen, unterscheiden sich dagegen in ihren Eigenschaften.

▶ Alle Stoffe bestehen aus kleinsten Teilchen. Die Teilchen eines Stoffes sind alle gleich. Die Teilchen verschiedener Stoffe unterscheiden sich voneinander.

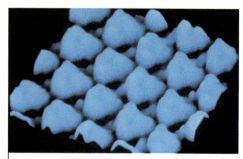

1 Rastertunnelmikroskope zeigen Aufnahmen kleinster Teilchen.

Feste Stoffe

Will man einen Klumpen Eis zerteilen oder einen Eisennagel verbiegen, dann geht das nur unter hohem Kraftaufwand. Grund dafür ist der Teilchenaufbau der festen Stoffe.

In einem festen Stoff sind die Teilchen dicht gepackt angeordnet. Zwischen ihnen wirken sehr starke Anziehungskräfte, die die Teilchen auf ihren Plätzen halten. Deshalb haben feste Körper eine feste Form.
Die kleinsten Teilchen sind aber dennoch ständig in Bewegung. Sie schwingen um ihren Platz hin und her.
Erhöht man die Temperatur des festen Körpers, so schwingen die kleinsten Teilchen stärker.
[Materie, S. 214, 215]

Werkstatt

Teebeutel im Wasser

Material
1 Trinkglas, heißes Wasser, 1 Teebeutel

Versuchsanleitung
Erhitze Wasser und fülle es in das Trinkglas. Hänge den Teebeutel in das Wasser.

Aufgaben
1. Beobachte den Versuch über einen Zeitraum von etwa 2 Minuten.

2. Schreibe deine Beobachtung auf.

3. Begründe das, was du beobachtet hast, mit dem Teilchenmodell.

4. Suche nach weiteren Beispielen, bei denen ähnliche Vorgänge ablaufen.

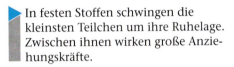

2 Flüssigkeiten passen sich der Gefäßform an.

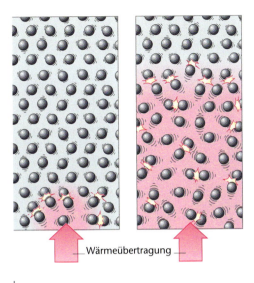

3 Erwärmung eines festen Körpers

▶ In festen Stoffen schwingen die kleinsten Teilchen um ihre Ruhelage. Zwischen ihnen wirken große Anziehungskräfte.

Flüssige Stoffe
In Flüssigkeiten hängen die Teilchen nur noch locker aneinander. Der Abstand zwischen ihnen ist größer und es wirken kleinere Anziehungskräfte als in Feststoffen. Deshalb können sich die Teilchen gegeneinander verschieben. Flüssigkeiten passen sich daher jeder Gefäßform an (▷ B 2).

Erwärmst du die Flüssigkeit, so bewegen sich ihre kleinsten Teilchen schneller. Bei einer Temperaturerniedrigung verlangsamt sich die Bewegung der Teilchen.

▶ In flüssigen Stoffen wirken schwächere Kräfte zwischen den kleinsten Teilchen. Die Teilchen sind frei gegeneinander verschiebbar.

Gasförmige Stoffe
Im Gegensatz zu festen oder flüssigen Stoffen können sich die Teilchen in einem Gas frei und regellos bewegen. Die Abstände unter den Teilchen sind sehr groß, sodass zwischen ihnen kaum noch Anziehungskräfte wirken. Aus diesem Grund besitzen Gase keine bestimmte Form und können jeden beliebigen Raum ausfüllen. Gase nehmen immer den größtmöglichen Raum ein.
Wenn du beispielsweise 1 l Wasser verdampfst, so erhältst du über 1 700 l Wasserdampf!

▶ In Gasen sind die kleinsten Teilchen frei beweglich, zwischen ihnen wirken kaum noch Anziehungskräfte.

Änderung der Aggregatzustände
Mithilfe der Modellvorstellung von den kleinsten Teilchen können auch die Vorgänge beim Schmelzen und Verdampfen erklärt werden.

Erhitzt man einen festen Stoff, so geraten seine kleinsten Teilchen immer stärker in Schwingung bis die Kräfte nicht mehr ausreichen, um sie fest an ihren Plätzen zu halten. Im flüssigen Zustand sind sie dann frei gegeneinander verschiebbar. Im gasförmigen Zustand haben sie keinen Zusammenhalt mehr (▷ B 4).

Mit dem Teilchenmodell lässt sich auch erklären, warum sich Stoffe beim Erwärmen ausdehnen und beim Abkühlen wieder zusammenziehen. Wenn z. B. ein fester Stoff erwärmt wird (▷ B 3), geraten die Teilchen in immer stärkere Schwingung und nehmen dabei einen größeren Raum ein. Der Stoff dehnt sich aus.

Aufgabe
1 Das Teilchenmodell ist ein „Modell". Überlege, was man in der Physik unter einem Modell versteht und wozu Modelle hilfreich sind.

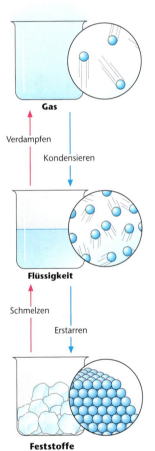

4 Änderung des Aggregatzustandes

Impulse

Leben bei verschiedenen Temperaturen

Leben in freier Natur
Auch die Tiere in der freien Natur müssen bei uns im Winter oder in den Polargebieten, wo es das ganze Jahr über sehr kalt ist, gegen Kälte geschützt sein.

- Manche Tiere bekommen ein Winterfell. Was könnte daran anders sein als bei dem Fell, das sie im Sommer haben?

- Schlagt unter dem Begriff „Winterfell" nach, welche Tiere das betrifft. Stellt in der Gruppe auf einem Plakat Informationen zum Thema „Winterfell bei Tieren" zusammen.

- Tiere müssen sich nicht nur vor Kälte schützen, sondern auch vor Hitze. Informiere dich, wie sich Tiere Abkühlung verschaffen.

Kleidung schützt
Es gibt den Satz für alle, die ihren Urlaub an der Nordsee verbringen möchten: Nicht das Wetter ist schlecht, man ist nur falsch angezogen.

- Was heißt „falsch angezogen"? Besorge dir Kataloge und Zeitschriften und erstelle mit ihrer Hilfe eine Collage, die diese Aussage darstellt.

- Du hast sicher Kleidungsstücke, die du nur bei bestimmtem Wetter trägst. Wie schützen sie dich vor Hitze oder Kälte, wie vor Regen und Wind? Wie müsste ein Universalkleidungsstück aussehen, das für alle Wetterlagen geeignet ist?

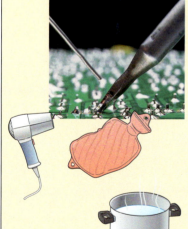

Wärmeübertragung – immer und überall
Immer dann, wenn ein warmer und ein kalter Körper miteinander in Berührung kommen, findet Wärmeübertragung statt. Das gilt für feste, flüssige und gasförmige Körper.

- Heißes Wasser wird in eine kalte Flasche geschüttet. Was passiert dabei mit dem Wasser und dem Glas?

- Du trägst im Winter Handschuhe, deine Hände sind warm, deine Ohren aber kalt. Wie könntest du Wärmeübertragung stattfinden lassen, damit dir die Ohren nicht erfrieren?

- Überlege dir weitere Beispiele für Wärmeübertragung aus deinem Alltag. Plane dazu Versuche und führe sie durch.
Wie kannst du deine Ergebnisse am besten dokumentieren?

Wärmeübertragung? Nein, danke!
Wärmeübertragung ist z. B. in der Küche notwendig, damit das Essen gekocht werden kann. Es gibt aber auch viele Beispiele aus deinem Alltag, bei denen Wärmeübertragung verhindert werden soll.

- Wo findet in der Küche Wärmeübertragung statt?

- Wärmeübertragung erfolgt immer in einer bestimmten „Richtung". Wie ist das in all deinen Beispielen?

Schneeflocken

Wenn stehendes Wasser langsam unter den Gefrierpunkt abkühlt, dann entsteht Eis. Ein Eiszapfen ist ebenso durchsichtig und fast so klar wie Wasser. Auch Schnee ist gefrorenes Wasser, es sieht aber ganz anders aus. Bei einer Schneeflocke schließen die Eiskristalle viel Luft ein, dadurch entsteht das weiße Aussehen.

● Die eingeschlossene Luft hat eine wichtige Bedeutung für den Kälteschutz. Frage einen Gärtner danach.

● Zeichne eine Phantasie-Schneeflocke. Bedenke, dass Schneeflocken immer sechseckig sind.

● Du möchtest doch sicher nicht, dass an einem kalten Wintertag Wärme von deinem Körper an die kalte Luft übertragen wird. Wie verhinderst du das?

● Besuche eine Baustelle: Durch welche Maßnahmen wird beim Hausbau unerwünschte Wärmeübertragung vermieden?

● Auch in eurer Wohnung findest du „Einrichtungen", die die Übertragung von Wärme verhindern. Notiere sie.

● Plane einen Versuch, bei dem du einen Gegenstand vor Wärmeübertragung schützt.
Schreibe einen kurzen Bericht darüber, wie du vorgegangen bist und was dein Versuch ergeben hat.

● Wenn du bei einem Ausflug im Sommer ein kaltes Getränk von zu Hause mitnimmst, musst du dir etwas einfallen lassen, um es auch noch nach Stunden kalt genießen zu können. Was kannst du tun?

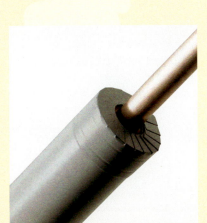

Wärmeströmung und Wärmeleitung

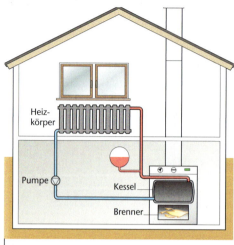

2 Die Warmwasserheizung

Die Wärmeleitung

Eine weitere Form des Wärmetransports ist die **Wärmeleitung**. Ein Beispiel dafür ist die Suppenkelle aus Metall, die auch oben am Griff heiß wird, wenn du in einer Suppe rührst (▷ B 4). Die Wärme wird von der heißen Suppe durch den Stiel der Kelle nach oben geleitet und du kannst dich an ihr verbrennen.

Wenn du dir unterschiedliche Kochgeräte anschaust, wirst du feststellen, dass Griffe an Töpfen, Deckeln oder an Rührgeräten fürs Kochen meistens Griffe aus Holz oder Kunststoff haben. Und das hat einen guten Grund. Führe den Versuch 1 durch und sieh dir die Tabelle (▷ B 3) an. Dann weißt du, warum das so ist.

▶ Wenn Stoffe Wärme weitergeben, ohne dass sie selbst mitwandern, spricht man von Wärmeleitung.

1 Haartrockner

Die Wärmeströmung

Nach dem Haarewaschen hast du sicher schon mal einen Haartrockner benutzt. Und du empfindest es wahrscheinlich als sehr angenehm, dass der Luftstrom, mit dem du dein Haar trocknest, warm ist. Im Haartrockner bewegt ein Ventilator kalte Luft an einer Heizspirale vorbei (▷ B 1). Die Heizspirale gibt Energie in Form von Wärme an die kalte Luft ab. Die Luft erwärmt sich, und wird dann zu deinen Haaren transportiert.

Diese Form des Wärmetransports nennt man **Wärmeströmung**. Wärmeströmung findet auch in der Warmwasserheizung statt (▷ B 2). Dort ist Wasser das Transportmittel.

▶ Wenn Wärme zusammen mit einem Stoff transportiert wird, spricht man von Wärmeströmung.

4 Wärme „wandert" in der Suppenkelle nach oben.

Aufgaben

1. Erkläre mit eigenen Worten, was man unter Wärmeströmung und unter Wärmeleitung versteht.

2. Finde einen Oberbegriff für die Materialien, die die Wärme sehr gut und gut leiten (▷ B 3).

Versuch

1 Stecke die Griffe eines Löffels aus Metall, Plastik und Holz durch ein Styroporstück. Fülle heißes Wasser in einen Becher und lege das Stück Styropor so darauf, dass die Löffel sich unten im heißen Wasser befinden und oben aus dem Styropor herausragen. Vergleiche die unterschiedliche Wärmeleitfähigkeit der Materialien.

sehr gut	gut	schlecht	sehr schlecht
Silber	Messing	Eis	Holz
Kupfer	Stahl	Glas	Kunststoff
Aluminium	Blei	Wasser	Luft

3 Verschiedene gute und schlechte Wärmeleiter

Werkstatt
Wärme wird geleitet

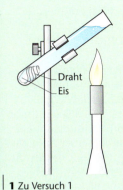

1 Zu Versuch 1

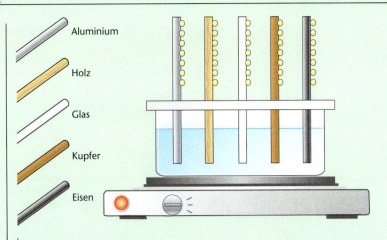

3 Zu Versuch 3

1 Eis und heiß
Material
Stativmaterial, feuerfestes Reagenzglas, Eiswürfel, Wasser, Draht, Gasbrenner

Versuchsanleitung
Baue den Versuch wie auf Bild 1. Erhitze das Wasser am oberen Rand des Reagenzglases. Beobachte und erkläre.

2 Kalte Füße
Material
„Bodenbeläge": Holz, Fliesen, Teppich, Zeitung, Metallplatte

Versuchsanleitung
Stelle dich barfuß mit einem Fuß auf Holz, mit einem auf Fliesen. Probiere verschiedene andere Materialienpaare aus. Bei welchem Bodenbelag bleiben deine Füße am wärmsten?

Hast du eine Erklärung dafür? Kannst du die Materialien in eine Reihenfolge bringen?

Aufgabe
Beschreibe den Aufbau eines Schuhs (▷ B 2) und begründe.

3 Schmelzende Kugeln
Material
Mehrere gleich lange und gleich dicke Stäbe aus unterschiedlichen Materialien, Wachskügelchen, 1 Wasserwanne, 1 Styroporplatte, 1 Heizplatte, Wasser

Versuchsanleitung
Befestige die Wachskügelchen in gleichen Abständen an den Stäben (▷ B 3). Stecke die Stäbe durch die Styroporplatte.

Lege die Styroporplatte auf ein Gefäß mit heißem Wasser. Beobachte und erkläre.

4 Wärmeleitung in der Küche
Bei einem Blick in die Küche (▷ B 4) kannst du feststellen, dass Wärmeleitung in manchen Situationen erwünscht ist, in anderen möglichst vermieden wird. Bei welchen Gegenständen in eurer Küche ist eine gute Wärmeleitung vorhanden, bei welchen möchte man keine Wärmeleitung haben?
Stelle eine Tabelle auf für die Gegenstände mit guter und schlechter Wärmeleitung. Begründe deine Einteilung.

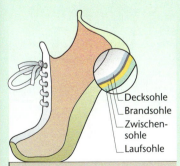

2 Querschnitt eines Schuhs

4 In der Küche gibt es gute und schlechte Wärmeleiter.

Infrarotstrahlung – die Wärmestrahlung

1 Sonnenschirme schützen

Sonne oder Schatten?
Es ist ein heißer Sommernachmittag. Kerstin und Luka genießen eine Zeit lang die Strahlung der Sonne. Als es ihnen langsam zu warm wird, setzen sie sich in den Schatten des Sonnenschirms (▷B 1). „Wie warm ist es eigentlich?", fragt Luka. Kerstin holt ein Thermometer, sie misst im Schatten 32 °C und in der Sonne 45 °C. Der Schirm hält die Wärme gut zurück.
[Energie, S. 213]

Die Infrarotstrahlung
Von der Sonne gelangt unterschiedliche Strahlung zur Erde. Einen Teil dieser Strahlung, den wir Infrarotstrahlung nennen, nehmen wir als Wärme wahr.
In der Medizin werden Lampen verwendet, die diese Infrarotstrahlung aussenden. Ihre Wärme hilft bei Muskelverspannungen die Beschwerden zu lindern. Auch im Bereich der Tierhaltung kommen die Lampen zum Einsatz: Infrarotstrahler, die über den Ställen angebracht sind, schützen die noch empfindlichen Jungtiere vor Kälte.

Schwarz und weiß!
Wenn die Wärmestrahlung der Sonne auf einen Körper trifft, kann ihre Energie in Wärme umgewandelt werden. Unterschiedlich helle Gegenstände erwärmen sich durch Wärmestrahlung unterschiedlich stark (▷V 1).
[Wechselwirkung, S. 219]

Helle Flächen reflektieren einen großen Teil der Sonnenstrahlung und bleiben deshalb kühler als dunkle Flächen, die viel Strahlung absorbieren. Deshalb zieht man im Sommer lieber helle Kleidung an. Ein Gärtner kalkt die Stämme seiner Apfelbäume (▷B 3). Die Frühjahrssonne erwärmt so die Stämme langsamer und der Knospenaustrieb verzögert sich. Die Knospen sind besser gegen späten Frost geschützt.

▶ Die Strahlung der Sonne enthält Infrarotstrahlung. Trifft sie auf einen Körper, kann sie in Wärme umgewandelt werden. Dabei erwärmen sich helle Flächen weniger stark als dunkle.

Versuch
1 Der T-Shirt-Test: Lege zuerst ein helles, dann ein dunkles T-Shirt in die Sonne oder vor einen Heizstrahler. Miss in beiden Fällen die Temperatur im Inneren des T-Shirts.

Aufgaben
1 Warum ist ein gekalkter Baum gegen späten Frost geschützt?

2 Sammelt in der Gruppe Informationen zum Thema Infrarotstrahlung. Präsentiert eure Ergebnisse.

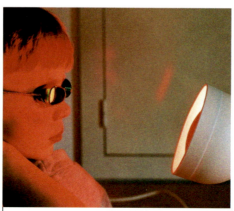

2 Wärmestrahlung bei einer Infrarotlampe

3 Ein gekalkter Baum ist gegen späten Frost geschützt.

Werkstatt
Sonnenkollektoren

1 Ein Marmeladenglas als Wärmespeicher

Material
2 Marmeladengläser, schwarze Farbe, Pinsel, Thermometer, Stoppuhr

Versuchsanleitung
Bemale eines der beiden Marmeladengläser mit schwarzer Farbe. Fülle beide Gläser mit Leitungswasser (▷ B 1) und miss die Temperatur. Stelle die Gläser nun in die Sonne. Miss nach 30 Minuten erneut die Wassertemperatur in den beiden Gläsern. Erstelle ein Versuchsprotokoll und vergleiche die Werte.

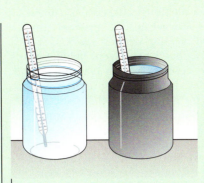

1 Welches Marmeladenglas wird wärmer?

4 Sonnenkollektoren

2 Bau eines Sonnenkollektors

Material
Fester Karton (ca. 30 cm × 40 cm), Styropor®-Platte (Dicke ca. 2 cm), Plastikschlauch (ca. 3 m lang), Trichter, großer Bogen schwarzes Tonpapier, Klarsichtfolie, Styroporkleber, Klebstoff, Schere, scharfes Messer, schwarze Plakatfarbe

Bauanleitung
Kürze die Höhe des Kartons auf etwa 15 cm. Schneide aus der Styropor®-Platte passende Stücke für den Boden und die Seitenwände und klebe sie in den Karton. Schneide aus dem schwarzen Tonpapier ein passendes Stück für den Boden und die Seitenwände und klebe es auf das Styropor®.
Bohre an zwei gegenüberliegenden Seiten Löcher von der Dicke des Schlauchs in den Karton. Streiche den Schlauch schwarz an. Wickle ihn zu einer langgezogenen Spirale auf und schiebe die beiden Schlauchenden durch die Löcher. Klebe den Schlauch fest. Spanne eine Klarsichtfolie über den Karton und befestige sie mit Klebeband.

Versuchsanleitung
Bringe den Sonnenkollektor in die Sonne. Lagere ihn so, dass eine Seite etwas erhöht liegt (▷ B 3). Stelle am unteren Ende des Schlauchs ein Gefäß auf, in dem du etwa 2 bis 3 Liter Wasser auffangen kannst.
Gieße in das obere Ende des Schlauchs durch einen Trichter Wasser ein (je nach Größe des Kollektors benötigst du 2 bis 3 Liter Wasser).

Aufgabe
Miss die Temperatur des eingefüllten Wassers und vergleiche sie mit der Temperatur des Wassers, das am unteren Schlauchende ausfließt.

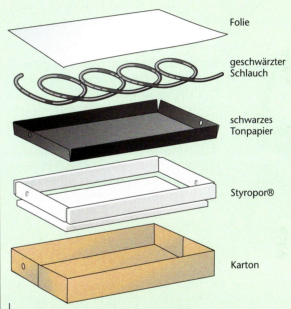

2 So wird der Kollektor zusammengesetzt.

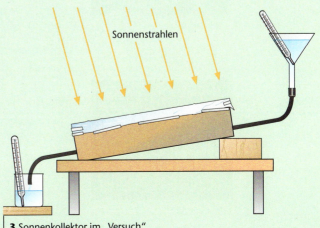

3 Sonnenkollektor im „Versuch"

Wärmedämmung – der Wärmetransport wird verringert

Wärmetransport – erwünscht und unerwünscht

Wenn es uns im Sommer zu warm wird, legen wir Kleidungsstücke ab, damit ein besserer Wärmetransport zwischen unserem Körper und der Luft stattfinden kann. Es gibt aber auch sehr häufig Situationen, in denen wir einen Wärmetransport verhindern wollen. Im Winter tragen wir Kleidung aus mehreren Schichten. Geräte wie der Kühlschrank oder die Thermoskanne sind gut isoliert. Und insbesondere beim Hausbau wird auf gute Wärmedämmung geachtet.

Wärmedämmung beim Hausbau

Die Kosten für das Heizen im Winter steigen von Jahr zu Jahr. Da lohnt es sich bei Häusern, die Wärmedämmung zu verbessern. Das heißt, es werden Baumaßnahmen durchgeführt, die verhindern sollen, dass zu viel Wärme nach außen entweicht (▷ B 3).
Aber auch für den Sommer ist eine gute Isolierung hilfreich. Das kennt jeder, der in einer Dachgeschosswohnung lebt. Wenn die Sonne auf ein nicht isoliertes Dach „knallt", wird es in der darunter liegenden Wohnung unerträglich heiß. Eines der Isoliermaterialien beim Hausbau ist Styropor®. Dieses Material besteht aus Kunststoff und Luft, zwei sehr schlechten Wärmeleitern. Bei der Herstellung werden „Kunststoffperlen" erhitzt. Dabei blähen sie sich auf und verkleben miteinander. Um 1 000 Liter von diesem Isoliermaterial herzustellen, benötigt man nur 20 Liter Kunststoff (▷ B 1).

▶ Stoffe, in denen Wärme schlecht fortgeleitet wird und die einen Wärmetransport erschweren, nennt man Wärmedämmstoffe.

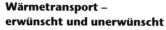

1 Aus 20 Liter Kunststoff werden 1000 Liter Styropor®.

2 Vogel im Winter

Aufgaben

1. Warum sind „mit Luft gefüllte Materialien" gut zur Wärmedämmung geeignet?

2. Begründe, warum es bei großer Kälte sinnvoller ist, mehrere dünne Kleidungsstücke übereinander anzuziehen als ein dickes.

3. Durch welche baulichen Maßnahmen wird bei der Heizungsanlage in deinem Wohnhaus erreicht, dass die Wärme auf dem Weg von der Heizungsanlage bis zu den Heizkörpern nicht „verloren" geht?

4. Erkläre, warum sich Vögel im Winter aufplustern, um sich vor der Kälte zu schützen (▷ B 2).

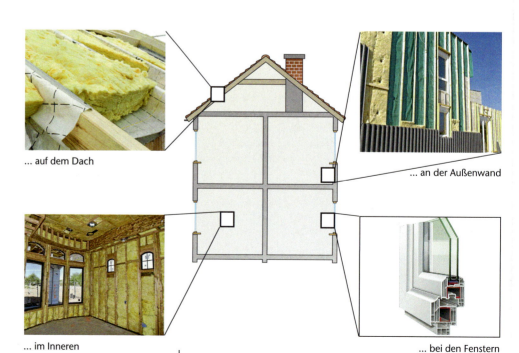

3 Wärmedämmung eines Hauses ... auf dem Dach ... an der Außenwand ... im Inneren ... bei den Fenstern

Werkstatt

Geschützt wie ein Eisbär

1 Eisbären leben in kalten Regionen

Der Eisbär ist ein Bewohner der Arktis. Im Winter gräbt er sich eine Schneehöhle und hält Winterschlaf. Doch auch im Sommer ist es in der Arktis meist kälter als bei uns im Winter. Wie kann der Eisbär in dieser Kälte, bei Schnee und eisigen Stürmen überleben?

Der Eisbär schützt sich mit einer dicken Fettschicht unter der Haut. Außerdem besitzt er ein dichtes Fell, dessen Haare hohl sind, und eine schwarze Haut. Mit folgenden Versuchen kannst du die Schutzfunktion dieser Körpermerkmale überprüfen.

1 Die Hülle macht's
Material
4 Bechergläser, 4 Reagenzgläser, 4 Gummistopfen, Kosmetikcreme, Watte, eine Packung Trinkhalme, Gummiringe, Thermometer

Versuchsanleitung
Beschichte ein Reagenzglas dick mit Creme und hülle es in Klarsichtfolie. Packe das zweite Reagenzglas in Watte, die du mithilfe der Gummiringe befestigst. Ordne um das dritte Glas eine Lage Trinkhalme an. Befestige auch diese mithilfe der Gummibänder. Lass das letzte Reagenzglas unverändert (▷ B 2).
Befülle nun alle Reagenzgläser mit warmem Wasser (ca. 35 bis 40 °C) und verschließe sie mit einem Gummistopfen. Stelle sie dann jeweils in einem Becherglas an einen kühlen Ort.
Miss nach 30 und nach 60 Minuten die Temperatur des Wassers in den Reagenzgläsern. Notiere die Ergebnisse und fasse sie in einem Merksatz zusammen.

2 Die Farbe macht's
Material
Drei Getränkedosen, weißes und schwarzes Papier, Alufolie, Thermometer, Wasser, Infrarotlampe

Versuchsanleitung
Umklebe eine Dose mit schwarzem Papier, eine mit weißem Papier und die dritte mit Alufolie.
Fülle die Dosen mit Wasser der gleichen Temperatur und stelle sie eine halbe Stunde in die pralle Sonne. Bei bedecktem Himmel kann eine Infrarotlampe als Ersatz dienen (▷ B 3).

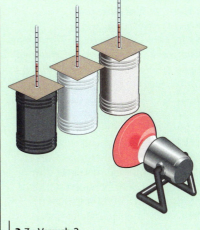

3 Zu Versuch 2

Vergleiche die Temperaturen des Wassers in den Dosen. Notiere das Ergebnis und formuliere einen Merksatz.

Aufgaben

1. Betrachte Bild 4. Erkläre mithilfe deiner Versuchsergebnisse, welchen Nutzen die dunkle Haut des Eisbären, seine hohlen Haare und seine Fettschicht haben.

2. Stelle Informationen zu einem anderen Tier zusammen, das entweder wie der Eisbär in großer Kälte oder aber in heißen Regionen lebt. Präsentiere dieses Tier und seine Schutzmechanismen gegen die Kälte bzw. Hitze auf einem Plakat.

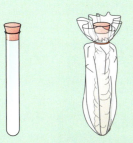

2 Zu Versuch 1

4 Körpermerkmale eines Eisbären

Schnittpunkt

Geschichte: Wärme kann gespeichert werden

Kachelöfen – die Vorläufer unserer Zentralheizung

Wärme kann man speichern und transportieren. Der rechts stehende Bericht nennt zwei Beispiele: Wasser und Ziegelsteinen wird Wärme zugeführt, die dann anschließend an anderer Stelle wieder abgegeben werden kann. Statt der erwähnten Ziegelsteine nimmt man heute wassergefüllte Wärmflaschen aus Kunststoff.

Kachelöfen waren in früherer Zeit, als es noch keine Zentralheizungen gab, zum Heizen der Häuser sehr beliebt. Kachelöfen sind große, aus Steinen gemauerte Öfen, die unten eine Feuerstelle haben. Der massive Steinkern wird erhitzt und gibt noch lange Zeit, nachdem das Feuer bereits erloschen ist, Wärme ab.

Auch heute findet man noch Kachelöfen in Wohnhäusern (▷ B 3), dann aber oft mit Gas- oder Ölfeuerung.

Backen und „Kochen" mit gespeicherter Wärme

In abgelegenen Bergdörfern findet man noch vereinzelt Backöfen auf Bauernhöfen (▷ B 1). Mehrere Stunden vor dem Backen wird im Backraum ein kräftiges Feuer entfacht. Dadurch erhitzen sich der Boden und das Gewölbe des Ofens. Dann werden Glut und Asche aus dem Backraum entfernt, der Boden wird sauber gewischt und das Brot hineingelegt. Die von den Steinen und dem Lehm gespeicherte Wärme wird in den Backraum abgegeben und das Brot gebacken.

> Als ich noch ein Kind war, kamen die Bauern aus der Umgebung am Sonntag mit der Kutsche ins Dorf zum Gottesdienst. Die Pferde wurden an den Linden am Marktplatz angebunden. In den kalten Wintern hatten die Bauern in ihren Kutschen flache Behälter aus Kupfer, die zu Hause mit heißem Wasser gefüllt wurden. Darauf stellten sie die Füße, um sie vor der großen Kälte zu schützen.
>
> Während des Gottesdienstes brachten immer zwei der Bauern diese Behälter zu uns nach Hause und stellten sie auf den großen eisernen Herd in der Küche. Das Wasser sollte für die Rückfahrt wieder aufgeheizt werden.
>
> In diesem Herd gab es auch ein Fach, in das mein Vater im Winter einige Ziegelsteine legte. Am Abend wurden sie mit Zeitungspapier umwickelt und an die Fußenden der Betten unter das Bettzeug gelegt. Dadurch wurden die Betten in den damals ungeheizten Räumen schön vorgewärmt.

2 Wassergefüllter Behälter als Fuß- oder Bettwärmer

1 Ein traditioneller Backofen

3 Moderner Kachelofen

Schnittpunkt

Geschichte: Kühlung in früherer Zeit

Der Sommer 1951 war sehr heiß. Das Schützenfest in unserem Dorf stand bevor. Für uns Kinder war das immer ein Erlebnis. Buden, Karussells und ein großes Festzelt wurden auf den Rheinwiesen aufgebaut. Und am Sonntag kam der Eishändler mit Pferd und Wagen und lieferte große Stangen Eis zum Festzelt. Schließlich wollten unsere Eltern gut gekühlte Getränke bei dem heißen Wetter. Der Mann, der die Eisstangen ablieferte, schlug sie voneinander los und trug sie auf der Schulter in die große Holzkiste, die im Festzelt stand …

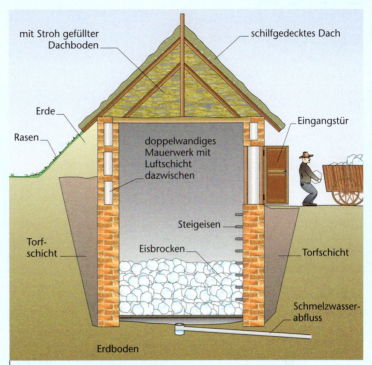

1 „Eiskeller" aus der Zeit um 1900

Auch schon vor der Erfindung des Kühlschrankes, der Gefriertruhe und der Klimaanlage haben die Menschen ihre Speisen und Getränke kühl gehalten, um sie vor zu schnellem Verderben zu schützen. Man nutzte zur Isolierung und Wärmedämmung den Erdboden. Die Keller lagen daher tief in der Erde. Sie waren in der warmen Jahreszeit kühl und im Winter frostfrei (▷ B 2). Das Wort „Keller" kommt vom lateinischen Wort „celarium" und bedeutet Vorratsraum oder Speisekammer.

Eisblöcke für den Sommer

Schon vor Jahrhunderten schnitten die Menschen im Winter Eisblöcke aus Flüssen und Seen und lagerten sie in tiefen, mit Stroh „ausgepolsterten" Erdlöchern in kühlen Wäldern für den Sommer. Sie machten sich die Wärmedämmung des Erdbodens sowie von Holz, Stroh, Torf und Schilf zu Nutze.
Bild 1 zeigt einen „Eiskeller", der um 1900 gebaut wurde und mit natürlichen Dämmstoffen isoliert ist. Aber auch heute werden im ländlichen Bereich vereinzelt noch „Naturkeller" genutzt (▷ B 3).

2 Weinkeller

3 „Naturkeller" – noch heute genutzt

Aufgabe

1. Beschreibe den Aufbau des Eiskellers aus der Zeit um 1900 (▷ B 1).
Welche Materialien wurden zur Isolierung verwendet? Begründe die Wahl der Materialien.

Impulse

Die Sonne – unsere wichtigste Energiequelle

Lebensspender Sonne
Ohne die Sonne wäre auf der Erde kein Leben möglich. Erst ihr Licht und ihre Wärme haben unseren Lebensraum erschaffen.

● Sammle Informationen zur Sonne und stelle sie auf einem Plakat dar.

● Stell dir vor, die Sonne würde „ausgeknipst". Was würde das für uns bedeuten? Wie würde es nach ein paar Jahren auf unserer Erde aussehen?

● Sonnenstrahlung kann auch gefährlich sein. Durch richtiges Verhalten und bestimmte Maßnahmen kann man sonnige Tage trotzdem genießen. Beschreibe die Gefahren und erstelle eine Broschüre zum Thema Sonnenschutz.

Die sonnenbetriebene Wettermaschine
Das Wetter wird oft als eine Maschine bezeichnet, die sich aus den einzelnen Wetterelementen zusammensetzt und deren Motor die Sonne ist.

● Wie stellst du dir eine Wettermaschine vor? Erstelle eine Zeichnung nach deiner Idee.

● Die Sonne treibt den „Kreislauf des Wassers" auf der Erde an. Informiere dich über dieses Thema und erkläre die Zusammenhänge.

An jedem Tag, in jedem Jahr, sonnenfrisch im Supermarkt
Während des ganzen Jahres gibt es in den großen Supermärkten fast alle Obst- und Gemüsesorten zu kaufen. Selbst frische Erdbeeren zu Weihnachten sind nichts Besonderes, obwohl bei uns große Kälte herrscht und im Garten Schnee liegt.

● Wie ist dieses Angebot während des ganzen Jahres zu erklären? Begründe.

Jahreszeitliche Unterschiede

Im Verlauf eines Jahres erleben wir die vier Jahreszeiten Frühling, Sommer, Herbst und Winter.

● Vergleiche typische Tage aus den vier Jahreszeiten miteinander. Wie verändern sich z. B. die Tageslänge oder der Sonnenstand? Stelle die Unterschiede in einer Tabelle zusammen.

● Vergleiche nun vier über das Jahr verteilte Tage an einem Ort in den Tropen. Kannst du das Ergebnis begründen?

● Der jahreszeitliche Wechsel entsteht durch die Schrägstellung der Erdachse beim Umlauf der Erde um die Sonne.
In der Zeichnung sind die Jahreszeiten für die Nordhalbkugel angegeben. Wie muss die Beschriftung für die Südhalbkugel lauten?

● Überlege, wie du die Entstehung der Jahreszeiten im Modell darstellen könntest. Überprüfe deine Idee, indem du sie deinen Mitschülern vorstellst.

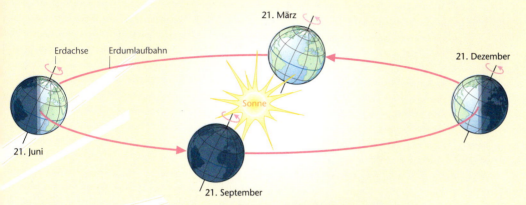

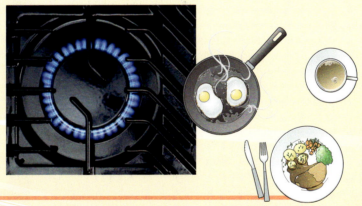

Energiequelle Sonne

Die Sonne wird oft als Energielieferant der Erde bezeichnet.

● Erkläre die Bedeutung des Begriffs „Lieferant". Verwende dazu Beispiele aus deinem Alltag.

● Was haben die Sonne und die anderen von dir genannten Lieferanten gemeinsam, was unterscheidet sie voneinander?

● „Heute nutzen wir die Sonnenenergie, die unsere Erde vor Millionen von Jahren erreicht hat". Was könnte mit dieser Aussage gemeint sein? Diskutiere mit deinen Mitschülern darüber.

● Stelle unter der Überschrift „Nutzung der Sonnenenergie" zusammen, wie wir heute die Energie der Sonne nutzen.

Die Sonne

Durchmesser	ca. 1 400 000 km
Entfernung Erde – Sonne	ca. 150 000 000 km
Temperatur im Inneren	ca. 15 000 000 °C
Temperatur an der Oberfläche	ca. 6 000 °C

Die Sonne ist 1 300 000-mal größer und 330 000-mal schwerer als die Erde. Sie ist 4,5 Milliarden Jahre alt.

3 Die Sonne in Zahlen

1 Das Licht und die Wärme der Sonne sind Grundlage des Lebens.

Sonnenstrahlen – Genuss und Gefahr

Von der Sonne gelangt unterschiedliche Strahlung zu uns. Das Licht, das unsere Tage erhellt, ist nur ein Teil davon. Daneben sendet die Sonne **Infrarotstrahlung** aus, die man auch als Wärmestrahlung bezeichnet. Diese Strahlung können wir nicht sehen, aber wir spüren sie.
Ein weiterer Teil der Sonnenstrahlung ist die **Ultraviolettstrahlung**. Sie kann schädlich oder sogar gefährlich für uns sein. Gerötete, brennende Haut nach einem zu langen Sonnenbad ist ein erstes Anzeichen dafür. Wirkt dauerhaft zu viel Sonnenstrahlung auf die Haut ein, kann sogar Hautkrebs entstehen. Vor dem größten Teil dieser gefährlichen Strahlung ist die Erde aber geschützt: Die Erdatmosphäre wirkt wie ein Filter und lässt nur einen Teil der Sonnenstrahlung durch (▷ B 4).

Die Sonne als Lebensspender

Ohne die Sonne wäre auf der Erde kein Leben möglich. Ihr Licht lässt die Pflanzen wachsen, die die Nahrungsgrundlage für Menschen und Tiere bilden. Außerdem erwärmt die Sonne unsere Erde auf Temperaturen, die für die Entwicklung von Leben nötig sind (▷ B 1).
Wenn wir unsere Häuser mit Brennstoffen wie Kohle und Erdöl beheizen, dann nutzen wir auch dabei die Energie der Sonne. Denn Kohle und Erdöl sind über Millionen von Jahren aus abgestorbenen Pflanzenresten entstanden. Wenn wir diese Materialien verbrennen, dann erhalten wir die darin gespeicherte Sonnenenergie zurück. [Energie, S. 213]

▶ Die Sonnenstrahlung enthält verschiedene Anteile. Vor der gefährlichen Strahlung ist die Erde durch ihre Atmosphäre weitestgehend geschützt.

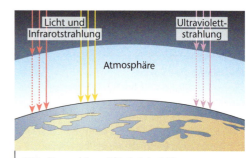

4 Die Atmosphäre wirkt als Schutzfilter.

Ein glühender Stern

Die Sonne ist eine Art Kraftwerk, das Licht und Wärme erzeugt. Sie ist ein riesiger glühender Ball aus Gas, in dessen Innerem Temperaturen von über 15 Mio. °C herrschen (▷ B 3). An der Oberfläche sind die Temperaturen niedriger, sie liegen aber immer noch bei unvorstellbar heißen 6 000 °C. Da die Sonne selbst Licht erzeugt, bezeichnet man sie als **Stern**.

▶ Die Sonne ist ein Stern. Sie erzeugt das Licht und die Wärme, die das Leben auf der Erde ermöglichen.

2 Sonnenblumen richten sich nach dem Sonnenstand aus.

Aufgaben

1. Wolken, Dunst oder Nebel können die Sonnenstrahlung dämpfen. Welche Auswirkung hat das an der Erdoberfläche?

2. Erkläre, warum die beim Heizen mit Kohle, Erdöl oder Erdgas abgegebene Wärme von der Sonne kommt.

Tag und Nacht

Die Entstehung von Tag und Nacht

Die Erde ist eine riesige Kugel, die sich um ihre eigene Achse dreht. Dabei ist jeweils die eine Seite von der Sonne beleuchtet (Tag), die andere Seite ist dunkel und unbeleuchtet (Nacht). Dieser Wechsel von Tag und Nacht ist ein ständig wiederkehrender (periodischer) Vorgang. Einer Umdrehung der Erde um die eigene Achse entspricht unsere Zeiteinteilung in Kalendertagen von je 24 Stunden.

▶ Tag und Nacht entstehen durch die Drehbewegung der Erde um ihre eigene Achse.

Sonnenstand und Bahn der Sonne

Weil sich die Erde von West nach Ost dreht, scheint es so, als ob die Sonne im Osten auf- und im Westen untergeht. Die Zeiten von Sonnenaufgang und Sonnenuntergang sind im Verlauf eines Jahres aber sehr unterschiedlich. Im Winter ist die scheinbare Sonnenbahn nur sehr kurz und flach über dem Horizont. Im Sommer schlägt die Sonne einen viel weiteren Bogen und steht auch höher am Himmel. Die Tage sind viel länger und es ist bedeutend wärmer.

1 Die Entstehung von Tag und Nacht im Modell

2 Die Tagseite der Erde

3 Stand der Sonne im Winter

Werkstatt

Bewegung mit Folgen

1 Wie Tag und Nacht entstehen

Material
Styropor®-Kugel (ca. 15 cm Durchmesser), Stricknadel, Stift, Taschenlampe

Versuchsanleitung
Diesen Versuch führst du am besten mit einem Partner durch. Stecke zunächst die Stricknadel möglichst genau durch die Mitte der Styropor®-Kugel. Die Nadel ist die Achse, um die sich deine Erde dreht.
Markiere auf der Kugel einen gut erkennbaren Punkt. Halte die Achse aufrecht (▷ B 1). Bitte deinen Partner, die Kugel von einer Seite mit der Taschenlampe zu beleuchten.

Tipp: Führt den Versuch in einem abgedunkelten Raum durch.

a) Stelle mit deiner Kugel die Bewegung nach, die die Erde im Verlauf eines Tages ausführt. Beachte dabei, dass sich die Erde von West nach Ost dreht.
b) Drehe die Erde immer nur ein Stückchen (von West nach Ost) weiter und halte sie immer dann an, wenn für den eingezeichneten Punkt folgende Aussagen zutreffen: Dort ist es
– kurz nach Sonnenaufgang,
– Mittag,
– kurz vor Sonnenuntergang,
– Mitternacht.

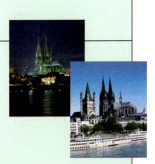

1 Entstehung von Tag und Nacht im Modell

Die Entstehung der Jahreszeiten

1 Winter
2 Frühling
3 Sommer
4 Herbst

Freust du dich an heißen Tagen nicht auch auf einen Besuch im Schwimmbad oder auf das Skifahren, wenn der Winter beginnt?

Schieflage mit Folgen

Wie entstehen die Jahreszeiten? Ihre Ursache ist die Schrägstellung der Erdachse (▷ B 5). Die Erde behält diese Schrägstellung auf ihrer Bahn um die Sonne bei. Daher ist im Verlauf eines Jahres einmal die Südhalbkugel und einmal die Nordhalbkugel zur Sonne geneigt.
[System, S. 219]
Auf der Halbkugel, die der Sonne zugewandt ist, sind die Tage lang. Mittags steht die Sonne hoch über dem Horizont. Die Sonneneinstrahlung ist dort stärker als auf der abgewandten Halbkugel, sodass es dort auch wärmer ist. Auf der sonnenzugewandten Halbkugel herrscht Sommer, auf der abgewandten Halbkugel ist Winter. Im Bereich der Tropen, nördlich und südlich des Äquators, gibt es keine Jahreszeiten. Dort sind die Temperaturen während des ganzen Jahres fast gleichbleibend hoch. Die größten Temperaturschwankungen gibt es zwischen Tag und Nacht.

Der Einfluss der Jahreszeiten

Der Lebensrhythmus von Pflanzen und Tieren ist besonders durch die **Jahreszeiten** geprägt. So sind das Wachstum und die Vermehrung der Pflanzen und das Reifen ihrer Früchte daran gebunden. Viele Tiere nutzen in den warmen Monaten das große Nahrungsangebot und haben die unterschiedlichsten Methoden entwickelt, um gut durch den Winter zu kommen. Der Mensch hat zahlreiche technische Lösungen gefunden, um von den Jahreszeiten möglichst unabhängig zu sein. Heizungsanlagen und elektrisches Licht sind nur zwei Beispiele. Trotzdem werden auch wir von den Jahreszeiten beeinflusst.

▶ Die Erdachse steht schräg. Daher ist einmal die Nordhalbkugel und einmal die Südhalbkugel der Sonne stärker zugewandt. So entstehen die Jahreszeiten.

Aufgaben

1 Wodurch kommt es zur Entstehung der Jahreszeiten?

2 Fertige eine Skizze an, aus der man ablesen kann, wo auf der Erde welche Jahreszeit herrscht. Vergleiche deine Lösung mit der deiner Mitschüler. Diskutiert, welche Skizze am aussagekräftigsten ist.

5 Die Entstehung der Jahreszeiten

Sonne – Energielieferant für das Wetter

Über das Thema Energie wird viel gesprochen. Sicher hast du auch schon davon gehört, dass Kohle, Erdöl und Erdgas immer teurer und ihre Vorräte knapper werden. Aus diesen Brennstoffen beziehen wir Energie, die wir zum Heizen und zur elektrischen Versorgung unserer Haushalte sowie zum Antrieb von Fahrzeugen benötigen. In der Kohle, dem Erdöl und dem Erdgas ist letztlich die Energie der Sonne gespeichert, denn sie hat diese Brennstoffe über einen Zeitraum von vielen Millionen Jahren entstehen lassen.

Die Sonne – Motor der „Wettermaschine"

Die Sonne ist aber auch Energielieferant für die gigantische „Wettermaschine". Sie setzt ungeheure Mengen von Wasser und Luft in Bewegung. Sie ist verantwortlich für die Wasserverdunstung, die Wolkenbildung, den Regen und für die Entstehung von Wind (▷ B 3). Neben den Brennstoffen Kohle, Erdöl und Erdgas sind Wasser und Wind weitere Energiequellen, die wir nutzen können.

Wasserpumpen in Australien

Im Herzen Australiens, wo es das ganze Jahr über heiß ist und nur selten Regen fällt, sind Schaffarmen schon aus großer Entfernung zu erkennen. Fast jede Farm verfügt über ein Windrad, das hoch in den Himmel ragt. Der Wind liefert die Energie, die nötig ist, um das Grundwasser an die Oberfläche zu pumpen. Damit wird die Wasserversorgung gesichert und somit die Lebensgrundlage für Menschen und Tiere geschaffen. [Energie, S. 212]

▶ Wasserkraft und Wind entstehen durch die Energie der Sonne. Da sie ständig nachgeliefert werden, bezeichnet man Wind- und Wasserenergie als erneuerbare oder regenerative Energien.

Aufgaben

1 Fasse in einem kurzen Bericht zusammen, was in einem Wasserkraftwerk passiert (▷ B 1). Benutze dazu die Begriffe aus der Zeichnung.

2 Energie von der Sonne wird im Haushalt genutzt (▷ B 3). Erkläre.

3 In der Nordsee, 50 Kilometer nördlich von der Insel Borkum, soll ein großer „Windpark" entstehen. Versetze dich in die Rolle des Planers. Warum soll der „Windpark" dort entstehen?

2 Auf Schaffarmen wird Windenergie genutzt.

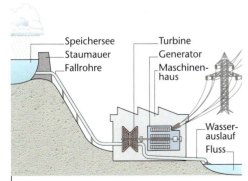

1 Prinzip eines Wasserkraftwerks

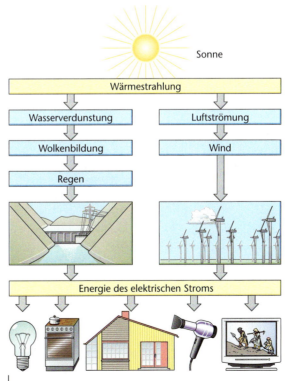

3 So wird die Energie der Sonne genutzt.

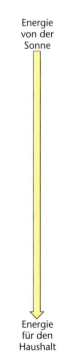

Schlusspunkt

Sonne – Energielieferant für die Erde

1 Celsius-Thermometer

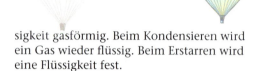

▶ Das Thermometer
Gemessen werden die Temperaturen mit dem Thermometer. Wir benutzen dabei für den täglichen gebrauch die Skala des Schweden ANDERS CELSIUS. Temperaturveränderungen kann man in einer Zeichnung (Grafik) darstellen. Die einzelnen Messwerte können zu einer Temperaturkurve verbunden werden.

▶ Ausdehnung von Körpern
Feste, flüssige und gasförmige Körper dehnen sich beim Erwärmen aus und ziehen sich beim Abkühlen wieder zusammen.

▶ Anomalie des Wassers
Wasser verhält sich beim Ausdehnen und zusammenziehen anders als andere Flüssigkeiten. Bei +4°C hat sich Wasser am stärksten zusammengezogen. Es hat sein kleinstes Volumen.
Wenn Wasser stärker abgekühlt wird, dehnt es sich wieder aus.

▶ Bewegung durch Luft
Warme Luft steigt in kühlerer Umgebungsluft auf. Dadurch können Heißluftballons aufsteigen.
Das Aufsteigen der warmen Luft setzt auch einen Luftkreislauf in Gang. Es entsteht Wind.

▶ Änderung des Aggregatzustandes
Durch Veränderung der Temperatur kann ein Stoff seinen Aggregatzustand verändern. Beim Schmelzen wird ein Feststoff flüssig. Beim Verdampfen wird eine Flüssigkeit gasförmig. Beim Kondensieren wird ein Gas wieder flüssig. Beim Erstarren wird eine Flüssigkeit fest.

▶ Das Teilchenmodell
Alle Stoffe bestehen aus kleinsten Teilchen. Die Teilchen eines Stoffes sind alle gleich. Die Teilchen verschiedener Stoffe unterscheiden sich voneinander. In festen Stoffen schwingen die kleinsten Teilchen um ihre Ruhelage. Zwischen ihnen wirken große Anziehungskräfte. In flüssigen Stoffen wirken schwächere Kräfte zwischen den Teilchen und in Gasen sind die kleinsten Teilchen frei beweglich.

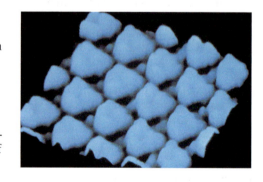

2 Segelflieger

3 Dehnungsbogen bei Rohrleitungen

4 Sonnenkollektoren

5 Wärmedämmung

7 Vogel im Winter

▶ Arten des Wärmetransports
Wenn Wärme zusammen mit einem Stoff weitergegeben wird, spricht man von Wärmeströmung.
Wenn Stoffe Wärme weitergeben, ohne dass sie selbst mitwandern, dann spricht man von Wärmeleitung. Metalle sind gute Wärmeleiter. Holz, Kunststoffe, Wasser und Luft sind schlechte Wärmeleiter.
Wenn sich Wärme ohne einen Stoff ausbreitet, spricht man von Wärmestrahlung.

▶ Sonnenkollektoren
In Sonnenkollektoren wird durch die auftreffende Sonnenstrahlung eine Flüssigkeit erwärmt. In einem Wärmetauscher wird damit Wasser für den Haushalt erwärmt.

▶ Wärmedämmung
Stoffe, die Wärme schlecht leiten und die deshalb einen Wärmetransport erschweren, nennt man Wärmedämmstoffe. Zu den guten Wärmedämmstoffen gehören z. B. Styropor oder andere Materialen, in denen viel Luft enthalten ist.
Auch Tiere, die in den Kältegebieten der Erde leben, sind z. B. durch ein dickes Fell mit entsprechendem Luftpolster geschützt.

▶ Die Sonne
Die Sonne ist ein Stern. Sie erzeugt das Licht und die Wärme, die das Leben auf der Erde ermöglichen.
Die Sonnenstrahlung enthält verschiedene Anteile. Vor der gefährlichen UV-Strahlung ist die Erde durch ihre Atmosphäre weitestgehend geschützt.

▶ Tag und Nacht
Tag und Nacht entstehen durch die Drehbewegung der Erde um ihre eigene Achse. Dadurch ist jeweils eine Seite beleuchtet und die andere unbeleuchtet.

▶ Die Entstehung der Jahreszeiten
Die Erdachse steht schräg. Daher ist einmal die Nordhalbkugel und einmal die Südhalbkugel der Sonne stärker zugewandt. So entstehen die Jahreszeiten.

▶ Sonne – Energielieferant für die Erde
Durch die Energie von der Sonne sind vor Jahrmillionen Bodenschätze wie Kohle, Erdöl und Erdgas entstanden. Die Sonne liefert auch die Energie für das Pflanzenwachstum.
Auch Wasserkraft und Wind entstehen durch die Energie von der Sonne. Da sie ständig nachgeliefert werden, bezeichnet man Wind- und Wasserenergie als erneuerbare oder regenerative Energien.

6 Pflanzen brauchen Sonnenenergie

Aufgaben

1. Ergänze deine Lernkartei um die Begriffe Wärmeübertragung, Wärmetransport, Wärmedämmung...

2. Was bedeuten die Buchstaben „C", „F" und „K" auf den Temperaturskalen?

3. Warum hat der Temperatursinn für den Menschen eine so große Bedeutung?

4. Was musst du bei der Temperaturmessung beachten, damit du keine Messfehler machst?

5. Führe über einen längeren Zeitraum draußen Temperaturmessungen durch, ermittle die Tagesmitteltemperaturen und zeichne für mehrere Tage eine Temperaturkurve.

6. Vergleiche die Ausdehnung bei festen, flüssigen und gasförmigen Körpern.
   a) Welche dehnen sich am stärksten aus, welche am wenigsten?
   b) Welche Besonderheit gibt es bei der Ausdehnung von Gasen?

7. Brücken liegen auf Rollen (▷ B 8; B 9). Erkläre!

8. Die Kieswüste und die Sandwüste sind aus der Felswüste entstanden. Beschreibe diese Entwicklung (▷ B 10).

10 Felswüste

9. Erkläre den Begriff Anomalie des Wassers.

10. Der Physiker und Ratsherr OTTO VON GUERICKE verblüffte vor mehr als 350 Jahren seine Mitmenschen mit interessanten und „magischen" Versuchen und Geräten. Dazu gehört auch das Magdeburger Thermometer.
Findet heraus wie dieses Thermometer funktioniert. Erstellt dazu in Gruppen ein Plakat und stellt in ganz kleinen Schritten die Funktionsweise dar.

11. Bei einem Urlaub am Meer stellst du fest, dass der Wind tagsüber meist vom Meer in Richtung Land weht (▷ B 12). Erkläre diese Beobachtung.

12. Erkläre die Vorgänge Schmelzen, Verdampfen und Kondensieren.

13. Wodurch kann der Aggregatzustand eines Stoffes verändert werden?

14. Erkläre mithilfe des Teilchenmodells, was passiert, wenn Eis schmilzt.

15. Erkläre an mehreren Beispielen, wo und wie Wärme übertragen wird.

11 Beim Bohren entsteht Wärme.

8 Brücken liegen auf Rollen.

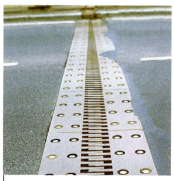
9 Dehnungsfuge

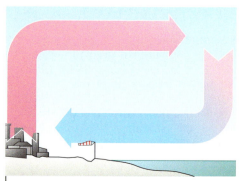
12 Seewind

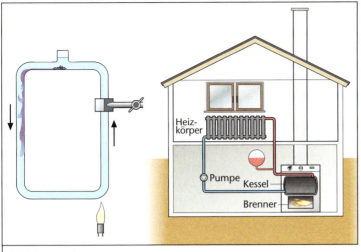

13 Heizungsanlage

16 Heißer Stein

26 Erkläre die Wärmedämmung bei der Thermoskanne (▷ B 17).

17 Zu Aufgabe 26

16 Damit ein Automotor nicht zu heiß wird, muss er gekühlt werden. Erkläre, wie der Wärmetransport stattfindet.

17 Nenne die drei Arten des Wärmetransports.

18 Welche Transportmittel für Wärme kommen in unserem Alltag bei der Wärmeströmung am häufigsten vor?

19 Erkläre, wie die Warmwasserheizung (▷ B 13) funktioniert.

20 Welche Stoffe gehören zu den guten und welche zu den schlechten Wärmeleitern?

21 Du stehst barfuß auf der Türschwelle zwischen zwei Räumen. Einer ist mit Teppich ausgelegt, der andere hat Steinfußboden.
a) Was empfindest du?
b) Begründe deine Beobachtungen, indem du die Leitfähigkeit der Materialien berücksichtigst.

22 Erkläre, was man unter Wärmeleitung versteht.

23 Beschreibe am Beispiel des Kochens in der Küche, dass man hierbei alle drei Arten des Wärmetransports finden kann (▷ B 14).

24 Es gibt Restaurants, in denen sich der Gast die Speisen am Tisch selbst gart. Das nennt man Essen auf dem heißen Stein (▷ B 16).
Beschreibe die Wärmeübertragungskette.
Beginne mit: „In einem Backofen in der Küche ..." und beschreibe weiter bis „... Körpertemperatur des Gastes".

25 Beschreibe, wie ein Sonnenkollektor funktioniert.

27 Welche Gefahren gehen von der Sonne aus?

28 Erkläre, warum Kohle und Erdöl gespeicherte Sonnenenergie enthalten.

29 Der Golfstrom wird auch als „Warmwasserheizung Nordeuropas" bezeichnet.
a) Woher hat der Golfstrom seinen Namen. Nimm einen Atlas zu Hilfe.
b) Überlege, was mit „Warmwasserheizung" gemeint ist.
c) Plane einen Versuch mit warmem Wasser bzw. auch mit kaltem Wasser und „Land" und beweise mit Temperaturmessungen die obige Aussage.
d) Erstelle eine Versuchsskizze.

14 Kochen

15 Zu Aufgabe 28

Startpunkt

Wetter bei uns und anderswo

An manchen Tagen ist es warm, an anderen kalt. Mal ist es bewölkt, mal wolkenlos, mal ist es trocken und mal regnet es.

Das Wetter ist unser ständiger Begleiter. Es beeinflusst uns in starkem Maße. Das beginnt schon am Morgen beim Anziehen, es hat Einfluss auf unser Freizeitverhalten.

Was gehört eigentlich zum Wetter? Warum bilden sich Wolken? Warum fallen aus einigen Wolken Niederschläge, aus anderen nicht?

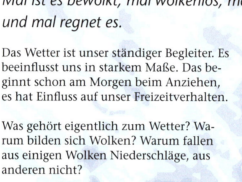

Die Temperaturen sind zwischen den Polen und dem Äquator sehr unterschiedlich. Warum weht der Wind? Das sind alles spannende und wichtige Fragen, auf die du in diesem Kapitel Antworten erhälst.

Und wenn du dich fragst, was das Thema Wetter mit der Physik zu tun hat – die Erklärungen für alle Wettererscheinungen liefert die Physik.

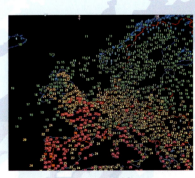

Wetter und Klima

1 So ein Wetter!

Das Wetter – tägliches Gesprächsthema
„Ist das heute ein Wetter!" „Mir geht das Wetter auf die Nerven!" – Bemerkungen wie diese kennst du bestimmt.

Das Wetter hat großen Einfluss auf unser Leben. Wir richten uns danach mit unserer Kleidung, mit dem, was wir in unserer Freizeit unternehmen, und wo wir Urlaub machen. Menschen, die im Freien arbeiten, sind besonders vom Wetter abhängig. Landwirte müssen sich z. B. bei der Bestellung der Felder und bei der Ernte sehr stark nach der Wetterlage richten.

Auch unser Wohlbefinden hängt vom Wetter ab. Wenn es im Sommer lange Zeit regnet und kühl ist, sind wir gereizt und schlecht gelaunt. Aber auch große Hitze kann uns zu schaffen machen.

Die Elemente des Wetters
Am Wetter interessiert uns hauptsächlich die Temperatur und ob es regnet. Wenn du dir aber einen Wetterbericht im Fernsehen ansiehst, dann bekommst du Informationen über weitere Bestandteile des Wetters: Da ist vom Wind und von der Bewölkung die Rede, manchmal auch vom Luftdruck und der Luftfeuchtigkeit. Das Wetter setzt sich wie ein Puzzle aus all diesen Teilen zusammen, die auch als **Wetterelemente** bezeichnet werden (▷ B 2). **[System, S. 217]**

Die „Wetterschicht" der Atmosphäre
Die Lufthülle der Erde bezeichnet man als Atmosphäre. Ähnlich wie ein Haus ist auch die Atmosphäre in Stockwerke eingeteilt. Das unterste Stockwerk ist die **Troposphäre**. Sie reicht bis in eine Höhe von etwa zehn Kilometern. In ihr findet das Wettergeschehen statt (▷ B 4).

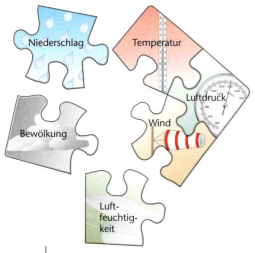

2 Die Elemente des Wetters

3 Das Wetter kann sich an einem Ort innerhalb von einer Stunde ändern.

Passagierflugzeuge fliegen in einer Höhe, die am oberen Rand der Wetterschicht liegt. Dort gibt es keine Niederschläge mehr und die Luft ist klar. Auch Winde erreichen diese Höhen meist nicht, sodass die Flugzeuge dort ruhig in der Luft liegen. Erst bei der Landung kann es „turbulent" werden.

Was ist Wetter?

Unter Wetter versteht man den augenblicklichen Zustand der Troposphäre (▷B 4). Wie ist die Temperatur, regnet oder schneit es? Welcher Luftdruck herrscht, wie hoch ist die Luftfeuchtigkeit? Wie stark weht der Wind, ist der Himmel bewölkt oder klar?

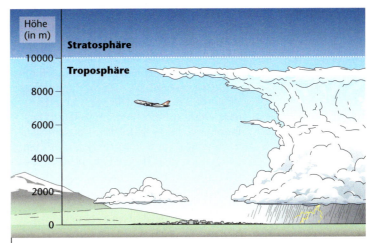

4 Die Wetterschicht der Atmosphäre

Das Wetter ist das Zusammenwirken der verschiedenen Wetterelemente (▷B 2) zu einem bestimmten Zeitpunkt an einem bestimmten Ort. Dabei kann es selbst innerhalb einer Stadt in einem Gebiet regnen, während in einem anderen Stadtteil bei wolkenlosem Himmel die Sonne scheint. Das Wetter kann sich sehr schnell ändern (▷B 3).

▶ Wetter ist das momentane Zusammenwirken der Wetterelemente an einem bestimmten Ort.

Was ist Klima?

Auch das Klima wird von den Wetterelementen bestimmt. Allerdings betrachtet man hier die Entwicklung von Temperatur, Niederschlägen usw. über sehr lange Zeiträume in einem großen Gebiet (z. B. Mitteleuropa). Aus den Messwerten berechnen die Meteorologen Durchschnittswerte für die Wetterelemente.

Große Gebiete der Erde, in denen diese Mittelwerte ähnlich sind, bilden eine **Klimazone**. Die verschiedenen Klimazonen ziehen sich wie „Bänder" um die Erde. Deutschland liegt z. B. in der gemäßigten Zone. Und obwohl in Hamburg und München dasselbe Klima herrscht, kann das Wetter in den beiden Städten zur gleichen Zeit vollkommen unterschiedlich sein.

▶ Das Klima ergibt sich aus den langjährigen Durchschnittswerten aller Wetterelemente eines großen Gebietes.

Ganz anders als bei uns ist z. B. das Klima im Mittelmeerraum, an den Polen oder am Äquator. Diese Gebiete liegen in anderen Klimazonen. Welche Klimazonen es auf der Nordhalbkugel gibt und über welche Gebiete der Erde sie sich erstrecken, zeigt Bild 5.

Aufgaben

1. Erkläre mit eigenen Worten, was man unter Wetter und unter Klima versteht.

2. In welche Klimazonen ist die Erde eingeteilt? In welcher Zone leben wir (▷B 5)?

3. Nimm einen Wetterbericht im Radio oder Fernsehen auf. Notiere welche Wetterelemente angesprochen werden. Fasse kurz zusammen, was dazu gesagt wird.

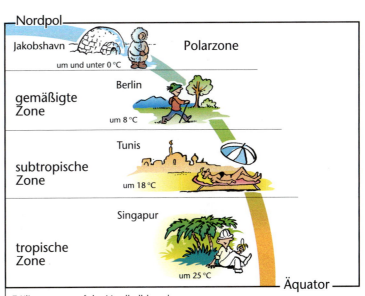

5 Klimazonen auf der Nordhalbkugel

Temperaturen – überall anders

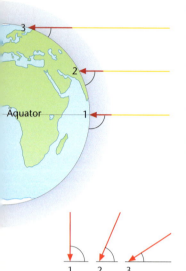

1 Die Sonnenstrahlung trifft mal steil und mal flach auf die Erdoberfläche.

Die Erde – ein beheizter Lebensraum

Die Sonne ist „Lampe" und „Heizstrahler" für unsere Erde. Sie spendet uns Licht und Wärme. An den Polen und am Äquator sind die Temperaturen zur selben Zeit aber ganz unterschiedlich. Grund dafür ist die Kugelform der Erde: Die Strahlung der Sonne fällt unterschiedlich steil auf die Erdoberfläche (▷ B 1). Diesen Zusammenhang kannst du in Versuch 1 überprüfen. Je nachdem, wie du die Lampe ausrichtest, wird die Pappe mehr oder weniger stark erwärmt. [Energie, S. 213]

Gleiches gilt für die Erdoberfläche: Am Äquator trifft die Sonnenstrahlung senkrecht auf. Dort erwärmt sich die Erdoberfläche stärker als im Bereich der Pole. Durch den steilen Einfall ist die Strahlung auf eine besonders kleine Fläche konzentriert (▷ B 4). Außerdem legt sie hier den kürzesten Weg durch die Atmosphäre zurück (▷ B 1). Je kürzer dieser Weg ist, desto mehr Strahlung erreicht den Erdboden.

Temperaturen im Verlauf eines Jahres

Die Temperaturen sind nicht nur zwischen den Polen und dem Äquator unterschiedlich. Sie ändern sich über das Jahr auch an einem festen Ort. Das liegt daran, dass die Sonne in den verschiedenen Jahreszeiten zur Mittagszeit unterschiedlich hoch am Himmel steht.

Schließlich verändern Dunst, Nebel oder Wolken die Sonneneinstrahlung. Das merkst du an einem warmen Sommertag, wenn sich eine Wolke vor die Sonne schiebt.

4 Je nach Einfallswinkel werden unterschiedlich große Flächen bestrahlt.

▶ Je mehr Sonnenstrahlung ein Gebiet der Erde erreicht, desto stärker wird es erwärmt. Entscheidend hierfür ist, ob die Strahlung steil oder flach einfällt, und wie lang der Weg durch die Atmosphäre ist.

Versuch

1 ▶ Beleuchte schwarze Pappe senkrecht von oben mit einer Lampe. Wiederhole den Versuch mit schräg gerichteter Lampe (▷ B 4). Prüfe mit der Hand, in welchem Fall die Pappe wärmer wird. Kannst du mithilfe deiner Beobachtung die Temperaturunterschiede auf der Erde erklären?

2 Regenwald

5 Wüste

3 Arktis

Schnittpunkt

Technik: Die Nutzung der Sonnenenergie

1 Wintergarten

3 Freibad mit Sonnenkollektoren

Mit der Sonne heizen

Manche Wohnhäuser haben einen Anbau aus Glas, einen Wintergarten. Dieser Raum erwärmt sich, wenn Sonnenstrahlung auf die Glasflächen trifft, so lassen sich Heizkosten einsparen.

[Energie, S. 213]

Der größte Teil der Sonnenstrahlung durchdringt die Glasflächen ungehindert und erwärmt den Boden und das Mobiliar. Ein Teil der aufgenommenen Energie wird über die Wärme- oder Infrarotstrahlung wieder abgegeben. Die Glasscheiben sind aber für Wärmestrahlung undurchlässig, sie reflektieren sie, sodass sich der Raum aufheizt. Nach diesem Prinzip funktionieren auch Gewächshäuser.

Solarzellen

Du hast bestimmt schon Parkscheinautomaten gesehen, die mit Solarzellen betrieben werden (▷ B 2). Solarzellen nutzen das Sonnenlicht, um elektrischen Strom zu erzeugen. Vereinzelt werden schon ganze Häuser auf diese Weise mit Strom versorgt.

2 Mit Solarzellen betriebener Parkscheinautomat

Der Nachteil dieser Technologie besteht darin, dass die Stromerzeugung wesentlich teurer ist als mit herkömmlichen Verfahren. Allerdings hat sie auch einen großen Vorteil, denn sie belastet die Umwelt nicht.

Sonnenkollektoren

Um ein Freibad zu heizen, ist Sonnenenergie ideal: Wenn viel Energie benötigt wird, steht gerade auch viel zur Verfügung. Bild 3 zeigt ein Freibad mit einer Kollektorheizung, die sich über eine Fläche von 400 m² erstreckt. Die Kollektoren sind die schwarz verkleideten Kästen, die du links hinter dem Becken siehst.

In jedem Kollektor befindet sich ein Rohr, das schlangenförmig unter der gesamten Fläche verlegt ist. Alle Kollektoren sind miteinander verbunden. Die Oberflächen der Kollektoren sind schwarz, weil dunkle Flächen das Licht sehr gut absorbieren und deshalb den größten Teil der auftreffenden Sonnenstrahlung aufnehmen. Das Badewasser wird durch die Kollektoren gepumpt und darin erwärmt. Die Pumpen springen an, sobald das Wasser in den Kollektoren wärmer ist als das Wasser im Becken.

Verglichen mit einer Ölheizung ist die Kollektoranlage deutlich günstiger: Über einen Zeitraum von 10 Jahren kostet die Kollektorheizung nur etwa halb so viel. Außerdem entstehen bei dieser Heizmethode keine Schadstoffe.

Aufgaben

1. Erkundige dich bei einem Heizungsinstallateur, was es kostet, ein Einfamilienhaus mit einem Sonnenkollektor zur Warmwasserbereitung auszustatten und wie viel Heizöl man dabei spart. Berechne, ob sich die Anschaffung in 10 Jahren finanziell lohnt.

2. Informiere dich, wo es Sonnenkraftwerke zur Stromerzeugung gibt, wie sie funktionieren und was sie leisten.

Luftfeuchtigkeit – Nebel – Wolken – Niederschläge

1 Regen – die häufigste Niederschlagsart

Die Luftfeuchtigkeit

An kalten Tagen beschlagen Fensterscheiben manchmal von innen und nach dem Duschen kannst du dich im Badezimmerspiegel meist nicht mehr sehen. In der Luft ist Wasser enthalten. Du kannst es in der Regel nicht sehen, weil es gasförmig vorliegt. Das Wasser gelangt z. B. durch die Verdunstung über Seen und Flüssen, aber auch über Wiesen und Feldern in die Luft.

Luft kann Wasser aufnehmen – und zwar umso mehr, je wärmer sie ist. Die Menge an Wasser in der Luft bezeichnet man als **Luftfeuchtigkeit**. Welche Wassermenge ein Würfel Luft mit einer Kantenlänge von 1 Meter – das sind 1 m³ (▷B 2) – bei einer bestimmten Temperatur höchstens auf-

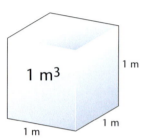

2 1 Kubikmeter (m³) Luft

Lufttemperatur in °C	Wassermenge in g/m³
+40	51
+30	30
+20	17
+10	9
0	5
−10	2
−20	1

3 Maximale Wasserdampfmenge in 1 m³ Luft

nehmen kann, kannst du in der Tabelle in Bild 3 nachlesen. Wenn dieser Wert erreicht ist, dann ist die Luft **gesättigt**.

Wolkenbildung und Niederschläge

Warme Luft kühlt sich beim Aufsteigen ab. Kalte Luft kann aber nicht so viel Wasser speichern wie warme Luft (▷B 3). Das überschüssige Wasser sammelt sich zunächst in winzigen, schwebenden Tröpfchen. Diese Tröpfchen bilden die Wolken. Das ist ein Vorgang ähnlich dem Beschlagen des kalten Badezimmerspiegels.

5 Ein Modell für die Entstehung von Niederschlägen

Die Tröpfchen innerhalb der Wolken können zu größeren Tropfen „zusammenfließen". Wenn sie zu groß werden, dann können die Tropfen nicht mehr schweben. Sie fallen zur Erde.

Niederschlagsarten

In unseren Breiten ist der Regen die häufigste Niederschlagsart (▷B 1). Beträgt die Lufttemperatur zwischen Wolken und Erdboden durchgehend weniger als 0 °C, erreichen die Niederschläge die Erdoberfläche in Form von Eiskristallen oder Schnee. Hagelkörner entstehen vor allem in Gewitterwolken. Dort können die Eiskristalle sehr groß werden. Taut Schnee in hohen Wolken an und gefriert dann wieder, bilden sich kleinere Eiskörner – der Graupel. Auch Nebel ist eine Niederschlagsart.

Niederschlagsmessung

Wie die Temperatur sind auch die Niederschläge ein wichtiges Wetterelement. Gemessen werden sie mit einem Messzylinder, in dem sich das Wasser sammelt. Am Abend liest der Meteorologe die Höhe

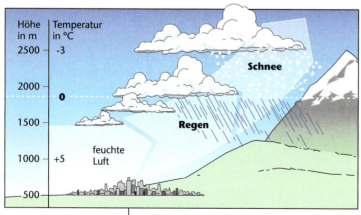

4 Entstehung von Steigungsregen

Versuche

1 Fülle ein Glas zur Hälfte mit warmem Wasser und ein anderes zur Hälfte mit Eiswürfeln und Wasser. Lasse die Gläser eine halbe Stunde stehen. Beschreibe und erkläre deine Beobachtung.

2 Fülle einen Topf zu einem Drittel mit Wasser. Lege den Deckel auf den Topf und erhitze das Wasser bis es siedet. Hebe den Deckel schräg an (sei vorsichtig und verwende einen Topflappen). Fange das heruntertropfende Wasser in einem Glas auf (▷B 5). Erkläre den Zusammenhang zwischen dem Versuch und der Verdunstung, der Wolkenbildung und dem Niederschlag auf der Erde.

der Wassersäule in Millimetern ab. Um die Niederschlagsmenge eines Monats zu bestimmen, zählt er die Messwerte der einzelnen Tage zusammen. Zeichnerisch werden die Niederschlagswerte in Säulendiagrammen dargestellt (▷ B 6).

Aufgaben

1. In 1 m³ Luft (20 °C) sind 10 g Wasser enthalten. Die Luft kühlt sich auf 10 °C ab (▷ B 3). Was passiert?

2. Betrachte Bild 4. Erkläre den Zusammenhang zwischen Luftfeuchtigkeit, Wolkenbildung, Regen und Schnee bei der Entstehung von Steigungsregen.

3. a) Berechne die Jahresniederschläge für die in der Tabelle (▷ B 7) angegebenen Stationen. Schlage im Atlas nach, in welcher Klimazone Bilma liegt.
   b) Zeichne mithilfe der Tabelle die Niederschlagsdiagramme für beide Städte.

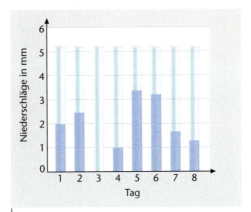

6 Niederschlagsdiagramm von Köln (Tagesniederschläge)

Station	J	F	M	A	M	J	J	A	S	O	N	D
Köln	46	39	38	49	73	92	80	75	64	47	46	38
Bilma (Niger)	1	0	0	0	1	1	3	10	5	2	1	0

7 Monatsniederschläge in mm von Köln und Bilma

Werkstatt

Geräte für die Wetterbeobachtung

1 Bau eines Luftfeuchtigkeitsmessers

Material
Ein Stück Pappe, große Kiefernzapfen, Trinkhalm, Knetmasse, Stift

Versuchsanleitung
Knicke die Pappe so, dass eine Hälfte als Boden, die andere als Rückwand dient. Stecke den Trinkhalm auf einen der Schuppen des Kiefernzapfens; er dient als Zeiger. Befestige den Zapfen mit Knetmasse auf der Pappe (▷ B 1). Zeichne auf der Rückwand eine Skala auf.
Dein Messgerät funktioniert folgendermaßen: Steigt die Luftfeuchtigkeit, schließen sich die Schuppen, nimmt die Luftfeuchtigkeit ab, öffnen sie sich. Mithilfe deines Messgeräts kannst du schon kleine Unterschiede erkennen.

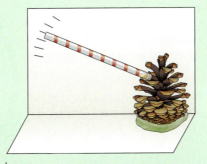

1 Ein Gerät zur Messung der Luftfeuchtigkeit

2 Bau eines Niederschlagsmessers

Material
Trinkglas, Millimeterpapier, Klebstoff, Schere

Versuchsanleitung
Voraussetzung für eine genaue Messung ist, dass das Trinkglas eine gerade Wand und einen ebenen Boden besitzt.

Schneide aus dem Millimeterpapier einen etwa 1 cm breiten Streifen und ziehe alle 5 Millimeter einen Strich; damit erleichterst du dir später das Ablesen der Werte.
Klebe den Streifen so auf das Glas, dass sich der Nullpunkt der Skala am Boden des Glases befindet.

Stelle deinen Niederschlagsmesser im Freien auf und lies jeden Tag die Niederschlagsmenge ab. Halte dazu das Glas auf Augenhöhe. Trage die Messwerte in eine Tabelle ein und erstelle ein Säulendiagramm aus den Werten.

2 Ein Niederschlagsmesser – einfach selbst gebaut

Der Luftdruck

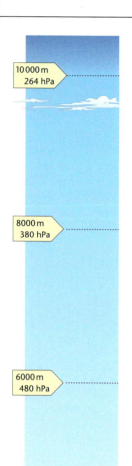

10 000 m 264 hPa

8000 m 380 hPa

6000 m 480 hPa

4000 m 630 hPa

2000 m 790 hPa

0 m 1013 hPa
Meereshöhe

1 Der Luftdruck sinkt mit steigender Höhe.

2 Ein „Luftmeer" umgibt die Erde

Luft – ein unsichtbarer Stoff
Die Erde ist von einer Lufthülle umgeben, der Atmosphäre (▷ B 2). Sie reicht bis in eine Höhe von 400 km.

Luft selbst können wir nicht sehen. Aber wir können die Auswirkungen von Luftbewegungen sehen: Ein schwacher Luftzug wirbelt Blätter umher, stürmische Luftbewegungen können Bäume entwurzeln oder Dächer abdecken.

Die Atmosphäre – ein Luftmeer
Wenn du schon mal im Wasser etwas tiefer getaucht bist, hast du Druck auf den Ohren gespürt. Je mehr Wasserteilchen über dir sind, desto mehr Druck lastet auf deinem Körper. Das nennt man den Wasserdruck (▷ B 5).
Ganz ähnlich ist es, wenn du dich in der Atmosphäre, dem „Luftmeer" bewegst. Auch die Luftteilchen üben einen Druck auf deinen Körper aus. Das bezeichnet man als Luftdruck.
[Wechselwirkung, S. 218]

Wenn du mit einem Aufzug hoch hinauf oder hinunter fährst, spürst du den Druckunterschied in deinen Ohren. Denn wie beim Tauchen im Wasser nimmt in der Luft der Luftdruck auch nach unten hin zu und nach oben hin ab.

Hektopascal
Der Luftdruck hat – wie alle Größen in der Physik – natürlich auch eine Einheit. Er wird in Hektopascal (hPa) gemessen (h steht für hekto, griech.: 100, 1 hPa = 100 Pa). Auf der Höhe des Meeresspiegels ist der Luftdruck am größten. Dort herrscht ein durchschnittlicher Druck von 1013 hPa. Dieser Wert wird als Normaldruck bezeichnet. Gemessen wird der Luftdruck mit dem Barometer. Die heute gebräuchliche Form ist das Dosenbarometer (▷ B 4).

> Die Luftteilchen üben einen Druck aus. Das bezeichnet man als Luftdruck. Mit zunehmender Höhe nimmt der Luftdruck ab.

4 Das Barometer

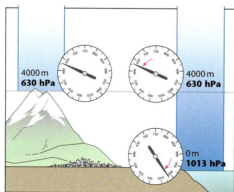

3 Unterschiedlich hohe Luftsäulen – unterschiedlich großer Luftdruck

5 Die Taucherin spürt den Wasserdruck

Werkstatt

Luftdruck – messen und erfahren

Die folgende Anleitung zeigt dir, wie du ein einfaches Barometer selbst bauen kannst. Mit diesem Messgerät kannst du Veränderungen des Luftdrucks feststellen.

1 Ein selbst gebautes Barometer

Material
Flasche mit großer Öffnung (z. B. eine Saftflasche), Luftballon, Schere und Lineal, Trinkhalm, Tonpapier, Gummiband, Klebstoff

Bauanleitung
Schneide den Hals des Luftballons ab (▷ B 1). Spanne den Ballon straff über die Öffnung der Flasche und befestige ihn mithilfe des Gummibands. Achte darauf, dass die Öffnung der Flasche luftdicht verschlossen ist (▷ B 2).

Klebe den Trinkhalm auf die Mitte der gespannten Ballonfläche.

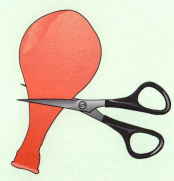

1 Zuschneiden des Luftballons

2 Der Luftballon wird über die Öffnung der Flasche gespannt

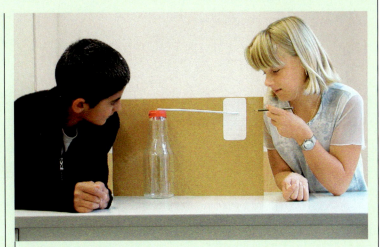

3 Das Barometer im Einsatz

Klebe eine Rückwand aus Tonpapier an die Flasche und zeichne eine Skala ein (▷ B 3).

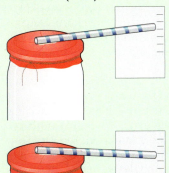

4 Zeigerausschlag bei hohem (oben) und niedrigem Luftdruck (unten)

Stelle dein Barometer an einem schattigen Platz auf, es sollte nicht in der Sonne oder in der Nähe der Heizung stehen.
Beobachte die Veränderung des Luftdrucks mit deinem Barometer über einen längeren Zeitraum. Überlege, wie dein Barometer funktioniert.

2 Luft oder Wasser – wer gewinnt?

Material
Trinkglas, Wasser, Blatt Papier

Tipp: Führe den Versuch im Freien oder über einer Badewanne durch.

Versuchsanleitung
Fülle ein Trinkglas randvoll mit Wasser. Decke es mit einem glatten Blatt Papier ab, das etwas größer ist als die Öffnung des Glases. Achte darauf, dass du keine Luftblase einschließt.

Halte das Papier mit einer Hand fest. Drehe das Glas vorsichtig um, sodass die Öffnung nach unten zeigt. Nimm jetzt vorsichtig die Hand unter dem Papier weg (▷ B 5). Beschreibe was passiert und erkläre das Ergebnis.

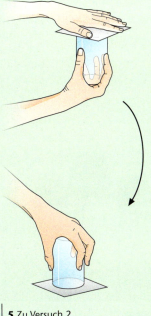

5 Zu Versuch 2

Wind – sich bewegende Luft

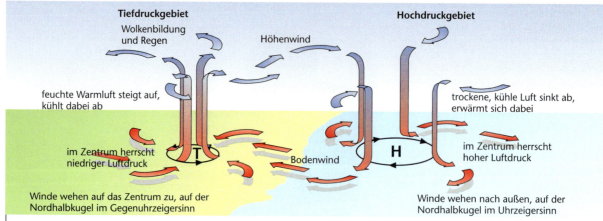

1 Die Entstehung von Wind

Wie entsteht Wind?
Du verbringst einen heißen Sommertag am Strand. Der Sand und das Wasser werden gleichermaßen von der Sonne beschienen. Wenn du barfuß durch den Sand läufst, verbrennst du dir fast die Fußsohlen. Das Wasser aber ist kühl. Der Sand hat sich also stärker erwärmt als das Wasser. Wegen der stärkeren Erwärmung des Sands erwärmt sich auch die Luft darüber stärker als über dem Wasser. Und das ist eine Ursache für Wind.

Warme Luft dehnt sich aus und die Luftteilchen steigen auf. Am Boden verringert sich dadurch der Luftdruck. Die Druckunterschiede zwischen der kühlen Luft über dem Wasser und der warmen Luft über dem Sand werden durch eine Luftströmung – den Wind – ausgeglichen.

Vom Hoch zum Tief
Was am Beispiel der Sandküste beschrieben wurde, passiert auch großräumig auf der gesamten Erde. Winde entstehen durch die unterschiedlich starke Erwärmung verschiedener Gebiete der Erde. In Gebieten, in denen Warmluft vom Boden aufsteigt, nimmt der Luftdruck am Boden ab. Dort herrscht Tiefdruck. Wo kalte Luft absinkt, sind die Verhältnisse umgekehrt. Am Boden entsteht ein Hochdruckgebiet. Zwischen einem Hoch und einem Tief findet ein Druckausgleich statt. Dabei strömt Luft vom **Hochdruckgebiet** (H) zum **Tiefdruckgebiet** (T). Diese Luftströmung bezeichnen wir als Wind (▷ B 1; B 2). Aufgrund der Erddrehung bewegt sich die Luft aber nicht direkt vom Hoch zum Tief. Auf der Nordhalbkugel strömt sie im Uhrzeigersinn aus dem Hoch heraus und gegen den Uhrzeigersinn ins Tief hinein. Auf der Südhalbkugel ist es gerade umgekehrt. **[Wechselwirkung, S. 218]**

> Hoch- und Tiefdruckgebiete entstehen durch unterschiedlich starke Erwärmung verschiedener Gebiete der Erde. Es findet ein Druckausgleich statt, indem Luft vom Hoch- zum Tiefdruckgebiet strömt. Diese Luftströmung wird als Wind bezeichnet.

Luft – ein gasförmiger Körper
Du hast bereits gelernt, dass alle Stoffe aus kleinsten Teilchen bestehen. Das gilt auch für Luft. Bei gasförmigen Körpern wie der Luft haben die Teilchen einen großen Abstand voneinander und können sich frei bewegen. Daher ist Luft ein sehr beweglicher Körper, was sich bei Wind oder starken Stürmen zeigt.

2 Sturm

3 Vom Westwind verformte Bäume

Aufgaben

1. Erkläre, wie Hoch- und Tiefdruckgebiete entstehen.

2. Wie bewegt sich Luft von einem Hoch zu einem Tief? Fertige eine Skizze an. Lege in der Skizze drei Punkte fest und bestimme dort die jeweilige Windrichtung.

Schnittpunkt

Erdkunde: Was der Wind so treibt

Vom Winde verweht

Der Wind spielt bei der Verbreitung von Samen eine wichtige Rolle. Viele Früchte und Samen haben spezielle Einrichtungen, durch die sie möglichst weit von ihrer Mutterpflanze fortgetragen werden können.

Die Samen von Ahorn und Kiefer haben „Flügel", welche die Frucht in eine kreiselnde Bewegung versetzen. Solche Schraubenflieger können länger und damit auch weiter fliegen. Auch Schirmflieger wie Löwenzahn und Distel nutzen den Wind als Transportmittel. Ihre „Fallschirme" hast du bestimmt schon gesehen.

Segeln und Surfen

Segeln und Surfen gehören zu den Freizeitbeschäftigungen, für die Wind benötigt wird (▷ B 2).

Bevor es für die Schiffe Maschinen gab, mussten diese mit Rudern oder durch die Kraft des Windes vorangetrieben werden. Auch Christoph Kolumbus unternahm seine Entdeckungsreisen mit Segelschiffen (▷ B 3). Zur damaligen Zeit waren windstille Gebiete von den Seefahrern besonders gefürchtet. Geriet ein Schiff in ein solches Gebiet, lag es oft wochenlang auf der Stelle. Dabei konnten Trinkwasser und Nahrungsvorräte knapp werden.

1 Windkraftanlage

2 Windsurfer

Wind erzeugt Strom

Der Wind weht vor allem an den Küsten und in den Höhen der Mittelgebirge ständig und kräftig. Dort werden immer mehr Windkraftanlagen errichtet (▷ B 1). An der Spitze des Turms sind Rotorblätter angebracht, die im Durchschnitt etwa 45 m lang sind. Diese Rotorblätter werden vom Wind in Bewegung versetzt und treiben einen Generator an. Ein Generator ist ein sehr großer Dynamo. Wie der Dynamo an deinem Fahrrad erzeugt auch der Generator elektrischen Strom, wenn er angetrieben wird.

3 Ein altes Segelschiff

Wenn der Wind zum Orkan wird

So nützlich der Wind ist, er kann auch verheerende Schäden verursachen. Wenn er sich zu einem Orkan entwickelt, kann er Schiffe auf hoher See zum Kentern bringen, ganze Wälder wie Streichhölzer knicken und Häuser zerstören. Treibt ein Orkan Wasser gegen die Küsten, besteht die Gefahr einer Sturmflut.

Andere gefährliche Formen von Wind sind Taifune, die in Südostasien auftreten, und Tornados, die in den USA vorkommen. Mit Windgeschwindigkeiten von bis zu 300 Kilometern pro Stunde verwüsten diese Wirbelstürme fast alles, was ihnen in den Weg kommt.

Schnittpunkt

Erdkunde: Kreisläufe beim Wetter

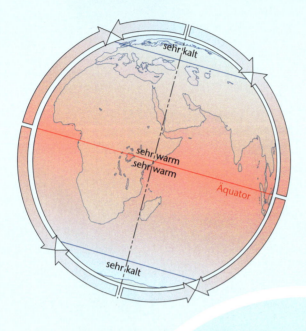

Was ist ein Kreislauf?
Es ist Herbst. Draußen stürmt es heftig. Daniel steht mit seinem Vater am Fenster: „Ist das ein Sturm! Woher kommt der starke Wind, der an unserem Haus vorbei fegt? Kann sich die Luft irgendwo sammeln? Und was passiert an dem Ort, aus dem der Wind kommt? Dort entstehen doch keine Luftlöcher!"
„Nein", erklärt sein Vater, „die Luft um die gesamte Erde herum ist in ständiger Bewegung. Sie bewegt sich in Kreisläufen. Genauso wie jemand, der z. B. im Stadion seine Runden dreht. Er startet an einem Punkt, läuft herum und kommt wieder am Start vorbei. Habt ihr nicht vor einiger Zeit in der Schule über den Kreislauf des Wassers gesprochen?" „Ja", sagt Daniel. „Durch die Wärme der Sonne verdunstet das Wasser auf der Erde. Es steigt auf und bildet Wolken. Diese Wolken werden vom Wind weggeweht und regnen an anderer Stelle ab (▷ B 1). Ist das Wasser wieder auf der Erde angekommen, kann es erneut verdunsten." [System, S. 217].

Luft bewegt sich im Kreis
Weil die Luft sich in Kreisläufen um die Erde bewegt, findet auch ein Temperaturausgleich zwischen den kalten Gebieten an den Polen und den warmen Gebieten in der Nähe des Äquators statt. Du hast schon gelernt, was Wärmetransport ist. Eine Möglichkeit des Wärmetransports ist die Wärmeströmung – und die findet hier statt. Ohne diese Wärmeströmung wären die Temperaturunterschiede auf der Erde viel größer.

Aufgabe

1 Welche weiteren Kreisläufe kennst du? Benenne sie und erkläre, was sich dabei „im Kreis bewegt".
Erstelle eine Übersicht über die verschiedene Kreisläufe. Führe Gemeinsamkeiten und Unterschiede auf.

2 Beschreibe mit eigenen Worten den Kreislauf des Wassers.

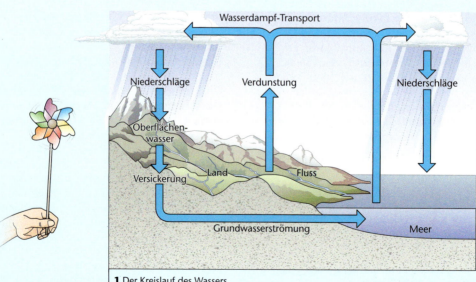

1 Der Kreislauf des Wassers

Werkstatt

Wetterbeobachtung und -aufzeichnung

Material
Heft, Stifte, Lineal, Thermometer, Barometer, Niederschlagsmesser, Kompass, Wollfaden

Mit diesem Versuch kannst du dich selbst als Meteorologe versuchen. Miss dazu über einen längeren Zeitraum (zum Beispiel über 4 Wochen) die Werte verschiedener Wetterelemente und zeichne die Daten auf.
Wichtig ist, dass du die Messwerte jeden Tag zur gleichen Uhrzeit abliest.

Versuchsanleitung
Übertrage den Wetterbeobachtungsbogen (▷ B 2) in dein Heft.

a) *Temperaturmessung*
Hänge das Thermometer draußen an einem schattigen Platz auf. Achte darauf, dass du das Thermometer beim Ablesen der Messwerte immer auf Augenhöhe hältst (▷ B 1).

1 Richtiges Ablesen der Temperatur

Lies die Temperatur zu drei verschiedenen Tageszeiten ab (zum Beispiel um 7 Uhr, um 14 Uhr und um 21 Uhr). Trage die Messwerte in die Tabelle ein. Am Ende des Tages kannst du die Tagesmitteltemperatur berechnen.

b) *Messung des Luftdrucks*
Das Barometer solltest du an einem Platz aufhängen, der vor Sonne und Regen geschützt ist. Lies die Anzeigewerte des Messgeräts einmal täglich ab und trage sie in die Tabelle ein.

c) *Niederschlagsmessung*
Stelle den Niederschlagsmesser möglichst frei auf, also nicht in der Nähe einer Hauswand oder anderer Gegenstände. Entleere das Messgerät nach dem Ablesen.

d) *Bestimmung der Windrichtung*
Bevor du die Windrichtung bestimmen kannst, musst du mit einem Kompass die Himmelsrichtungen zuordnen.

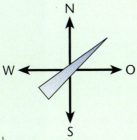

3 Wind aus Südwest

Lasse dann am ausgestreckten Arm einen leichten Wollfaden herunterhängen. Er zeigt an, aus welcher Richtung der Wind weht (▷ B 4). Bestimme die Windrichtung zweimal täglich, einmal am Vormittag und einmal am Nachmittag. Notiere das Ergebnis in der Tabelle. Trage dazu die Himmelsrichtungen ein und einen Pfeil, der die Windrichtung anzeigt.

4 Bestimmung der Windrichtung

e) *Aufzeichnung der Bewölkung*
Die Bewölkung wird je nach Stärke durch einen teilweise bis vollständig ausgemalten Kreis (▷ B 5) dargestellt. Bestimme den Grad der Bewölkung ebenfalls am Vormittag und Nachmittag.

○ wolkenlos
◔ heiter
◐ halb bedeckt
◕ wolkig
● bedeckt

5 Bewölkung

Aufgabe
Vergleiche nach Abschluss deiner Wetterbeobachtung deine Ergebnisse mit denen deiner Mitschüler. Stimmen eure Werte überein? Diskutiert, welche Ursachen unterschiedliche Ergebnisse haben könnten.

Tag	Temperatur (in °C)				Niederschlag (in mm)	Luftdruck (in hPa)	Windrichtung		Bewölkung	
	7.00	14.00	21.00	Tagesmitteltemperatur			vormittags	nachmittags	vormittags	nachmittags

2 In den Wetterbeobachtungsbogen werden die Messwerte eingetragen.

Zeichen am Himmel

1 Federwolken

2 Haufenwolken

3 Gewitterwolke

Wie wird das Wetter?
Um eine Vorhersage für das Wetter machen zu können, müssen Wetterdaten gesammelt und ausgewertet werden. Es gibt aber auch „Zeichen", mit deren Hilfe du selbst eine einfache Wettervorhersage treffen kannst. Dazu gehören z. B. bestimmte Wolkenformen.
Auch der Luftdruck, der großen Einfluss auf das Wetter hat, wird durch gewisse Erscheinungen angezeigt. Bei hohem Luftdruck lösen sich Wolken auf. Der Himmel ist meist klar und es ist sonnig. Geringer Luftdruck ist fast immer mit Wolken, Wind und Niederschlägen verbunden.

Die Schwalben fliegen tief
Was haben Schwalben mit dem Wetter zu tun? Eigentlich nichts. Allerdings gibt die Flughöhe der Schwalben einen Hinweis auf die Wetterentwicklung: Schwalben ernähren sich von Insekten, die sie im Flug fangen. Diese Insekten bevorzugen einen bestimmten Luftdruck und richten ihre Flughöhe danach. Bei hohem Luftdruck halten sie sich in größerer Höhe auf, bei niedrigem Druck am Boden. Wenn du die Schwalben an einem schönen Sommertag nah über dem Boden Insekten jagen siehst, weißt du, dass niedriger Luftdruck herrscht. Es wird also bald Regen geben.

Kondensstreifen hinter Flugzeugen
Es gibt ein weiteres Zeichen am Himmel, an dem du die Wetterlage erkennen kannst: Betrachte die Kondensstreifen, die sich hinter Flugzeugen in großer Flughöhe bilden. Herrscht Hochdruck, lösen sie sich sofort auf.
Versuche nun einmal vorherzusagen wie das Wetter wird, wenn sich die Kondensstreifen nicht auflösen (▷ B 4).

4 Kondensstreifen am Himmel

Schnittpunkt

Geschichte: Bauernregeln

5 Schichtwolken

Wolkenbeobachtung
Wolken sagen eine Menge über die Entwicklung des Wetters in den folgenden Stunden aus:
Zeigen sich feine Federwölkchen am blauen Himmel, geht das schöne Wetter meist zu Ende (▷ B 1). Diese weißen Schleier sind die Vorboten des Regenwetters. Haufenwolken (▷ B 2), die sich wie weiße Watteflocken über den Himmel bewegen, sind ungefährlich. Aus ihnen fällt nur sehr selten Regen. Sie werden auch als Schönwetterwolken bezeichnet.

An einem heißen Sommertag kann sich eine solche Schönwetterwolke auch mal verändern: Wenn sie sich sehr hoch auftürmt, nach oben verbreitert und immer weiter ausfranst, dann solltest du einen sicheren Ort aufsuchen. Es bildet sich nämlich eine Gewitterwolke (▷ B 3), die Blitz und Donner und heftige Regenfälle bringt. Bei tief hängender dunkler Schichtbewölkung (▷ B 5) ist mit lang andauernden und ergiebigen Niederschlägen zu rechnen.

Morgenrot – viel Regen droht
Ein kräftiges Morgenrot kündigt oft einen verregneten Tag an. Die rote Färbung des Himmels bei Sonnenaufgang entsteht, wenn die Luft viel Feuchtigkeit enthält. Es ist sehr wahrscheinlich, dass sich im Laufe des Tages daraus Regenwolken bilden.

Aufgabe
1 Recherchiere im Internet zum Thema Bauernregeln. Wenn jeder in der Klasse eine Bauernregel auf ein Blatt schreibt und das Blatt noch mit einer Zeichnung schön farbig gestaltet, könnt ihr alle diese Blätter zu einem „Buch" zusammenstellen, das ihr in der Klasse auslegt.

Zum richtigen Zeitpunkt säen und ernten
Schon immer waren Bauern und Gärtner darauf angewiesen, das Wetter richtig einzuschätzen. Für sie ist es wichtig, den richtigen Zeitpunkt zum Säen und Ernten zu bestimmen. Deshalb beobachteten die Menschen das Wettergeschehen sehr genau. Allein in Europa gibt es mehrere tausend Wetter- oder Bauernregeln. Wiederkehrende Wettererscheinungen wurden meist in Reimform festgehalten und von Generation zu Generation weitergegeben.

Wetter, Tiere und Pflanzen
Vor einem Wetterwechsel kann man bei Tieren oder Pflanzen oft ein bestimmtes Verhalten beobachten. Viele Bauernregeln stützen sich auf solche Beobachtungen. Manche Regeln beziehen sich nur auf die nächsten Tage. Andere sagen dagegen das Wetter der nächsten Wochen oder Monate voraus. Noch heute schauen wir auf den „Siebenschläfertag" am 27. Juni: „Regnet's am Siebenschläfertag, so regnet's sieben Wochen nach." Erfahrungsgemäß hält das Wetter, das Ende Juni herrscht, über mehrere Wochen an. Wenn also ein kräftiges Tiefdruckgebiet um diese Zeit für viel Regen sorgt, regnet es meist über Wochen weiter.

Bauern- und Wetterregeln

Frösche auf Wegen und Stegen bringen Regen.

Viel Nebel im Februar, viel Regen im ganzen Jahr.

Wenn die Ameisen sich verkriechen, werden wir bald Regen kriegen.

Bringt der Juli heiße Glut, gerät auch der September gut.

Wenn die Mücken im Schatten spielen, werden wir bald Regen fühlen.

Wetterbericht und Wetterkarte

1 Wetterballon

2 Wettermessboje

Wetterdaten werden gesammelt

Bevor eine Wettervorhersage gemacht werden kann, muss eine Wetterbeobachtung durchgeführt werden. Dazu sammelt man die Wetterdaten innerhalb eines größeren Gebietes.

Ganz Deutschland ist von einem dichten Netz von Wetterstationen überzogen. Außerdem gibt es über das Land verteilt zahlreiche Wetterämter.
Die Wetterämter sammeln die Messdaten aller Wetterstationen in ihrer Region. Diese Daten werden dann an das Zentralamt des Deutschen Wetterdienstes nach Offenbach übermittelt und dort weiterverarbeitet.

Zusätzliche Informationen liefern Wettersatelliten, Wetterballons (▷ B 1) und Messbojen (▷ B 2) im Meer.

Austausch von Wetterdaten

Zu den Wetterdaten gehören Angaben über Lufttemperatur, Luftdruck, Luftfeuchtigkeit, Bewölkung, Windrichtung und Windstärke. Diese Daten werden zwischen verschiedenen Wetterämtern ausgetauscht.

Der Austausch von Informationen erfolgt weit über die Landesgrenzen hinaus, denn auch die Wetterdaten angrenzender Staaten sind wichtig für die Erstellung von Wetterkarte und Wettervorhersage.

3 Hier wird das Wetter „gemacht".

Aufgaben

1 a) Wie werden Wetterdaten gesammelt und gespeichert?
b) Nicht nur die Wetterstationen am Boden liefern Daten über die Wetterelemente. Welche weiteren Informationsquellen kennst du?
c) Was muss getan werden, bevor der Wetterbericht erstellt wird?

2 Sammle aus unterschiedlichen Zeitungen Wetterberichte.
a) Über welche Wetterelemente werden Aussagen gemacht?
b) Stimmen die Aussagen überein?

3 Vergleiche an mehreren aufeinander folgenden Tagen die Wettervorhersage mit dem tatsächlichen Wettergeschehen. Kannst du Unterschiede feststellen?

4 Die Bilder 4 und 5 zeigen die gleiche Wettersituation, einmal auf einer amtlichen Wetterkarte und einmal als Satellitenaufnahme.
a) Vergleiche die beiden Darstellungen und beantworte folgende Fragen:
Wie ist zum angegebenen Zeitpunkt das Wetter in Berlin, München, Oslo, Madrid und London? Mache Aussagen über Niederschlag, Bewölkung, Windrichtung und Windstärke. Welcher Luftdruck herrscht in London und Madrid?
Verfolge die schwarzen Linien. Sie verbinden Orte gleichen Luftdrucks miteinander. Diese Linien heißen Isobaren (Zonen gleichen Drucks).
b) Versuche anhand von Bild 4 vorherzusagen, wie sich das Wetter in den nächsten Tagen in München entwickeln wird.

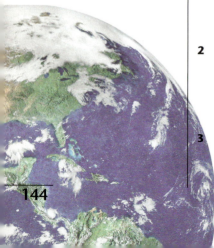

Wetterbericht und Wetterkarte

Wetterkarte und Wettervorhersage

Alle drei Stunden erstellt ein Computerprogramm aus den gespeicherten Wetterdaten eine Wetterkarte (▷ B 4). Sie beschreibt die momentane Wettersituation in einem bestimmten Raum.
Wenn der Meteorologe nun mehrere zeitlich aufeinander folgende Wetterkarten vergleicht, dann kann er aus den Veränderungen des Wetters eine Wettervorhersage treffen.

Genauigkeit der Vorhersage

Das Wetter wird von vielen Faktoren beeinflusst. Daher ist es schwierig, eine genaue Vorhersage zu machen.

Man unterscheidet zwischen kurzfristigen Wettervorhersagen (die für 24 Stunden gültig sind), mittelfristigen (für 3 bis 10 Tage gültig) und langfristigen Wettervorhersagen (gültig für mehr als 10 Tage).

Dabei wird die Genauigkeit der Vorhersage immer geringer, je länger der Zeitraum ist, für den die Vorhersage gelten soll. Kurzfristige Vorhersagen sind in etwa neun von zehn Fällen richtig. Bei Vorhersagen über Zeiträume von mehr als drei Tagen sinkt die Genauigkeit: Nur noch in der Hälfte aller Fälle entwickelt sich das Wetter so, wie es in der Vorhersage beschrieben wurde.

4 Satellitenaufnahme vom 27.08.2005, 12 Uhr

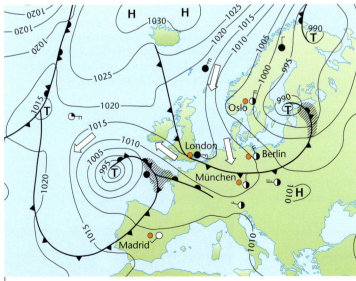

5 Wetterkarte vom 27.08.2005, 12 Uhr

Schlusspunkt

Wetter bei uns und anderswo

▶ Was ist Wetter, was ist Klima?

Wetter ist das augenblickliche Zusammenwirken der Wetterelemente an einem bestimmten Ort. Zu den Wetterelementen gehören Temperatur, Niederschlag, Luftdruck, Wind und Bewölkung.

Das Klima ergibt sich aus langjährigen Beobachtungen der Wetterelemente. Klimadiagramme geben die zeitlich und über einen großen Raum gemittelten Werte dieser Größen an.

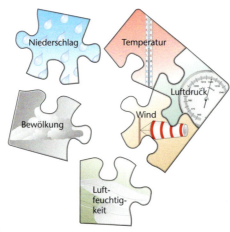

1 Die Elemente des Wetters

▶ Temperaturen auf der Erde

Die Erde wird zwischen den Polen und dem Äquator unterschiedlich stark erwärmt.

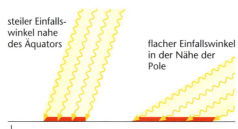

2 Je nach Einfallswinkel werden unterschiedlich große Flächen bestrahlt.

Aber auch an einem festen Ort haben die Jahreszeiten und die Tageszeiten Einfluss auf die Temperatur: Sie hängt davon ab, ob die Sonnenstrahlung steil oder unter einem flachen Winkel einfällt.

▶ Luftfeuchtigkeit, Wolken und Niederschläge

In der Luft ist Wasserdampf enthalten. Der Gehalt an Wasserdampf in der Luft – die Luftfeuchtigkeit – wird mit dem Hygrometer gemessen.

Wenn feuchte Luft aufsteigt, kommt es in höheren, kälteren Luftschichten zur Bildungen von Wassertröpfchen. Wenn sich die feinen Wassertröpfchen zusammenschließen, bildet sich Niederschlag. Niederschläge treten in Form von Nebel, Regen, Schnee, Hagel oder Graupeln auf.

▶ Der Luftdruck

Die Lufthülle übt aufgrund ihres Gewichts einen Druck aus, den man als Luftdruck bezeichnet. Er wird mit dem Barometer gemessen und in der Einheit Hektopascal (hPa) angegeben. Mit zunehmender Höhe nimmt der Luftdruck ab.

Ein Gebiet mit hohem Luftdruck heißt Hochdruckgebiet (H), eines mit niedrigem Druck Tiefdruckgebiet (T).

▶ Wind – Luft in Bewegung

Hoch- und Tiefdruckgebiete entstehen durch unterschiedlich starke Erwärmung verschiedener Bereiche der Erdoberfläche.

Zwischen einem Hochdruckgebiet und einem Tiefdruckgebiet findet durch eine Luftströmung ein Druckausgleich statt. Diese Luftströmung wird als Wind bezeichnet.

▶ Wetterbericht und Wetterkarte

Um einen Wetterbericht und eine Wetterkarte erstellen zu können, werden Wetterdaten gesammelt und in Computern verarbeitet. Es entstehen die Wetterkarten, die als Grundlage für die Wettervorhersage dienen.

Heute gibt es in weiten Teilen der Erde ein dichtes Netz von Wetterstationen. Auch Satelliten beobachten die Entwicklung des Wetters. Daher sind inzwischen sehr genaue Wettervorhersagen möglich.

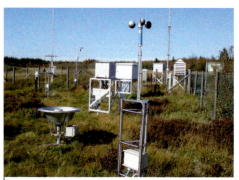

3 Wetterstation

Aufgaben

1. Warum sind die Temperaturen unterschiedlich
   a) innerhalb eines Tages
   b) im Verlauf eines Jahres?

2. Nenne Beispiele für die Nutzung der Sonnenenergie.

4 Zu Aufgabe 2

3. Wie kommt es zur Bildung von Nebel und Wolken?

4. Warum fallen aus einigen Wolken Niederschläge, aus anderen aber nicht? Begründe in kurzen Sätzen.

5. Erkläre mit eigenen Worten, was man unter gesättigter Luft versteht.

6. Mit welchem Gerät wird die Luftfeuchtigkeit gemessen?

7. Bei einem Urlaub am Meer stellst du fest, dass der Wind tagsüber meist vom Meer in Richtung Land weht (▷ B 5). Erkläre deine Beobachtung.

8. Was ist die Ursache für Wind?

5 Zu Aufgabe 7

9. Erkläre mit eigenen Worten, was man unter dem Luftdruck versteht.

10. Wie heißt das Messgerät für den Luftdruck?

11. In welcher Einheit wird der Luftdruck angegeben?

12. Erkläre mit eigenen Worten den Kreislauf des Wassers (▷ B 7). Gehe dabei in kleinen Schritten vor.

13. Mithilfe welcher „Zeichen" am Himmel kannst du einfache Wettervorhersagen machen?

6 Zu Aufgabe 13

14. Wodurch sind die Bauernregeln entstanden?

15. Benenne die Messgeräte einer Wetterstation.

16. Luft bewegt sich immer vom Hoch zum Tief. Zeichne die Abbildung 8 in dein Heft, lege einige Punkte fest, nummeriere sie und bestimme für jeden Punkt die Himmelsrichtung des Windes.

17. a) Über welchen Zeitraum kann eine zuverlässige Wettervorhersage gemacht werden?
   b) Schneide über einen längeren Zeitraum den Wetterbericht aus der Tageszeitung aus. Klebe die Berichte untereinander und notiere dir daneben, wie das Wetter tatsächlich war. Wie genau waren die Vorhersagen?
   c) Wenn es in der Nähe eures Wohnortes ein Wetteramt oder eine Wetterstation gibt, plant dort einen Informationsbesuch. Überlegt euch, welche Fragen ihr stellen könnt. Stellt auf Plakaten Informationen zu diesem Besuch zusammen.

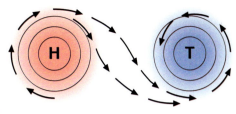

8 Der Wind weht vom Hoch zum Tief

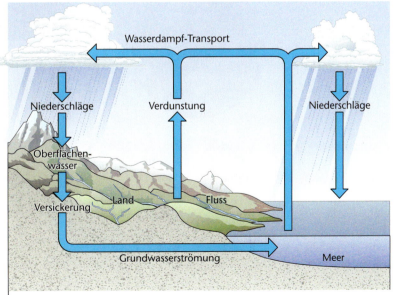

7 Zu Aufgabe 12

Startpunkt

Sehen
und Hören

Die Sinne sind unser Fenster zur Welt. Ohne sie könnten wir unsere Umwelt nicht wahrnehmen.

Durch Sehen und Hören erhalten wir sehr viele Informationen, um uns überhaupt erst in unserer Umgebung orientieren und verständigen zu können. Dazu ist es wichtig, dass wir immer unsere „fünf Sinne beieinander haben".
Welche Sinne besitzt der Mensch noch? Und wie können sich Menschen helfen, die weder sehen noch hören können? Du weißt, dass du bei Licht sehen und Schall hören kannst. Doch welche Eigenschaften haben Licht und Schall?

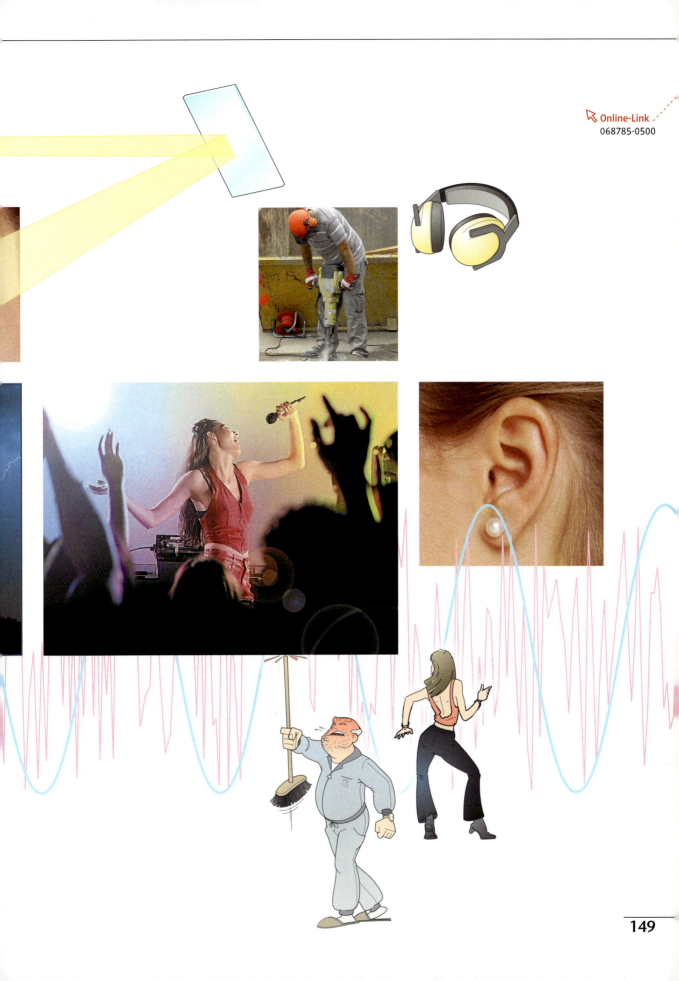

Impulse

Sicher im Straßenverkehr – Augen und Ohren auf!

Am Straßenverkehr teilnehmen
Jeder von uns ist Verkehrsteilnehmer: als Fußgänger, als Radfahrer, mit Mofa oder Motorrad, als Autofahrer oder als Mitfahrer in Auto, Bus oder Bahn.

● Unten siehst du eine Straße mit vielen Verkehrsteilnehmern. Welche von ihnen verhalten sich falsch? Erkläre.

Mit dem Fahrrad unterwegs
Wenn dein Fahrrad längere Zeit im Keller gestanden hat und du bei gutem Wetter wieder einmal damit fahren willst, solltest du es vor Fahrtantritt überprüfen.

● Worauf musst du dabei achten? Beschreibe dein Vorgehen ausführlich.

● Schreibe die wichtigsten Regeln auf, die du als Radfahrer im Straßenverkehr einhalten musst.

● Was würdest du einem Freund sagen, der mit lauter Musik aus dem Kopfhörer Rad fährt? Was hältst du davon, beim Joggen Musik zu hören? Diskutiere diese Fragen in einem Rollenspiel mit einem Mitschüler.

Aus welcher Richtung kommt der Schall?
Im Straßenverkehr ist es wichtig zu wissen, aus welcher Richtung sich ein Fahrzeug nähert. Dabei muss man sich nicht nur auf seine Augen verlassen!

● In welchen Situationen spielt es im Straßenverkehr eine Rolle, aus welcher Richtung der Schall kommt?

● Stell dich mit geschlossenen Augen mit dem Rücken zu deiner Klasse. Ein Mädchen oder ein Junge soll dir ein Wort zuflüstern. Kannst du erkennen, wer gesprochen hat und wo er oder sie sitzt?
Wiederhole den Versuch. Halte dir dabei aber ein Ohr zu. Was stellst du fest?

● Überlege dir eine Erklärung dafür, wie deine Beobachtungen zustande kommen. Tipp: Die Ohren des Menschen liegen etwa 15 cm auseinander. Erstelle zu deiner Erklärung eine Zeichnung.

Erwachsene haben Vorteile
In vielen Situationen im Straßenverkehr ist Erfahrung wichtig. Je länger jemand Übung mit dem Fahrrad, dem Mofa oder dem Auto hat, desto sicherer fährt er.
Auch als Fußgänger ist Erfahrung wichtig. Kleine Kinder können Gefahren noch gar nicht erkennen. So können sie beispielsweise nicht abschätzen, wie weit ein Auto entfernt ist und wie schnell es fährt.

Kinder müssen von Erwachsenen oder größeren Geschwistern lernen, die Gefahren im Straßenverkehr richtig einzuschätzen und richtig zu reagieren. Deshalb ist es wichtig, dass ältere Kinder und Erwachsene immer mit gutem Beispiel vorangehen.

● Nenne Situationen im Straßenverkehr, in denen es wichtig ist, ein gutes Beispiel zu geben.

● In welchen Situationen haben kleine Kinder schon wegen ihrer geringen Körpergröße Nachteile?

● Alte Menschen kommen häufig auch nicht mehr gut im Straßenverkehr zurecht. Versuche zu erklären, woran das liegen könnte.

Sehen und gesehen werden, ...
... Hören und gehört werden – das ist für jeden Verkehrsteilnehmer wichtig.

● Welche Gefahren drohen Menschen, die schlecht sehen, im Straßenverkehr? Beschreibe gefährliche Situationen.

● Warum solltest du, wenn du abends als Fußgänger unterwegs bist, helle Kleidung oder Kleidung mit reflektierenden Streifen tragen?
Plane einen Versuch, mit dem du deine Antwort bestätigen kannst.

● Für blinde Menschen ist es schwierig, sich im Straßenverkehr zurecht zu finden. Eine wichtige Hilfe für sie sind besondere Ampelanlagen. Wie erkennen Blinde an diesen Ampeln, dass sie die Straßen überqueren können?

● Auch Menschen, die schlecht oder gar nicht hören können, sind im Straßenverkehr gefährdet. In welchen Situationen ist das Gehör lebenswichtig?

● Manchmal muss man durch laute Signale auf sich aufmerksam machen. In welchen Situationen darf man das? Welche Verkehrsteilnehmer dürfen über längere Zeit laute Signale geben?

Von der Lichtquelle zum Auge

1 Der Mensch nutzt das Feuer schon seit tausenden von Jahren.

Abends schaltest du die elektrische Beleuchtung ein, du kannst aber auch eine Kerze oder eine Öllampe entzünden. Diesen Lichtquellen ist gemeinsam, dass sie das Licht selbst erzeugen. Man bezeichnet sie daher als **selbstleuchtende Körper**.

▶ Gegenstände, die selbst Licht erzeugen und aussenden, nennt man selbstleuchtende Körper.

Vom Feuer zur Glühlampe

Lange Zeit waren die Sonne und die anderen Sterne die einzigen natürlichen Lichtquellen. Dann lernten unsere Vorfahren, das durch Blitzeinschläge entstandene Feuer aufzubewahren (▷ B 1).
Schließlich erwarben die Menschen die Fähigkeit, mit Feuersteinen selbst Feuer zu entfachen.

Bis ins 19. Jahrhundert blieben Kienspan, Fackel, Öllampe und Kerze die vorherrschenden künstlichen Lichtquellen. Mit der Erfindung der Glühlampe begann der Siegeszug der elektrischen Beleuchtung.

Selbstleuchtende Körper

Tagsüber ist die Sonne die wichtigste Lichtquelle. Sie spendet so viel Helligkeit, dass man meistens keine weitere Lichtquelle benötigt.

Beleuchtete Körper

In klaren Vollmondnächten steht eine helle runde Scheibe am Himmel. Tage später siehst du nur noch einen Teil des Mondes. Würde er, wie die Sonne, selbst Licht erzeugen, müsste der Mond immer gleich aussehen. Er ist aber kein selbstleuchtender Körper, sondern wird von der Sonne angestrahlt und wirft ihr Licht zurück.

▶ Gegenstände, die das Licht zurückwerfen, nennt man **beleuchtete Körper**.

Die meisten Gegenstände in deiner Umgebung sind beleuchtete Körper. Du erkennst sie nur, wenn sie das Licht einer Lichtquelle zurückwerfen und deine Augen dieses Licht empfangen.

Aufgabe

1 Bild 2 zeigt verschiedene „Lichtquellen". Welche dieser Körper sind beleuchtete, welche sind selbstleuchtende Körper? Finde weitere Beispiele für selbstleuchtende und beleuchtete Körper.

2 Selbstleuchtende und beleuchtete Körper: Lagerfeuer, Wolken, Mond, Plastiklaser und Halbedelsteine

Von der Lichtquelle zum Auge

3 Taschenlampe mit Leuchtdioden (LEDs)

5 Glühwürmchen mit Leuchtorgan

6 Ein Tiefsee-Tintenfisch leuchtet in der Dunkelheit.

Kaltes Licht

Es besteht keine Gefahr, sich an einem Glühwürmchen (▷ B 5) die Finger zu verbrennen. Diese Insekten erzeugen genauso wie Lebewesen in der Tiefsee „kaltes" Licht. Ihre **Leuchtorgane** dienen als Lockmittel für die Fortpflanzung, zur Orientierung oder als Köder für Beute.

Auch weiße Leuchtdioden (LEDs), die in modernen Taschenlampen eingesetzt werden (▷ B 3), erzeugen kaltes Licht.

Leben in der Tiefsee

Etwa 80 Prozent der Krebse, Nesseltiere, Fische und der anderen Tiefseelebewesen besitzen leuchtende Körperteile (▷ B 6). Bei Tiefseeanglerfischen haben sich Teile der Flossen oder des Körpers zu leuchtenden Angelruten umgebildet. Fische, die von dem leuchtenden „Wurm" angelockt werden, sind leichte Beute. Die im Roten Meer lebenden Taschenlampenfische tragen dagegen **Leuchtbakterien** in Hauttaschen. Indem sie diese Hauttaschen, die unter den Augen sitzen, zuklappen, können die Fische ihr Licht „ausschalten".

Farbiges Licht

Wenn nach einem Gewitter die Sonne wieder scheint und aus den abziehenden Wolken noch Regen fällt, ist oft ein Regenbogen (▷ B 4) zu sehen. Das weiße Sonnenlicht ist aus verschiedenen Farben zusammengesetzt. Sie werden entmischt, wenn das Licht auf die Tropfen fällt. Wenn du mit dem Rücken zur Sonne stehst, kannst du diese farbenfrohe Erscheinung gut beobachten.

4 Die Farbenpracht eines Regenbogens lässt sich bei Regen häufig beobachten.

Werkstatt

Versuche mit Licht

In deinem Zimmer kannst du Gegenstände nur dann erkennen, wenn eine Lichtquelle vorhanden ist. Warum kannst du Gegenstände im Schatten auch dann schlechter sehen, wenn die Lampen in deinem Zimmer genügend Licht erzeugen?

1 Licht sichtbar gemacht
Material
Konservendose, Nägel, Hammer, hell leuchtende Glühlampe (z. B. 6 V, 5 A), Puder oder Kreidestaub

Versuchsanleitung
Entferne das Papier von der Konservendose. Schlage mit dem Hammer und den Nägeln unterschiedlich große Löcher in die Konservendose (Vorsicht, Verletzungsgefahr).
Stülpe die Dose über die angeschlossene Glühlampe (▷ B 1). Mit Puder oder Kreidestaub kannst du das austretende Licht sichtbar machen. Beschreibe, wie sich das Licht ausbreitet.

1 Zu Versuch 1

2 Wie breitet sich Licht aus?
Material
Weißes Papier, Experimentierleuchte, Pappe, Schere

Versuchsanleitung
a) Stelle die Experimentierleuchte auf das weiße Papier. Welche Form erzeugt das Licht der Experimentierleuchte auf dem Papier?

b) Schneide aus der Pappe sechs kleine Rechtecke aus. Knicke sie in der Mitte, sodass sie als Pappwinkel stehen bleiben (▷ B 2).
Stelle jeweils zwei Pappstreifen nebeneinander vor die Experimentierleuchte. Der Spalt zwischen den beiden Pappstreifen bildet eine Blende.
Stelle die Pappstreifen so auf, dass die Öffnung der Blende immer kleiner wird. Welche Form hat der beleuchtete Bereich hinter den Blenden?

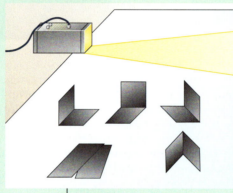

2 Zu Versuch 2

3 Wie entsteht ein Schatten?
Material
Hell leuchtende Glühlampe, verschiedene kleine Gegenstände

Versuchsanleitung
a) Stelle die Glühlampe vor eine helle Wand. Halte verschiedene Gegenstände zwischen die Lichtquelle und die Wand. Was kannst du an der Wand erkennen?

b) Verändere den Abstand zwischen Lichtquelle, Gegenstand und Wand. Wohin musst du die Lichtquelle und den Gegenstand stellen, um einen möglichst großen Schatten zu erzeugen?

3 Beeindruckendes Schattenspiel

c) Stelle dich selbst in einen ausreichend großen Schatten und sieh zur Lichtquelle. Kannst du sie erkennen? Halte anschließend die kleinen Gegenstände so vor die Lichtquelle, dass deine Mitschüler sie nicht direkt sehen können. Lasse sie die Gegenstände aus den Schattenbildern erraten.

Aufgabe
Schwertschlucken scheint ganz einfach zu sein – zumindest im Schattentheater (▷ B 3). Überlegt euch gemeinsam eine Geschichte, die ihr gut in einem Schattentheater aufführen könntet.

Was müsst ihr bei der Planung und Aufführung eines solchen Stücks beachten?

Die Ausbreitung des Lichts

Unsichtbares Licht

Licht können wir auf seinem Weg durch den Raum nicht sehen. Wir erkennen es erst, wenn es auf einen Gegenstand trifft und die Lichtstrahlen in unsere Augen abgelenkt werden. Dies zeigt dir eine Aufnahme der Erde, die vom Mond aus gemacht wurde (▷ B 2). Die von der Sonne beleuchtete Tagseite der Erde und die Mondoberfläche sind gut zu sehen. Dagegen ist das vom Sonnenlicht durchstrahlte Weltall dunkel. Licht selbst ist unsichtbar.

Stülpe eine durchlöcherte Dose über eine Glühlampe (▷ B 4). Das Licht, das durch die Löcher der Dose austritt, ist nicht zu sehen. Erst mit Puder oder Kreidestaub kannst du die Lichtbündel sichtbar machen, weil das Licht von den feinen Staubteilchen in deine Augen abgelenkt wird.

2 Gut sichtbar: die beleuchtete Erde – dunkel: das durchstrahlte Weltall

3 Durch die Baumkronen fallen nur einzelne Lichtbündel.

▶ Lichtquellen und Gegenstände sehen wir nur dann, wenn von ihnen Licht in unsere Augen fällt.

Wie breitet sich Licht aus?

An dunstigen Tagen kannst du beobachten, wie das Sonnenlicht zwischen den Bäumen hindurch scheint (▷ B 3). Die kleinen Wassertröpfchen des Nebels lenken das Licht in deine Augen ab. Dadurch kannst du seinen Weg verfolgen. Betrachte den Weg, den das Licht nimmt. Er ist gerade, wie mit dem Lineal gezeichnet.

Vom Bündel zum Strahl

Eine Glühlampe strahlt das Licht in alle Richtungen ab. Wenn du eine durchlöcherte Blechdose oder eine Lochkugel über die Lampe stülpst, entstehen einzelne, begrenzte **Lichtbündel** (▷ B 4).

Legst du eine Optikleuchte auf ein weißes Blatt, erzeugt das Lichtbündel darauf eine begrenzte helle Fläche (▷ B 1). Mit zwei Pappwinkeln, die du vor die Lampe stellst, kannst du das Lichtbündel weiter eingrenzen. Die Pappwinkel dienen als **Blende**. Je näher du die Winkel nebeneinander stellst, desto schmaler wird das erzeugte Lichtbündel. Allerdings kannst du den Abstand zwischen den Pappwinkeln nicht beliebig verkleinern. Du kannst die Blende aber in Gedanken so verengen, dass das Licht auf dem Papier nur noch eine Linie erzeugt. Diese gedachte Linie bezeichnet man als **Lichtstrahl**. Strahlen kennst du aus der Geometrie. Es sind gerade Linien, die von einem Punkt ausgehen.

▶ Licht breitet sich geradlinig in alle Richtungen aus. Seine Ausbreitung lässt sich mit Lichtstrahlen darstellen.

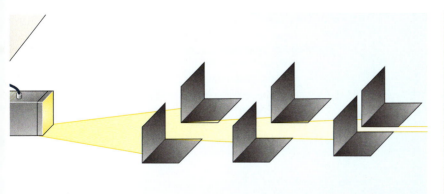

1 Vom Lichtbündel zum Lichtstrahl

4 Kreidestaub macht die Lichtbündel sichtbar.

Werkstatt

Bilder mit der Lochkamera

Moderne Fotoapparate bieten vielfältige Möglichkeiten, sie besitzen aber einen entsprechend komplizierten Aufbau. Eine Kamera, die Bilder von deiner Umgebung erzeugt, lässt sich aber schon mit ganz einfachen Mitteln bauen.

1 Material

Material
Zwei ineinander passende Pappröhren (je etwa 30 cm lang), dünne Pappe, Transparentpapier, Schere, Kleber, Nagel und Zirkel

Bauanleitung
Schneide aus der Pappe eine runde Scheibe aus (der Durchmesser sollte größer sein als der Durchmesser der Pappröhren).

2 Durchstechen der Pappscheibe

4 Aufkleben der Pappscheibe …

5 … und des Schirms

Bohre mit einem dünnen Nagel oder der Zirkelspitze in die Mitte dieser Scheibe ein Loch mit einem Durchmesser von 1 bis 2 mm (▷ B 2). Klebe die Scheibe auf ein Ende der äußeren Röhre (▷ B 4). Klebe auf ein Ende der inneren Röhre das Transparentpapier (▷ B 5); es dient als Bildschirm. Stecke nun die beiden Röhren ineinander – fertig ist deine Lochkamera.

Versuchsanleitung
a) Betrachte zunächst einen hellen Gegenstand (z. B. eine Kerze) durch deine Lochkamera. Vergleiche den Gegenstand mit dem Bild, das auf dem Schirm erscheint.
Gehe anschließend mit deiner Lochkamera näher an den Gegenstand heran. Wie ändert sich das Bild?

Was passiert, wenn du dich mit der Lochkamera von dem Gegenstand entfernst?

b) Verschiebe die beiden Pappröhren gegeneinander (▷ B 3). Betrachte den Gegenstand jeweils aus der gleichen Entfernung. Erkennst du einen Zusammenhang zwischen der Länge der Lochkamera und der Bildgröße?

c) Was passiert, wenn du die Größe des Lochs in der Lochkamera veränderst? Stich dazu unterschiedlich große Öffnungen in ein Stück Pappe. Vergrößere das Loch in der Pappscheibe und bringe jede der Blenden einmal davor an (▷ B 6). Wie ändert sich das Bild?

d) Befestige anstelle der Blende eine Lupe. Wie sehen die Bilder jetzt aus?

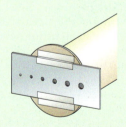

6 Unterschiedliche Blenden

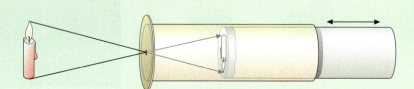

3 Prinzipskizze einer Lochkamera

Wie funktioniert die Lochkamera?

Das Bild der Lochkamera

Auf dem Schirm einer Lochkamera kannst du das Bild eines hellen Gegenstandes gut erkennen. Von allen Punkten des Gegenstandes gehen Lichtstrahlen aus. Nur einige davon gelangen durch die kleine Öffnung in der Lochkamera.

Alle Strahlen verlaufen geradlinig durch das Loch. Daher fallen von oben kommende Strahlen unten auf den Bildschirm. Strahlen, die von unten kommen, treffen oben auf den Schirm (▷ B 1). Entsprechend treffen von links kommende Strahlen auf der rechten Seite des Schirms auf und umgekehrt. Auf diese Weise entsteht hinter der Lochblende ein umgekehrtes und seitenvertauschtes Bild.

▶ Eine Lochkamera erzeugt ein umgekehrtes und seitenvertauschtes Bild.

Wie lässt sich das Bild verändern?

Das Bild auf dem Schirm der Lochkamera ist nicht immer gleich groß. Näherst du dich mit deiner Lochkamera dem Gegenstand, wird das Bild größer, entfernst du dich von ihm, wird das Bild kleiner.
Auch die Länge der Lochkamera beeinflusst die Bildgröße. Je größer der Abstand zwischen Blende und Schirm ist, desto größer ist das Bild.
Mithilfe der Blende kannst du Helligkeit und Schärfe des Bildes verändern. Auf dem Schirm entsteht ein scharfes, aber dunkles Bild, wenn du eine kleine Lochblende verwendest. Je größer das Loch ist, desto heller und desto unschärfer wird das Bild. Ein Bild, das gleichzeitig hell und scharf ist, kannst du mit einer Lochkamera nicht erzeugen. Das können nur Fotokameras mit Linsen.

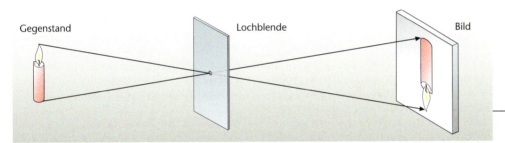

1 Bildentstehung bei einer Lochblende

Schnittpunkt

Geschichte: Lichtbilder

1 William Talbot

Der berühmte italienische Erfinder, Maler und Konstrukteur Leonardo Da Vinci (1452–1519) baute einen Apparat, mit dem er Landschaften naturgetreu abbilden konnte. Die Camera obscura (▷ B 2) war ein innen geschwärzter Kasten mit einer transparenten Rückwand. Durch ein kleines Loch „zauberten" Lichtstrahlen ein Bild auf die Mattscheibe.
1824 konnte der französische Offizier Joseph Nicéphore Niépce (1765–1833) diese Bilder erstmals dauerhaft festhalten (▷ B 3). Er verwendete eine mit lichtempfindlichen Chemikalien beschichtete Metallplatte. Es dauerte etwa acht Stunden bis ein ziemlich verschwommenes Bild entstanden war.

Der Maler Louis Daguerre (1787–1851) verbesserte dieses Verfahren weiter. Aber erst 1839 gelang es dem Engländer William Talbot (1800–1877), von einer Fotoplatte beliebig viele Bilder zu entwickeln. Nach diesem Prinzip werden noch heute Fotografien hergestellt.

2 Camera obscura

3 Eine der ersten Fotografien

Reflexion und Absorption

1 Pantomime

3 Schnee reflektiert das Sonnenlicht.

4 Bei der Wasserspiegelung wird das Licht reflektiert.

Licht wird reflektiert ...

Wir sehen Körper nur, wenn sie selbst leuchten oder wenn von ihnen Licht in unsere Augen zurückgeworfen wird, wie z. B. von den Kirchen und Schlössern einer Großstadt, die nachts angestrahlt werden. Wird Licht von einem Gegenstand zurückgeworfen, spricht man von **Reflexion**.

Mit dem Taschenspiegel kannst du einen hellen Lichtfleck an die Wand werfen. Ein solcher ebener Spiegel reflektiert das Licht nur in eine Richtung. Von einer zerknitterten Aluminiumfolie (▷ V 1) wird das Licht in alle möglichen Richtungen reflektiert. Die Folie kannst du dir aus vielen kleinen Spiegelflächen zusammengesetzt vorstellen. Jeder dieser kleinen Spiegel wirft das Licht in eine andere Richtung zurück. Hat ein Körper eine raue und helle Oberfläche, dann wird das Licht in alle Richtungen reflektiert. Dies nennt man **Lichtstreuung**.

Bei einem Ausflug ins winterliche Gebirge schützt du deine Augen mit einer dunklen Sonnenbrille. Die von den Schneekristallen reflektierten Sonnenstrahlen würden dich sonst blenden (▷ B 3).

... und absorbiert

Gespenstisch muten die Bewegungen eines Pantomimen an, von dem nur eine weiße Maske und Handschuhe sichtbar sind. Auch wenn du noch so genau hinschaust, seine schwarze Kleidung vor dem dunklen Hintergrund der Bühne verschluckt das gesamte Licht (▷ B 1).

Wie viel Licht reflektiert wird, hängt von der Oberfläche eines Materials ab. Glatte und helle Flächen reflektieren die Lichtstrahlen besser als matte und dunkle Oberflächen (▷ V 1). In der Dämmerung erkennst du helle Gegenstände deshalb viel besser als dunkle. Dunkle Flächen nehmen das Licht auf, sie **absorbieren** es.

▶ Trifft Licht auf die Oberfläche eines Körpers, wird es absorbiert und reflektiert. Helle Flächen reflektieren das Licht, dunkle absorbieren es besser.

▶ Wir können nur Gegenstände wahrnehmen, die Licht reflektieren oder selbst abstrahlen.

2 Wie gut ein Gegenstand Licht reflektiert, hängt von seiner Oberfläche ab.

Versuch

1 Dunkle den Raum ab und beleuchte verschiedene Gegenstände und Materialien mit deiner Taschenlampe. Verwende z. B. weißes und schwarzes Papier, einen Taschenspiegel und zerknitterte Alufolie (▷ B 2). Vergleiche deine Beobachtungen. Stelle eine Vermutung über die Ursachen deiner Beobachtungen an.

Ein Gesetz für die Reflexion des Lichts

Lichtbündel am Spiegel

Ein Spiegel besitzt eine ebene, spiegelnde Oberfläche. Licht, das auf einen Spiegel fällt, wird daher reflektiert. Versuche nun einmal, in einem abgedunkelten Raum ein schmales Lichtbündel mit einem Spiegel auf einen bestimmten Punkt zu lenken (▷ V 1). Du wirst feststellen: Für eine bestimmte Position der Lichtquelle gibt es nur eine Spiegelstellung, bei der das Lichtbündel den Punkt trifft. Ein Spiegel reflektiert ein Lichtbündel nur in eine Richtung.

Nun soll untersucht werden, in welche Richtung ein einfallendes Lichtbündel reflektiert wird. Mithilfe einer Winkelscheibe lässt sich der Weg des Lichts genauer beobachten (▷ B 1).
Der Winkel, unter dem das schmale Lichtbündel auf den Spiegel trifft, heißt Einfallswinkel α. Den Winkel, unter dem das Lichtbündel am Spiegel reflektiert wird, nennt man Reflexionswinkel β. Der Versuch ergibt, dass Einfallswinkel α und Reflexionswinkel β immer gleich groß sind.

Das Reflexionsgesetz

Diese Beobachtung kannst du nicht nur an einem Spiegel machen. Wenn die untergehende Sonne auf eine Hochhausfassade scheint, reflektieren nur wenige Fenster das Sonnenlicht zum Beobachter (▷ B 2). Es gilt das Reflexionsgesetz:

1 Untersuchung der Reflexion am ebenen Spiegel.

Versuch

1 a) Markiere einen Punkt an der Wand und dunkle den Raum ab. Erzeuge mit einer Taschenlampe ein schmales Lichtbündel. Versuche nun das Lichtbündel mit einem Spiegel auf den Punkt zu lenken. Gibt es mehrere Spiegelstellungen, mit denen du den Punkt triffst?
b) Verändere die Position der Taschenlampe und wiederhole den Versuch.

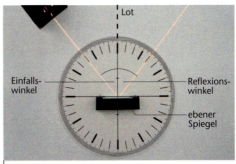

2 Reflektierende Fensterscheiben

▶ Bei der Reflexion eines Lichtstrahls am ebenen Spiegel sind der Einfallswinkel α und der Reflexionswinkel β gleich groß. Außerdem liegen einfallender Strahl und reflektierter Strahl in einer Ebene. Der Weg des Lichts ist umkehrbar.

Werkstatt

Die Reflexion am Spiegel

Material
Ebener Spiegel, Taschenlampe, Schlitzblende, Geodreieck, weißes unliniertes Papier, Stift

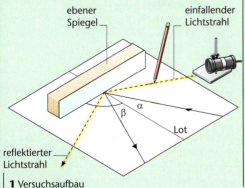

1 Versuchsaufbau

Versuchsanleitung

a) Zeichne auf das Papier eine Gerade und dazu eine Senkrechte, das Lot (▷ B 1). Stelle entlang der Geraden den ebenen Spiegel auf. Lasse ein schmales Lichtbündel streifend über das Papier auf den Spiegel fallen. Richte die Lampe so aus, dass das Lichtbündel am Fußpunkt des Lots auf den Spiegel trifft.
b) Markiere den Weg des einfallenden Lichtbündels und den Weg des reflektierten Lichtbündels auf dem Papier.
c) Miss den Winkel α zwischen dem einfallenden Lichtbündel und dem Lot (▷ B 2). Miss anschließend den Winkel β zwischen dem Lot und dem reflektierten Lichtbündel. Notiere die Werte beider Winkel.
d) Wiederhole b) und c) bei verändertem Einfallswinkel α.
d) Formuliere ein Ergebnis aus deinen Beobachtungen.

Schnittpunkt

Umwelt: Sehen und gesehen werden beim Fahrradfahren

1 Sicherheitsausstattung am Fahrrad

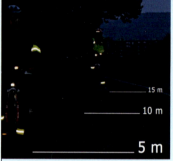

2 Reflektoren erhöhen die Sicherheit bei Dunkelheit.

Das verkehrssichere Fahrrad

Für den nächsten Wandertag ist eine Radtour geplant. Alle Fahrräder, die am öffentlichen Straßenverkehr teilnehmen, müssen sich der Straßenverkehrs-Zulassungs-Ordnung entsprechend in einem technisch einwandfreien Zustand befinden. Vor Fahrtantritt müssen daher alle Räder überprüft werden.

Oliver will noch die **Fahrradbeleuchtung** an seinem Rad in Ordnung bringen. Ob sein Fahrrad alle Vorschriften erfüllt, kann er mithilfe von Bild 1 feststellen.
Neben zwei voneinander unabhängigen Bremsen ist eine funktionstüchtige Lichtanlage gesetzlich vorgeschrieben, denn auch für Radfahrer gilt: Sehen und gesehen werden!

Die Fahrradbeleuchtung

Dass eine Fahrradbeleuchtung notwendig ist, zeigen zahlreiche Unfälle. Unbeleuchtete Fahrräder werden bei schlechter Sicht von Autofahrern oft zu spät erkannt. Verkehrsunfälle mit tödlichem Ausgang sind häufig die Folge.

Den Fahrradscheinwerfer musst du einschalten, damit du bei Dunkelheit Hindernisse erkennen kannst. Damit du selbst von anderen Verkehrsteilnehmern gut gesehen wirst, braucht dein Fahrrad außerdem eine Rückleuchte und einige Reflektoren bzw. Rückstrahler (▷ B 1).

Die richtige Kleidung

Noch besser wirst du erkannt, wenn du an deiner Kleidung Reflektoren trägst. Außerdem reflektiert helle Bekleidung das Licht besser als dunkle.

Bei sehr schweren Verkehrsunfällen mit dem Fahrrad kommt es neben Knochenbrüchen und Hautabschürfungen häufig auch zu Schädelverletzungen. Deshalb ist es ratsam, einen Fahrradhelm zu tragen. Du solltest auch feste Schuhe anziehen, um nicht von den Pedalen abzurutschen.

Aufgaben

1. Nenne die Teile, die zu einem verkehrssicheren Fahrrad gehören.

2. Vor Fahrtantritt musst du dein Fahrrad überprüfen. Beschreibe genau, wie du dabei vorgehst.

3. An deinem Fahrrad ist der Scheinwerfer weiß, die Speichenreflektoren sind gelb und zwei Reflektoren sind rot. Welche Funktion haben die Reflektoren? Warum besitzen sie verschiedene Farben?

Sicherheit im Straßenverkehr wird groß geschrieben

Von der Natur abgeschaut

Du hast sicher schon bei einer nächtlichen Autofahrt beobachtet, dass in der Dunkelheit plötzlich die Augen von Katzen, Hasen oder anderen Wildtieren am Straßenrand auftauchen (▷ B 1). Das Scheinwerferlicht wird von einer Schicht mikroskopisch kleiner Kristalle in den Augen dieser Tiere reflektiert.

Diese reflektierenden „Katzenaugen" waren das Vorbild für Reflektoren oder Rückstrahler. Du findest sie z. B. an Anhängern und Fahrrädern. Reflektoren bestehen aus vielen kleinen Spiegeln, die so angeordnet sind, dass sie das Licht in die Richtung zurückwerfen, aus der es ursprünglich gekommen ist (▷ B 3; B 4). Dadurch kann man Reflektoren in der Dunkelheit aus großer Entfernung erkennen.

Bleib sichtbar!

Von den Autofahrern sind im Dunkeln auch Fußgänger schlecht zu erkennen. Deshalb solltest du auf deinem Schulweg bei trübem Wetter, in der Dämmerung und Dunkelheit (besonders im Herbst und Winter) helle Kleidung, kombiniert mit auffälligen Farben und mit reflektierenden Streifen verwenden.
Für die Autofahrer bist du dann schon in 150 bis 200 m Entfernung zu sehen. Sie können dann rechtzeitig reagieren und Unfälle vermeiden. Ohne reflektierende Folien erkennt ein Autofahrer mit Abblendlicht ein Kind erst in etwa 30 m Entfernung. [Materie, S. 214]

Bei diesen Folien sorgen Millionen winzig kleiner Glaskügelchen dafür, dass auftreffendes Licht wieder gebündelt zur Lichtquelle – also zum Auto – zurückgestrahlt wird. Auch in den Reflektoren an den Leitpfosten sind solche Glaskügelchen.

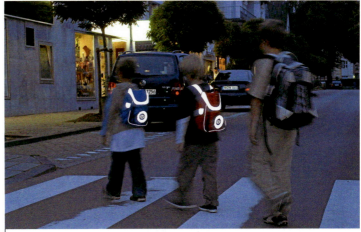

2 Mit reflektierender Kleidung wird man besser gesehen.

Aufgaben

1. Wer bei schlechten Sichtverhältnissen unterwegs ist, muss mehr für seine Sicherheit tun. Nenne Maßnahmen.

2. Warum ist es für einen Fußgänger oder Radfahrer nachts viel sicherer, wenn er helle Kleidung trägt?

3. Bist du im Dunkeln gut zu sehen? Prüfe das Reflexionsvermögen deiner Kleidung, indem du dich im Dunkeln mit Blitzlicht fotografieren lässt. Wie kannst du die Verkehrssicherheit noch erhöhen?

4. Bei einigen Berufsgruppen sind Kleidungsstücke mit reflektierenden Folien beschichtet. Nenne Beispiele dafür, wo diese Kleidung verwendet wird.

1 Katzenaugen

3 Reflektor

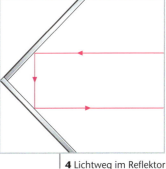

4 Lichtweg im Reflektor

Strategie

Expertenbefragung

Vor Ort die richtigen Leute fragen!
Weder die Lehrer noch das Schulbuch oder das Internet können uns alle Fragen beantworten. Hier helfen uns Fachleute weiter. Wenn wir sie an ihrem Arbeitsplatz besuchen, bekommen wir gleichzeitig einen Einblick in ihr Arbeitsfeld.

Gerade zum Thema „Verkehrssicherheit" können uns Fachleute eine Menge sagen. Wie wäre es, wenn ihr einen Besuch beim Straßenverkehrsamt oder einer Polizeidienststelle plant?

A. Die Klasse plant gemeinsam!
Die Idee für einen Besuch entsteht meistens im Unterricht und muss nicht immer von der Lehrerin oder dem Lehrer kommen. Auch an der Planung sollten sich alle beteiligen.

B. Wir nehmen Kontakt auf
Die richtigen Ansprechpartner müssen zunächst gefunden werden. Telefonbuch, „Gelbe Seiten" oder Internet können dabei nützlich sein. Es muss dann festgelegt werden, wer den Gesprächspartner anspricht. Mit ihm werden der Termin und der Ablauf vereinbart.

C. Fragen sammeln und ordnen
Die Fragen, die aus dem Unterricht entstanden sind, müssen festgehalten werden. Vor dem Besuch solltet ihr noch einmal alles durchsprechen und dann ordnen.

D. Die Befragung wird vorbereitet
Ihr könnt vorher festlegen, wer welche Fragen stellt. Auf jeden Fall solltet ihr schon ein Vorwissen haben, bevor ihr mit der Befragung beginnt. Besprecht, in welcher Weise ihr die Ergebnisse festhalten wollt.

Fragen in der Polizeidienststelle
- Wie viele Fahrradfahrer sind pro Jahr in einen Unfall verwickelt?
- Was gehört alles zur Sicherheitsausrüstung eines Radfahrers?
- Was ist die häufigste Ursache für Unfälle mit Radfahrern?
- Gibt es Kurse zur Verkehrssicherheit?
- Wenn ja, wer bietet diese Kurse an?
- Was halten Sie von Tempo-30-Zonen innerhalb von Städten?
- Was halten Sie von einer Lichtpflicht bei Tag?

E. Der Ablauf des Besuchs
Beim Eintreffen wird die Lehrerin oder der Lehrer sicherlich die Begrüßung und Vorstellung vornehmen. Nun kann euer Programm ablaufen. Fragt ruhig nach, wenn ihr etwas nicht versteht. Fachleute vergessen in ihrer Begeisterung leicht, dass nicht alle Menschen Experten sind. Denkt daran, die Ergebnisse zu sichern und lasst euch Material mitgeben. Übrigens: Gutes Benehmen ist selbstverständlich; ihr seid schließlich auch „Botschafter" eurer Schule! Wie wäre es, wenn einer von euch am Schluss ein paar Dankesworte sprechen würde?

F. Die Nachbereitung
Nach der Expertenbefragung solltet ihr die Ergebnisse in der Klasse diskutieren und schriftlich festhalten.
Dabei könnt ihr auch besprechen, was man beim nächsten Mal noch besser machen könnte.

Spiegelbilder

Wie ein Spiegelbild entsteht

Wenn sich ein kleines Kind zum ersten Mal in einem Spiegel sieht, glaubt es, ein anderes Kind vor sich zu haben. Dieses zweite Kind scheint sich hinter dem Spiegel zu befinden. Du weißt, dass dort niemand ist – der Spiegel täuscht uns.

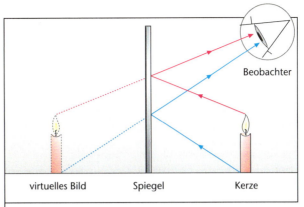

1 Lichtstrahlen werden am Spiegel reflektiert

Bild 1 zeigt, wie ein Spiegelbild entsteht: Lichtstrahlen, die von der Kerze ausgehen, werden am Spiegel reflektiert. Wenn sie in unsere Augen fallen, werden wir über den tatsächlichen Ursprung des Lichtes getäuscht. Die Lichtstrahlen scheinen von einer Kerze zu kommen, die hinter dem Spiegel steht. Was wir sehen, ist das scheinbare oder **virtuelle Bild** der Kerze. Was in Bild 3 am Beispiel zweier Lichtstrahlen dargestellt wird, gilt auch für alle anderen Punkte der Kerze, von denen Lichtstrahlen in unser Auge gelangen.

▶ Spiegel erzeugen scheinbare Bilder. Man bezeichnet sie auch als virtuelle Bilder.

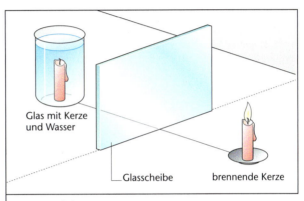

2 Zu Versuch 3

Versuche

1 Stelle dich vor den Spiegel und betrachte dein Spiegelbild. Kneife dein rechtes Auge zu. Hebe den linken Arm. Nähere dich dem Spiegel. Wie „reagiert" das Spiegelbild jeweils?

2 a) Stelle einen Spiegel senkrecht auf dein Buch. Richte ihn einmal parallel zu den Zeilen und einmal im rechten Winkel dazu aus. Versuche, die Schrift im Spiegel zu lesen.
b) Wie musst du den Spiegel halten, um den Satz in Bild 3 lesen zu können?
c) Schreibe deinen Namen in Spiegelschrift. Überprüfe das Ergebnis mithilfe eines Spiegels.

3 Stelle eine Kerze vor eine saubere Glasscheibe. Befestige eine etwa gleich aussehende Kerze mit einigen Tropfen Wachs in einem Becherglas, das hinter der Glasscheibe steht.
Richte das Becherglas so aus, dass sich die Kerze im Glas und das Spiegelbild der Kerze vor der Scheibe genau decken (▷ B 2). Zünde die erste Kerze an und verdunkle den Raum.
Was beobachtest du, wenn du Wasser in das Becherglas füllst? Miss die Abstände der Kerzen zur Glasscheibe.

3 Zu Versuch 2

Aufgaben

1 Bestimmte Fahrzeuge tragen vorne einen Schriftzug in Spiegelschrift. Um welche Fahrzeuge handelt es sich? Welchen Sinn hat das?

2 Wie groß muss ein senkrecht hängender, ebener Spiegel mindestens sein, damit man sich vollständig darin sehen kann. Überlege, wie du das durch einen Versuch herausfinden kannst.

4 Zu Aufgabe 2

Werkstatt

Sehen, ohne gesehen zu werden

Einsatz im U-Boot
Bewegt sich ein Unterseeboot nur knapp unter der Wasseroberfläche, kann der Kommandant das Sehrohr, auch Periskop genannt, ausfahren und alles beobachten, was sich über Wasser befindet. Das U-Boot selbst bleibt unentdeckt.

Wir bauen ein Periskop oder Sehrohr
Material
2 kleine Taschenspiegel gleicher Größe (etwa 5 cm x 7 cm), fester Karton (DIN A3, z. B. die Rückseite eines Zeichenblocks), Schere, Messer, Alleskleber, Bleistift und Winkelmesser

Versuchsanleitung
a) Zeichne zuerst die Vorlage des Sehrohrs entsprechend Bild 1 auf den Zeichenkarton. Bei Verwendung anderer Spiegel musst du gegebenenfalls die Maße ändern.
b) Schneide die Kartonstücke aus und trenne aus Teil 1 die Sichtfenster heraus.
c) Vor dem Falten werden die gestrichelten Linien von der Rückseite vorsichtig mit einem Messer nachgezogen.
d) Klebe entsprechend Bild 1 zwei Spiegelhalter (Teil 3) zusammen und befestige die Spiegel.
e) Klebe die Spiegelhalter so in die Ecken der angegebenen Flächen, dass sie zu den Sichtfenstern zeigen. Falte den Karton nach dem Trocknen zu einem eckigen Rohr.
f) Versieh alle Klebefalze mit Klebstoff, falte das Rohr zusammen und klebe zuletzt unten und oben die beiden Teile 2 auf.

Nun kannst du dein Sehrohr ausprobieren.

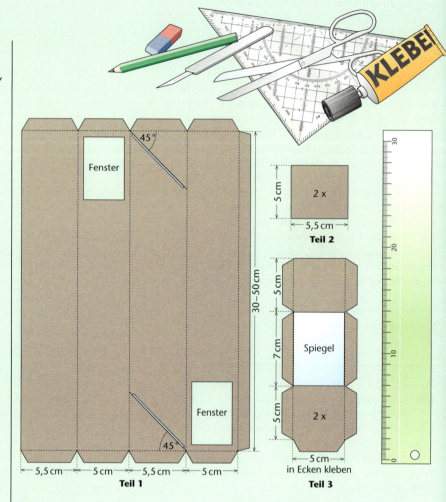

1 Ein Sehrohr aus Karton

Wie es funktioniert
In deine Augen fällt das Licht, das von anderen Körpern reflektiert wird. Bei deinem Sehrohr treffen die Lichtstrahlen zunächst auf den oberen Spiegel. Aufgrund seiner Schrägstellung reflektiert er sie zum unteren Spiegel. Vom zweiten Spiegel aus erreichen sie dann deine Augen. Im Sehrohr wird das Licht also zweimal reflektiert.

Schnittpunkt

**Umwelt:
Sonderbare Spiegel**

1 Die Wasseroberfläche spiegelt die Brühlsche Terasse in Dresden.

Spiegelbilder
Ein Beispiel, wie auch andere Spiegelbilder entstehen können, zeigt dir Bild 1. Fotografen nutzen solche Motive gern. Das Spiegelbild auf einer Wasseroberfläche erscheint oft durch leichte Wellen verzerrt. Auch die Farben sind etwas dunkler. Das liegt daran, dass vom Wasserspiegel nicht alles Licht reflektiert wird. Ein Teil dringt auch ins Wasser ein.

Gewölbte Spiegel
Auch im Rückspiegel an deinem Fahrrad oder einem Auto, in einer Christbaumkugel und anderen glänzenden Flächen kannst du Spiegelbilder sehen. Sie begegnen dir auch in Supermärkten, wo sie der Überwachung der Regale dienen oder die Arbeit an der Kasse erleichtern sollen. In solchen Spiegeln, die nach außen gewölbt (konvex) sind, siehst du alles verkleinert. Dafür ist aber ein größerer Bereich einsehbar.
Solche Wölbspiegel sind als Verkehrsspiegel (▷ B 4) an unübersichtlichen Straßeneinmündungen, Aus- oder Einfahrten sehr wichtig. Mit ihnen kannst du „um die Ecke sehen".

Nach innen gewölbte Spiegel
Wenn sich deine große Schwester schminkt, kann sie in einem Kosmetikspiegel ihr vergrößertes Gesicht sehen. Dieser Spiegel ist nach innen gewölbt (konkav) und wird Hohlspiegel genannt (▷ B 2).

Zerrbilder
Wie kommt es, dass du dich in einem Spiegelkabinett lang und dünn oder klein und gut genährt sehen kannst?
Haben Spiegel keine ebenen Flächen, können gestauchte, gestreckte, größere und kleinere Bilder zustande kommen.

Am besten probierst du das selbst einmal aus. Dazu brauchst du einen größeren Bogen Pappe, auf den du Aluminium-Haushaltsfolie glatt aufziehst (▷ B 3).
Wölbe die Pappe nun vorsichtig etwas nach außen oder innen. Halte die Pappe dabei erst so, dass die Wölbung waagerecht verläuft und dann so, dass sie senkrecht verläuft. Wie verändert sich dein Spiegelbild?

4 Wölbspiegel als Sichthilfe im Straßenverkehr

2 Ein Hohlspiegel vergrößert.

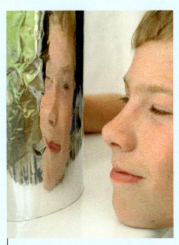

3 Zerrbild mit Alufolie auf Pappe

Licht und Schatten

1 Eine nicht alltägliche Notoperation.

Schattentheater
An seinem letzten Geburtstag hatte Markus für seine Gäste ein Schattentheater vorbereitet (▷ B 1). Eine „Notoperation" sollte einen Patienten von seinen heftigen Bauchschmerzen befreien.

Hinter einer mit einem Diaprojektor angestrahlten weißen Leinwand befand sich der „Patient". Er wurde auf den Tisch gelegt, mit dem Hammer betäubt und anschließend operiert. Man sah, wie der Arzt den Schnitt ansetzte und allerlei merkwürdige Gegenstände aus dem Bauch des Patienten entnahm.
Kannst du dir denken, mit welchen Tricks Markus arbeitete?

Lustige Schattenspiele
Einfache Versuche zeigen dir die Entstehung von **Schattenbildern**.
Stelle auf den Tisch vor einer hellen Wand eine brennende Kerze und halte zwischen Kerze und Wand deine Hände. Mit etwas Geschick kannst du die Figuren in Bild 2 lebendig werden lassen.

2 Einige bekannte Schattentiere

Körper und ihr Schatten
Trifft Licht auf einen lichtundurchlässigen Körper, dann kann es diesen nicht durchdringen. Daher entsteht hinter dem Körper ein **Schattenraum**. Dieser Schattenraum wird durch die **Randstrahlen** (▷ B 3) begrenzt. Dabei handelt es sich um die Strahlen, die gerade noch am Körper vorbeigelangen. Die Randstrahlen legen auf der Wand oder dem Schirm das Schattenbild fest.

In den Schattenraum gelangt auf direktem Weg kein Licht von der Lichtquelle. Umgekehrt kannst du die Lichtquelle nicht sehen, wenn du dich dort befindest.

▶ Wenn eine Lichtquelle einen lichtundurchlässigen Körper beleuchtet, entsteht hinter ihm ein Schattenraum.

Schatten lassen sich verändern
Die Größe eines Schattens hängt nicht nur von der Größe des Hindernisses ab. Das kannst du beobachten, wenn du das Hindernis entweder zur Lampe oder zur Wand hin verschiebst (▷ B 4).
Je näher das Hindernis der Lichtquelle kommt, desto größer wird der Schatten. Bewegst du das Hindernis zur Wand, wird der Schatten kleiner.

Scherenschnitte
Zu GOETHES Zeit war es groß in Mode, Porträts als Schattenbild herzustellen. Das gelingt dir auch. Hefte einen großen Bogen Papier an die Wand und setze dein Modell dicht davor. Mit einer hellen Lichtquelle wirfst du den Schatten deines Modells auf das Papier. Die Umrisse zeichnest du nach und malst die Fläche dann schwarz aus.

Verschiedene Schatten
Beim Zeichnen der Schattenporträts kommt es darauf an, einen scharf begrenzten Schatten zu erhalten. Das kannst

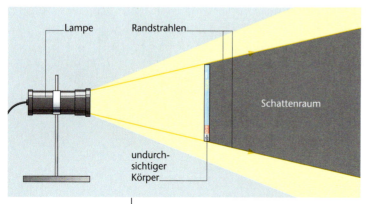

3 Die Randstrahlen begrenzen den Schattenraum.

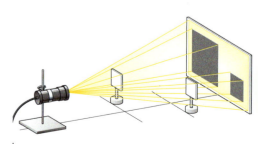

4 Einfluss der Abstände zu Lampe und Leinwand auf die Größe des Schattens.

du mit einer **punktförmigen Lichtquelle** erreichen (▷ B 6). Bei dieser wird Licht in einem sehr kleinen Bereich erzeugt. Beispiele hierfür sind die Glühlampen in Autoscheinwerfern (▷ B 5) oder die Lampen von Tageslichtprojektoren. Gerade bei Folien, die auf eine Leinwand projiziert werden, müssen die Schatten ganz dünner Linien und Buchstaben gut lesbar sein.

Oft sind Schatten aber auch störend. Wohnräume, Büros oder Klassenzimmer sollen möglichst gleichmäßig ausgeleuchtet werden, ohne starke Schattenbildung (▷ B 7). Dazu verwendet man **flächenförmige Lichtquellen** (▷ B 8). Geeignet sind Leuchtstoffröhren und Glühlampen hinter Mattglas.

▶ Punktförmige Lichtquellen erzeugen scharfe Schattengrenzen, flächenförmige Lichtquellen erzeugen unscharfe Schattengrenzen.

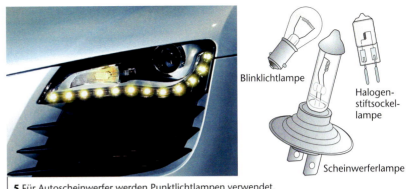

5 Für Autoscheinwerfer werden Punktlichtlampen verwendet.

6 Scharfe Schattengrenzen durch eine punktförmige Lichtquelle

Versuche

1 Vergleiche den Schatten, der hinter einem lichtundurchlässigen Körper entsteht, wenn dieser einmal mit einer Taschenlampe und einmal mit einer Leuchtstoffröhre angestrahlt wird.

2 Untersuche den Schatten eines Bleistiftes, wenn du ihn parallel und quer zu einer Leuchtstoffröhre hältst. Halte den Bleistift nicht zu dicht über das Papier. Beschreibe deine Beobachtungen.

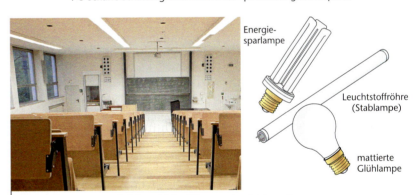

7 Ein Fachraum muss möglichst gleichmäßig ausgeleuchtet werden.

Aufgaben

1 Was musst du tun, um ein größeres Schattenbild eines Körpers zu erzeugen?

2 Wie sieht dein Schatten aus, wenn du dich früh, mittags und abends an der gleichen Stelle in die Sonne stellst?

3 Vergleiche flächenförmige und punktförmige Lichtquellen. Nenne Anwendungen für beide Arten von Lichtquellen.

4 Weshalb werden bei Kraftfahrzeugen Halogenlampen und Leuchtdioden als Beleuchtung eingesetzt?

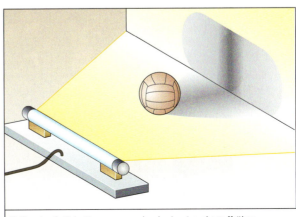

8 Unscharfe Schattengrenzen durch eine Leuchtstoffröhre

Halbschatten und Kernschatten

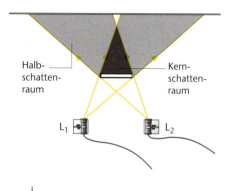

1 Schattenbildung bei zwei Lichtquellen

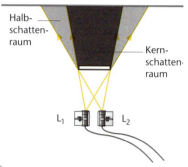

2 Zwei Schattenräume überlagern sich

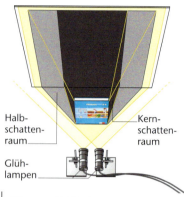

4 Kern- und Halbschatträume bei zwei Lichtquellen

Mehr als ein Schatten

Bei einem Fußballspiel unter Flutlicht hat jeder Spieler mehrere Schatten (▷ B 3). Auch jeder Flügel einer Weihnachtspyramide mit mehreren Kerzen erzeugt an der Decke des Zimmers jeweils mehr als einen Schatten.

Mit den folgenden Versuchen kannst du die Schattenbildung bei Verwendung von zwei Lichtquellen selbst untersuchen.

Schatten bei mehreren Lichtquellen

Beleuchte zunächst einen Körper mit einer Taschenlampe oder Optikleuchte. Dass auf einem hellen Hintergrund ein scharf begrenzter Schatten entsteht, weißt du bereits. Stellst du neben die erste Lichtquelle eine zweite, siehst du auch zwei Schatten (▷ B 1). Wie viele Lichtquellen erhellen in Bild 3 das Fußballfeld?

Schatten überlagern sich

Stelle die Lichtquellen etwas enger zusammen. Die Schatten nähern sich ebenfalls, bis sie sich überlagern. Du erkennst einen dunkleren und zwei hellere Schattenbereiche (▷ B 2). In den dunklen Bereich können von keiner der beiden Lichtquellen Lichtstrahlen gelangen. Dieser Bereich ist der **Kernschatten**.

Daneben sind jeweils hellere Bereiche zu sehen, die als **Halbschatten** bezeichnet werden. Das sind die Bereiche hinter dem Körper, in die jeweils nur das Licht einer Lichtquelle gelangt.

▶ Wird ein Gegenstand beleuchtet, entsteht ein Schatten. Beleuchten zwei Lichtquellen einen solchen Körper, entstehen Kern- und Halbschatten.

Versuch

1 Erzeuge mit zwei Lampen und einem großen Karton an der Wand deines Klassenzimmers Kern- und Halbschatten. Beobachte die Lichtquellen, während du die Schattengebiete durchläufst. In welchem Bereich siehst du keine der Lichtquellen, in welchem nur eine, wo alle beide?

3 Flutlicht erzeugt mehrere Schatten.

Aufgabe

1 Zwei Punktlichtlampen sind 3 cm voneinander entfernt aufgestellt. Vor den beiden Lampen befindet sich in 3 cm Abstand ein 2 cm breiter Gegenstand. Dieser ist 5 cm von einer Wand entfernt. Zeichne das Schattenbild des Körpers. Wie nennt man die einzelnen Bereiche? Wie ändern sich die Schatten, wenn man die Lampen dem Körper nähert?

Wie funktioniert die Sonnenuhr?

1 Eine Sonnenuhr

Die Einteilung der Zeit
Immer wiederkehrende Ereignisse, wie die Jahreszeiten, der Wechsel von Tag und Nacht, das stete Tropfen von Wasser aus einem Gefäß oder das Schwingen eines Pendels, haben es den Menschen erlaubt, die Zeit genau einzuteilen.
Zur Messung dieser Jahre, Monate, Tage, Stunden, Minuten und Sekunden dienen die unterschiedlichsten Uhren.

2 Eine Weltzeituhr

Der Schatten als Zeitmesser
Bereits im Altertum wurde die Zeit mithilfe eines Schattenstabs gemessen. Ein senkrecht in den Boden gerammter Stab wirft bei Sonnenschein einen Schatten. Die Lage und die Länge dieses Schattens ändern sich je nach Tages- und Jahreszeit. Mittags ist der Schatten immer am kürzesten und nach Norden gerichtet.

Die Sonnenuhr
Die Sonnenuhr (▷ B 1) ist eine Weiterentwicklung des Schattenstabes. Sie gibt für den Ort, an dem sie sich befindet, die Ortszeit an. Denn weil sich die Erde dreht,

ist es nicht an allen Orten zum gleichen Zeitpunkt 12 Uhr mittags.
[System, S. 217]

Um den Zeitvergleich zu vereinfachen, wurde die Erde in Zeitzonen eingeteilt. Zu einem bestimmten Zeitpunkt ist es eine Zeitzone weiter östlich deshalb eine Stunde später. In der benachbarten westlichen Zeitzone ist es dagegen eine Stunde früher. Unsere Uhren zeigen die mitteleuropäische Zeit MEZ an.

Werkstatt

Zeitmessung mit der Sonnenuhr

1 Eine Sonnenuhr – mal klein ...

Material
Blumentopf, Sand, Pappscheibe passender Größe, Holzstab, Stift

Versuchsanleitung
Stecke den Stab in den mit Sand gefüllten Blumentopf. Nachdem du den Topf in die Sonne gestellt hast, markierst du zu jeder vollen Stunde mit dem Filzstift die Position des Schattens auf der Pappscheibe.
An Sonnentagen kannst du dann stets die Zeit ablesen. Du darfst aber den Standort deiner Sonnenuhr nicht verändern!

2 ... mal groß

Material
Farbe, Pinsel, ein 2 m langer Pfahl, die Stelle im Schulhof, die am meisten von der Sonne beschienen wird

Versuchsanleitung
Sucht in eurem Schulgelände eine geeignete Stelle, wohin am meisten Sonne scheint. Mittendrin stellt ihr einen Pfahl auf. Zu jeder vollen Stunde markiert ihr die Position des Schattens mit einem farbigen Punkt. Vergesst nicht, die Uhrzeit darauf zu schreiben.

An anderen Sonnentagen könnt ihr die Zeit ablesen, wenn ihr bei eurer Sonnenuhr seid. Fällt euch etwas auf, wenn ihr Wochen später wieder die Zeit ablesen wollt?

1 Blumentopf als Sonnenuhr

2 Sonnenuhr im Schulhof

Der Mond – Begleiter im Wandel

Die Bewegung des Mondes

Neben der Sonne ist der Mond der bekannteste Himmelskörper. Er umkreist die Erde in etwa 384 403 km Abstand in ca. einem Monat. In der gleichen Zeit dreht

abnehmender Mond

zunehmender Mond

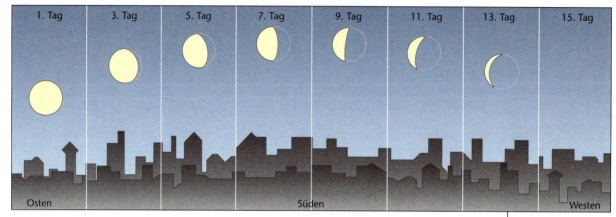

1 Vom Vollmond zum Neumond

er sich einmal um seine eigene Achse. Wir sehen daher immer dieselbe Seite des Mondes. Und doch ändert er ständig sein Aussehen: der Mond durchläuft verschiedene Phasen.

Die Mondphasen

Bei **Vollmond** siehst du die ganze beleuchtete Seite, bei **Halbmond** nur einen Teil davon. Bei **Neumond** ist der Mond von der Nachtseite der Erde aus nicht sichtbar.
Suche dir aus dem Kalender einen Tag heraus, an dem Vollmond ist. Am Abend siehst du tief über dem Osthorizont die ganze angeleuchtete Mondhälfte (▷ B 1).

In den folgenden Tagen nimmt der sichtbare Teil des Mondes immer weiter ab. Nach einer Woche erkennst du deshalb nur noch einen Halbmond.
Im weiteren Verlauf wird der Mond zu einer immer schmaleren Sichel, bis er schließlich nicht mehr zu sehen ist. Die Sonne beleuchtet nun die Mondseite, die der Erde abgewandt ist. Es ist Neumond.

Ab jetzt kannst du abends gut beobachten, wie der Mond wieder zunimmt. Die zunächst ganz schmale Mondsichel wird wieder breiter, und nach zwei Wochen ist wieder Vollmond. Jetzt beginnt alles von neuem.

Werkstatt

Die Mondphasen im Modell

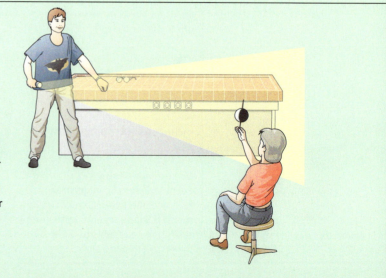

Material
Styropor®-Kugel, Holzspieß, Drehstuhl, Taschenlampe

Versuchsanleitung
Stecke die Styropor®-Kugel auf den Holzspieß. Setze dich auf den Drehstuhl und halte die Kugel etwa über Augenhöhe in den Lichtkegel der Taschenlampe. Drehe dich auf dem Hocker langsam um die eigene Achse. Beobachte, wie dir die Kugel unter der Beleuchtung erscheint.

Der Schatten aus dem All

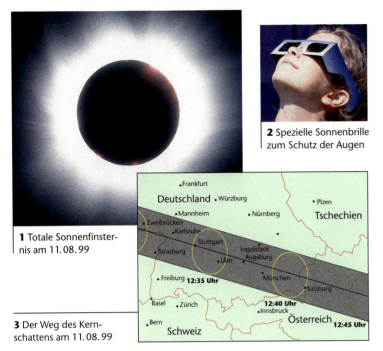

1 Totale Sonnenfinsternis am 11.08.99

2 Spezielle Sonnenbrille zum Schutz der Augen

3 Der Weg des Kernschattens am 11.08.99

Die Sonnenfinsternis

Für den 11.08.1999 hatten sich tausende von Menschen eine besondere Sonnenbrille beschafft, um eine **Sonnenfinsternis** zu beobachten (▷ B 2). Wie kommt sie zustande?

Der Mond bewegt sich um die Erde. Wenn er sich zwischen Erde und Sonne befindet, kann er die Sonne „verdecken" (▷ B 4). Aber nur dort, wo der Kernschatten des Mondes auf die Erdoberfläche trifft, entsteht eine **totale Sonnenfinsternis** (▷ B 1). Außerhalb dieser Zone, im Halbschattenbereich, verfinstert sich die Sonne nur teilweise (**partielle Sonnenfinsternis**).

In Süddeutschland, das im Kernschatten des Mondes lag (▷ B 3), warteten die meisten Menschen vergeblich: der Himmel war wolkenverhangen. In Köln und Hamburg war es aber möglich, durch Wolkenlücken die partielle Sonnenfinsternis zu sehen.

▶ Bei einer Sonnenfinsternis wird die Sonne vom Mond verdeckt.

Mondfinsternisse

Der Durchmesser der Erde ist viel größer als der des Mondes. Daher kann der Mond vollständig vom **Erdschatten** bedeckt werden (▷ B 5). Bewegt sich der Mond bei seinem Umlauf durch den Erdschatten, tritt eine **Mondfinsternis** auf. Sie dauert etwa zwei Stunden.

▶ Bei einer Mondfinsternis befindet sich der Mond im Erdschatten.

Aufgaben

1. Finde heraus, wann in Deutschland die nächste Sonnenfinsternis stattfindet.
2. Warum kann es bei Vollmond keine Sonnenfinsternis geben?

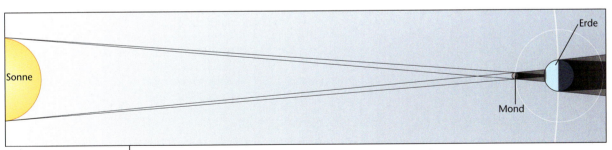

4 Bei einer Sonnenfinsternis fällt der Schatten des Mondes auf die Erde.

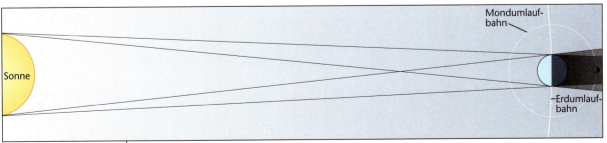

5 Bei einer Mondfinsternis befindet sich der Mond im Schatten der Erde.

Werkstatt

Versuche zur Lichtbrechung

Die folgenden Versuche könnt ihr in Gruppen bearbeiten. Haltet die Ergebnisse eurer Untersuchungen in geeigneter Form fest und präsentiert sie dann euren Mitschülern.

1 Gebrochen – und trotzdem ganz?

Material
Bleistift, Glas, Wasser, dicke Glasscheibe

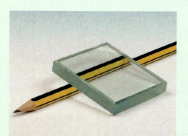

1 Zu Versuch 1

Versuchsanleitung
a) Fülle das Glas mit Wasser und stelle den Bleistift hinein. Betrachte das Glas aus verschiedenen Richtungen. Was fällt dir auf?
b) Lege anschließend die dicke Glasscheibe auf den Bleistift. Blicke einmal senkrecht von oben und einmal schräg auf die Glasscheibe. Welche Unterschiede kannst du feststellen, wenn du die Blickrichtung wechselst?

2 Münzenstechen

Material
Glaswanne, Röhrchen, dünner Stab (der durch das Röhrchen passt), Stativ, Münze, Wasser

Versuchsanleitung
Lege die Münze auf den Boden der Glaswanne. Spanne das Röhrchen in das Stativ ein und richte es so aus, dass du die Münze durch das Röhrchen sehen kannst (▷ B 2).

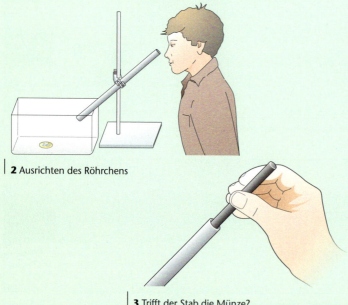

2 Ausrichten des Röhrchens

Stecke den Stab durch das Röhrchen und versuche, die Münze zu treffen (▷ B 3). Fülle nun Wasser in die Glaswanne und richte das Röhrchen erneut aus (achte darauf, dass das Röhrchen nicht ins Wasser eintaucht). Was beobachtest du beim erneuten Versuch, die Münze zu treffen? Finde eine Erklärung für deine Beobachtungen.

3 Unter Wasser aufgetaucht

Material
Tasse, Gefäß mit Wasser, Münze

Versuchsanleitung
Lege die Münze auf den Boden der Tasse. Blicke so über den Rand der Tasse, dass die Münze gerade verdeckt wird. Behalte diese Position bei.

Bitte eine Mitschülerin oder einen Mitschüler, vorsichtig Wasser in die Tasse zu gießen. Die Münze darf sich dabei nicht bewegen. Was kannst du beobachten?

4 Übergang von Luft in Glas

Material
Kreisscheibe, Optikleuchte, halbkreisförmiger Glaskörper

Versuchsanleitung
a) Befestige den Glaskörper an der Kreisscheibe. Richte den Lichtstrahl der Optikleuchte so aus, dass er senkrecht auf die ebene Oberfläche des Glaskörpers trifft (▷ B 4, Stellung A). Beschreibe den weiteren Verlauf des Lichtstrahls durch das Glas.
b) Verschiebe die Optikleuchte so, dass der Lichtstrahl schräg auf die ebene Oberfläche des Glaskörpers trifft (▷ B 4, Stellung B). Wie verläuft der Lichtstrahl nun durch das Glas?

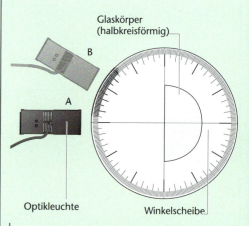

3 Trifft der Stab die Münze?

4 Lichtbrechung beim Übergang von Luft in Glas

Die Brechung des Lichts

1 Der Knick im Trinkhalm – nur eine Täuschung?

Vom Knick in der Optik

Licht kann viele Stoffe durchdringen: Luft, Glas, Wasser usw. Dabei verlaufen die Lichtstrahlen in jedem Stoff geradlinig. Wie lässt sich nun der Knick erklären, den du an einem Trinkhalm im Wasserglas (▷B 1) beobachten kannst?
In diesem Fall musst du berücksichtigen, dass sich das Licht nicht nur in einem Stoff ausbreitet, sondern vom Wasser in die Luft übertritt. Beim Übergang von einem Stoff in einen anderen scheinen die Lichtstrahlen geknickt zu werden.

Der Übergang von Luft in Glas

Fällt ein schmales Lichtbündel senkrecht auf eine Glasoberfläche, verläuft es im Glas geradlinig weiter. Es ändert seine Richtung nicht. Trifft es dagegen schräg auf das Glas, wird es aus der ursprünglichen Richtung abgelenkt (▷B 2). Man sagt, das Lichtbündel wird **gebrochen**.
Das Lichtbündel in Bild 2 verläuft zunächst geradlinig durch die Luft, bis es an der Oberfläche des Glaskörpers in das Glas eintritt. An der Glasoberfläche wird das Lichtbündel so gebrochen, dass es im Glas näher am Lot verläuft (▷B 3).
Ein Lichtbündel kann man sich aus vielen einzelnen Lichtstrahlen zusammengesetzt vorstellen. Daher gilt allgemein:

▶ Lichtstrahlen werden beim Übergang von Luft in Glas oder Wasser zum Lot hin gebrochen. Senkrecht einfallende Strahlen werden nicht gebrochen.

Der Winkel zwischen dem einfallenden Lichtstrahl und dem Lot (**Einfallswinkel** α) ist also größer als der Winkel zwischen dem gebrochenen Lichtstrahl und dem Lot (**Brechungswinkel** β).

Der Übergang von Glas in Luft

Lichtbrechung beobachtest du auch, wenn das Licht aus einem Stoff wie Wasser oder Glas in Luft übertritt.
In Bild 3 verläuft der Lichtstrahl zunächst weiter durch den Glaskörper. An der ebenen Glasfläche tritt er in die Luft über. Du erkennst, dass der Lichtstrahl nach der Brechung weiter vom Lot entfernt verläuft.

▶ Tritt Licht von Glas oder Wasser in Luft über, werden die Lichtstrahlen vom Lot weg gebrochen.

4 Schützenfisch

Aufgaben

1 Wohin muss man zielen, wenn man in einem See mit einem Speer Fische erlegen möchte? Begründe deine Antwort.

2 Worin besteht für Schützenfische (▷B 4) die Schwierigkeit beim Beutefang?

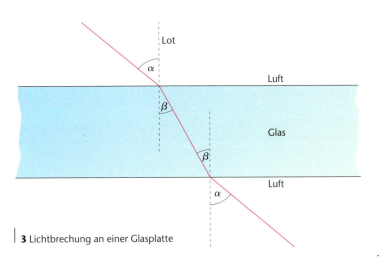

2 Lichtbrechung an Grenzflächen

3 Lichtbrechung an einer Glasplatte

Gefangene Lichtstrahlen

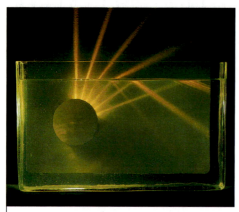

1 Brechung und Totalreflexion

2 Lichtleitung durch eine Glasfaser

Brechung oder Reflexion?

Bild 1 zeigt, dass Licht beim Übergang von Wasser in Luft gebrochen wird. Nur senkrecht auftreffende Lichtbündel verlaufen geradlinig weiter.

Beim Übergang von Wasser in Luft wird das Lichtbündel vom Lot weggebrochen. Dabei ist der Brechungswinkel stets größer als der Einfallswinkel. Überschreitet der Einfallswinkel einen bestimmten Wert, werden die Lichtbündel nicht mehr gebrochen, sondern vollständig reflektiert. Diese Erscheinung heißt **Totalreflexion**. Der Winkel, bei dem Totalreflexion gerade auftritt heißt **Grenzwinkel**.

Auch an der Grenzfläche von Glas zu Luft kann man die Totalreflexion eines Lichtbündels beobachten. Allerdings besitzt der Grenzwinkel einen anderen Wert als beim Übergang von Wasser in Luft.

▶ Überschreitet der Einfallswinkel an der Grenzfläche von Glas oder Wasser zu Luft einen Grenzwert, wird das Licht vollständig reflektiert.

Der gefangene Lichtstrahl

Anwendung findet die Totalreflexion bei der Weiterleitung von Licht durch Glasfasern. Aus Bündeln solcher Fasern werden Lichtleiterkabel für die Medizin oder zur Datenübertragung hergestellt. Die durchsichtigen, sehr biegsamen Fasern haben einen Durchmesser von nur 0,006 mm. Ein Bündel mit einem Durchmesser von 1 mm besteht aus etwa 27 000 Fasern.
In den einzelnen Fasern wird das Licht durch Totalreflexion „gefangen" gehalten: Da sie sehr schräg auf die Grenzfläche treffen, werden die Lichtstrahlen nicht gebrochen, sondern immer in die Faser zurück reflektiert (▷ B 2). Erst am Ende der Faser kann das Licht wieder austreten.

Weitere Anwendungen der Totalreflexion

Endoskope (▷ B 3) ersparen Patienten oft aufwändige Operationen. Beispielsweise kann ein fingerdicker Schlauch, der mehrere Glasfaserbündel enthält, durch die Speiseröhre in den Magen eingeführt werden. Durch eines dieser Bündel wird Licht in den Magen geleitet. Die Bilder aus dem Körperinneren werden durch ein zweites Glasfaserbündel zu einer Videokamera übertragen.
Mithilfe dieser Technik kann der Arzt den Magen untersuchen und operieren, ohne ihn zu öffnen.

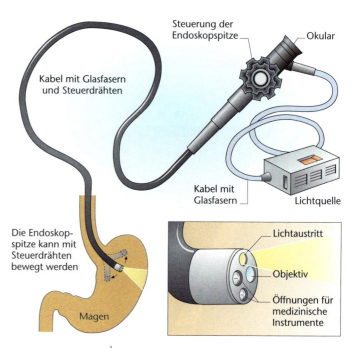

3 Endoskop

Wie funktioniert eine Linse?

1 Eine Lupe als Brennglas

Linsen aus Glas sammeln das Licht ...

Hast du schon einmal versucht, ohne Feuerzeug oder Streichholz ein Feuer zu entzünden? Mit einer Lupe als Brennglas gelingt dir das ganz einfach – es muss nur die Sonne scheinen (▷ B 1, aber Vorsicht!). Betrachte das Glas der Lupe einmal genauer: Es ist in der Mitte dicker als am Rand. Du kennst diese Form vom Linsengemüse. Daher bezeichnet man auch Glaskörper mit dieser Form als **Linsen**. Lässt du Sonnenlicht auf eine solche Glaslinse fallen, werden die Lichtstrahlen so gebrochen, dass sie sich hinter der Linse in einem Punkt sammeln (▷ V 1, B 4). Man nennt diese Linsen auch **Sammellinsen**.

▶ Linsen, die das Licht bündeln, heißen Sammellinsen. Sie sind in der Mitte dicker als am Rand.

... oder zerstreuen es

Es gibt auch Linsen, die in der Mitte dünner sind als am Rand. Lass nun ein Lichtbündel auf eine solche Linse fallen. Die Strahlen werden ebenfalls gebrochen, aber sie laufen hinter der Linse auseinander (▷ V 2, B 4). Diese Linsen zerstreuen das einfallende Licht. Sie heißen deshalb **Zerstreuungslinsen**.

▶ Linsen, die das Licht zerstreuen, heißen Zerstreuungslinsen. Sie sind in der Mitte dünner als am Rand.

Der Brennpunkt

In Versuch 1 a lässt du Lichtstrahlen auf eine Sammellinse fallen (▷ B 2). Da diese Lichtstrahlen immer in gleich bleibendem Abstand zueinander verlaufen, spricht man auch von parallelen Lichtstrahlen. Beim Durchgang durch die Linse werden diese Strahlen abgelenkt. Lichtstrahlen, die am oberen Rand auftreffen, werden nach unten gebrochen, am unteren Rand auftreffende Strahlen werden nach oben gebrochen. Zur Linsenmitte hin wird die Brechung geringer. Hinter der Sammellinse verlaufen die gebrochenen Lichtstrahlen durch einen Punkt. Dieser Punkt heißt **Brennpunkt** und wird mit dem Buchstaben F gekennzeichnet. Den Abstand zwischen der Linsenmitte und dem Brennpunkt bezeichnet man als **Brennweite f**.

Versuche

1 a) Erzeuge mit einer Optikleuchte schmale Lichtbündel. Lasse sie senkrecht auf eine Sammellinse fallen (▷ B 2). Wie verlaufen die Lichtbündel nach dem Durchgang durch die Linse?
b) Tausche die Linse gegen eine dickere oder dünnere Sammellinse aus. Welche Veränderungen beobachtest du je nach Linsendicke? Fasse dein Ergebnis in einem „Je-desto"-Satz zusammen.

2 Tausche die Sammellinse gegen eine Zerstreuungslinse aus. Wiederhole Versuch 1 (▷ B 3) und notiere deine Beobachtungen.

2 Zu Versuch 1

3 Zu Versuch 2

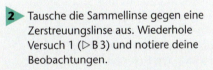

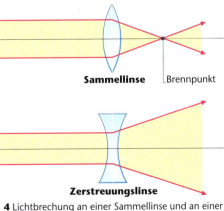

4 Lichtbrechung an einer Sammellinse und an einer Zerstreuungslinse

Bilder durch Linsen

1 Versuche mit einer Linse

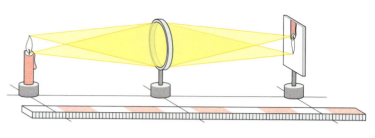

2 Entstehung des Bildes

Sammellinsen erzeugen Bilder

Sammellinsen findest du in allen optischen Geräten – sie sind in Fotoapparaten enthalten und weder Fernrohr noch Mikroskop kommen ohne sie aus.

Die Versuche 1 und 2 zeigen dir, dass eine Sammellinse ein Bild erzeugen kann. Betrachte das Bild auf dem Schirm: Es ist seitenverkehrt und steht auf dem Kopf (▷ B 1).

Das erinnert an die Bilder, die eine Lochkamera erzeugt. Es gibt aber Unterschiede: Eine Lochkamera erzeugt nur Bilder, die entweder hell und unscharf oder dunkel und scharf sind.
Das Bild einer Sammellinse ist gleichzeitig hell und scharf.

▶ Eine Sammellinse erzeugt ein deutliches und helles Bild. Es ist seitenverkehrt und steht auf dem Kopf.

Deutliche und scharfe Bilder

Allerdings erhältst du nur dann ein deutliches Bild, wenn der Schirm den richtigen Abstand von der Linse hat.
Ist er zu nah an der Linse oder zu weit von ihr entfernt, wird das Bild unscharf.

Große und kleine Bilder

Nicht nur die Entfernung des Schirms von der Linse ist für das Bild wichtig. Wenn du den Abstand zwischen Gegenstand und Linse änderst, erkennst du, dass sich die Bildgröße ändert (▷ V 1; V 2):

– Ist der Abstand zwischen Gegenstand und Sammellinse klein, dann entsteht ein großes Bild.

– Ist der Gegenstand weit von der Linse entfernt, entsteht ein kleines Bild.

Wird der Abstand allerdings kleiner als die Brennweite der Linse, kann man kein Bild mehr auffangen. Dann befindet sich der Gegenstand zu nah an der Sammellinse.

Versuche

1 ▶ Baue einen Versuch nach Bild 1 auf.
Entzünde eine Kerze und stelle sie vor eine Sammellinse.
Stelle hinter der Linse einen Schirm auf. Verschiebe ihn so lange, bis darauf ein deutliches Bild der Kerze zu sehen ist. Vergrößere die Entfernung zwischen Kerze und Linse.
Wie musst du den Schirm verschieben, um ein deutliches Bild der Kerze zu erhalten?
Nähere die Kerze der Linse. Beschreibe, wie sich das Bild verändert. Verändere den Aufbau so, dass ein scharfes Bild der Kerze entsteht.
Das Bild und die Kerze sollen dabei gleich groß sein.

2 ▶ Bemale mit dünnem Filzstift ein Glasblättchen
Versuche mit einer Taschenlampe und einer Sammellinse, auf einer Leinwand ein scharfes Bild zu erzeugen.

Das Auge des Menschen

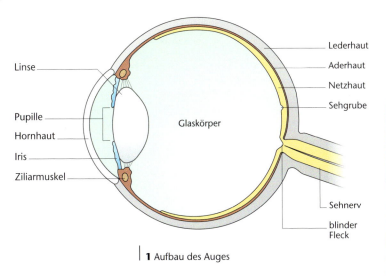

1 Aufbau des Auges

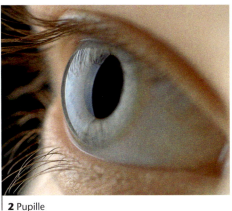

2 Pupille

Lochkamera und menschliches Auge

Das Sehen ist ein äußerst komplizierter Vorgang. Um den Sehvorgang vereinfacht zu erklären, kann die Lochkamera zum Vergleich herangezogen werden (▷ B 3). Auge und Lochkamera haben beide ein **lichtundurchlässiges Gehäuse**, in das die Lichtstrahlen nur von vorne einfallen können. Der Lochblende der Lochkamera entspricht die Pupille des Auges, dem Bildschirm entspricht die Netzhaut.

Der Weg des Lichts durch das Auge

Anders als die Lochkamera besitzt das Auge zusätzlich eine anpassungsfähige **Linse**. Mit ihrer Hilfe können sowohl nahe als auch weit entfernte Gegenstände scharf abgebildet werden. Und das funktioniert folgendermaßen:

Auf seinem Weg durch das Auge durchdringt das Licht die durchsichtige Hornhaut und anschließend die Pupille. Direkt hinter der Pupille fällt es auf die Linse. Ein Muskel kann die Form der Linse ändern. Sie kann so eine stärker gekrümmte oder eine flachere Form annehmen.

Nach der Linse durchläuft das Licht den durchsichtigen **Glaskörper**. Dann erreicht es die lichtempfindlichen Zellen der Netzhaut. Hier endet der Lichtstrahl, denn das Auge ist nach hinten abgedunkelt. Die Lichtsinneszellen wandeln die Lichtreize in elektrische Signale um. Diese Signale werden über den Sehnerv zum Gehirn geleitet und dort verarbeitet. Nun nehmen wir die Bilder wahr.
[System, S. 216]

Bildentstehung im Auge

Die von der Flamme einer Kerze ausgehenden Lichtstrahlen treffen auf den unteren Netzhautbereich, vom Kerzenboden reflektierte Strahlen werden auf dem oberen Bereich der Netzhaut abgebildet. Von jedem einzelnen Punkt der Kerze entsteht ein Bildpunkt auf der Netzhaut. Aus diesen Bildpunkten setzt sich ein Bild der Kerze auf der Netzhaut zusammen. Es ist verkleinert, seitenverkehrt und steht auf dem Kopf (▷ B 3).

Dass wir die uns umgebende Welt trotzdem nicht kopfüber sehen, ist eine Leistung des Gehirns.

▶ Das auf der Netzhaut entstehende Bild eines Gegenstandes ist verkleinert, seitenverkehrt und steht auf dem Kopf.

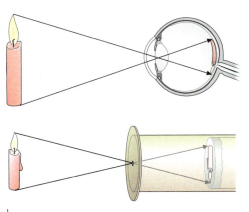

3 Auge und Lochkamera im Vergleich

Werkstatt

Versuche mit der Lupe

Briefmarkensammler benutzen sie, Insektenforscher können nicht auf sie verzichten – und sicherlich hast auch du schon kleine Gegenstände mit einer Lupe betrachtet.
In den folgenden Experimenten wirst du untersuchen, wie man selbst einfache Lupen bauen kann und wie man mit ihnen eine starke Vergrößerung erreicht.

1 Ein Wassertropfen als Lupe

Material
Große Sicherheitsnadel, Strohhalm oder Pipette, Klarsichthülle, Zeitungspapier

Versuchsanleitung
a) Lege ein Stück Zeitungspapier in die Klarsichthülle. Tropfe mit der Pipette oder mit dem Strohhalm Wasser auf die Hülle. Versuche dabei, unterschiedlich große Tropfen zu erzeugen. Betrachte den Zeitungstext unter den verschiedenen Wassertropfen. Was fällt dir dabei auf?

| **1** Zu Versuch 1b

b) Gib einen Wassertropfen in die Öse einer großen Sicherheitsnadel (▷ B 1). Du kannst das Wasser auftropfen oder mit der Sicherheitsnadel einen Tropfen aus einem Glas Wasser „schöpfen". Welche Form hat der Tropfen in der Öse? Betrachte nun einen Zeitungstext durch den Wassertropfen. Beschreibe deine Beobachtungen.

2 Eine „Wasserlupe"

Material
2 Uhrgläser, Knetmasse, Wasser

Versuchsanleitung
Forme aus der Knetmasse eine lange „Wurst". Lege die so geformte Knetmasse auf den inneren Rand eines Uhrglases. An einer Stelle muss eine kleine Lücke bleiben (▷ B 2).

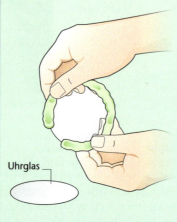

| **2** Knetmasse zur Abdichtung

Drücke nun das zweite Uhrglas so in die Knetmasse, dass zwischen den Uhrgläsern ein Hohlraum entsteht (▷ B 3). Die Knete muss den Spalt zwischen den Glasrändern vollständig abdichten, es darf keine Undichtigkeit entstehen!

| **3** Das zweite Uhrglas wird aufgesetzt

Fülle über die verbliebene Lücke Wasser ein (▷ B 4). Achte darauf, dass möglichst wenig Luftblasen entstehen. Wenn die „Wasserlupe" vollständig gefüllt ist, kannst du die Lücke mit einem Stück Knetmasse verschließen.
Betrachte verschiedene kleine Gegenstände mit deiner „Wasserlupe".

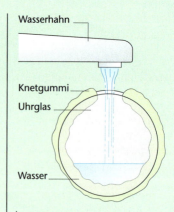

| **4** Befüllen mit Wasser

3 Lupen mit unterschiedlicher Vergrößerung

Material
Verschiedene Lupen, Millimeterpapier oder kariertes Papier

Versuchsanleitung
Lege zunächst eine Lupe auf das Millimeterpapier und entferne sie dann langsam (▷ B 5). Betrachte dabei das Millimeterpapier durch die Lupe. Kannst du das vergrößerte Millimeterpapier aus allen Entfernungen erkennen? In welchem Abstand ergibt sich die stärkste Vergrößerung?

Wiederhole den Versuch mit den anderen Lupen und vergleiche ihre Vergrößerungen. Welche Form haben die Lupen, die am stärksten vergrößern?

| **5** Millimeterpapier

Aufgabe
Informiere dich, in welchen Berufen man mit Lupen arbeitet. Welche Vergrößerungen erzielen diese Lupen jeweils?

Schnittpunkt

Kunst: Verwirrende Bilder

Unser Gehirn empfängt die Signale der Sinnesorgane und wertet sie aus. Neue Sinneseindrücke werden mit früheren Erfahrungen verglichen. Fehlt ein Sinneseindruck, kann er vom Gehirn durch die früheren Erfahrungen ergänzt werden. Außerdem werden bekannte Sinneseindrücke schneller wahrgenommen. Betrachte Bild 1. Kannst du darin mehr erkennen als nur schwarze Flecken?

▶ Das Gehirn vergleicht die Sinneseindrücke mit früheren Erfahrungen.

Optische Täuschungen
Widersprechen die neuen Sinneseindrücke den früheren Erfahrungen, kommt es zu einer Sinnestäuschung. Am Beispiel der optischen Täuschungen wird das besonders deutlich.

2 Groß, größer, am größten?

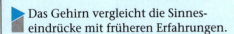
1 Verbirgt sich etwas hinter den Flecken?

Groß oder klein?
Welche der Personen in Bild 2 ist am größten? Stelle zunächst eine Vermutung an und überprüfe sie anschließend, indem du mit dem Lineal nachmisst.
Wir bestimmen die scheinbare Größe der Personen, indem wir sie auch mit ihrer Umgebung vergleichen. Die Person ganz links und die Person in der Mitte haben für uns eine gewohnte Größe, denn sie „passen" zur Höhe des Durchgangs. Bei der dritten Person spielt uns das Gehirn einen Streich. Sie befindet sich am Ende des Zimmers, also in einer Umgebung, die weiter entfernt ist und deshalb entsprechend verkleinert dargestellt ist. Das Gehirn vergleicht das Bild der Frau mit der Umgebung. Im Vergleich zur Umgebung wirkt sie riesig – daher folgert das Gehirn, dass sie auch größer als die Person ganz links ist. Tatsächlich aber sind beide Personen gleich groß, es handelt es sich um eine optische Täuschung.

Dinge gibt's, die gibt's nicht!
Du weißt aus Erfahrung, dass Gegenstände wie eine Kiste eine räumliche Ausdehnung besitzen. Deshalb versucht das Gehirn, auch gedruckte Bilder solcher Gegenstände räumlich wahrzunehmen.
Geschickte Zeichner nutzen das aus, um „unmögliche" Gegenstände auf dem Papier zu konstruieren. Würde es dir gelingen, die Gegenstände in Bild 3 nachzubauen?

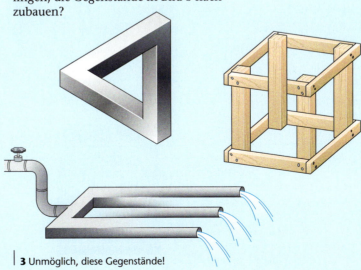

3 Unmöglich, diese Gegenstände!

Impulse

Physik und Musik

Musik und Geräusche

„Musik wird störend oft empfunden, dieweil sie mit Geräusch verbunden."
Vielleicht hast du dieses Zitat von WILHELM BUSCH (1832–1908) schon einmal gehört.
Was wollte WILHELM BUSCH damit sagen? Besteht denn ein Unterschied zwischen Musik und Geräuschen? Alles, was wir hören können, nennen wir Schall.

● Musik ist eine Abfolge von Tönen, die Melodien ergeben. Ein weiteres Merkmal von Musik ist z. B. ein Rhythmus/Takt.
Geräusche bestehen nicht aus bestimmten Tönen; sie sind völlig unregelmäßig.

● Aber jeder Mensch nimmt Musik und Geräusche anders wahr: die Besucher eines Rockkonzertes stehen mit Vorliebe direkt vor der Bühne und vor den riesigen Lautsprechern und sind begeistert.
Kannst du dir vorstellen, dass die gleichen Menschen sich durch das Ticken eines Weckers gestört fühlen?

● Viele Menschen lieben Opernmusik und hören sie auch gerne laut. Dabei kann es passieren, dass sie vom leisen Rascheln eines Bonbonpapiers heftig gestört werden. Erkläre.

Musik und Lautstärke

Meist ist es die Lautstärke von Musik oder Geräuschen, die uns stört. Wenn du gerne einschlafen willst, kann es sein, dass dich das Ticken deines Weckers stört.
Wenn vor eurem Haus eine Baustelle ist und ständig ein Presslufthammer in Betrieb ist, stört das alle Anwohner. Bei besonders starkem Lärm kann man sogar krank werden. Deshalb: Vorsicht beim Hören lauter Musik über Kopfhörer!

● Erkundige dich einmal, welche Schäden durch zu laute Geräusche ein Mensch erleiden kann.

Willst du etwas hören, muss etwas schwingen.

Wie können wir selbst Töne oder Geräusche erzeugen?
Die Opernsängerin erzeugt die Töne mit ihrem Körper im Mund, der Gitarrist mit den Saiten seines Musikinstrumentes.

● Sing einmal einige Sekunden lang den Buchstaben O und fühle dabei an deinem Hals. Was kannst du feststellen?

● Spann ein stabiles Gummiband über die Öffnung einer leeren Dose. Zupfe an dem Gummiband.

● Stell einige Gläser nebeneinander. Feuchte einen Finger leicht an und streiche damit länger über den Rand eines leeren Glases. Benutze ein anderes Glas oder eines, das mit etwas Wasser gefüllt ist.

Was haben alle Versuche gemeinsam? Wie entstehen die Töne bei einer Trommel? Bei einem Klavier? Bei einer Blockflöte?

Kannst Du mit mehreren Gläsern eine Melodie spielen? Versuche das einmal zu Hause.

Werkstatt

Schwingungen machen Töne

Das Gehör ist ein wichtiges Sinnesorgan. Wir brauchen es zur Verständigung und Orientierung. Alles, was wir hören können, bezeichnet man als Schall. Wie aber entsteht Schall?

Teilt euch in Gruppen auf. Jede Gruppe führt in einer beliebigen Reihenfolge nacheinander alle Versuche durch.

1 Das s(chw)ingende Lineal

Material
Lineal (möglichst lang und stabil, z. B. aus Metall)

Versuchsanleitung
a) Drückt ein Ende des Lineals fest auf eine Tischkante. Dabei soll ungefähr die Hälfte des Lineals überstehen. Zupft nun am freien Ende des Lineals.
Notiert, was ihr hört und seht.

| 1 Anzupfen des Lineals

b) Ändert die Länge des überstehenden Teils (▷ B 1) und zupft erneut am freien Ende des Lineals. Was beobachtet ihr nun? Welche Unterschiede zum ersten Versuch könnt ihr feststellen?

2 Schall bewegt

Material
Weinglas, Trinkglas, Alufolie, Bindfaden

| 2 Anschlagen des Glases

Versuchsanleitung
Formt aus der Alufolie eine kleine Kugel. Befestigt sie an einem Stück Faden. Haltet die Kugel so am Faden, dass sie den Rand des leeren Glases berührt. Schlagt nun leicht gegen den Rand des Glases (▷ B 2). Beobachtet die Kugel. Was stellt ihr fest?

| 3 Eintauchen der Stimmgabel

3 Schall „sichtbar" gemacht

Material
Becherglas, Stimmgabel

Versuchsanleitung
a) Füllt ein Glas mit Wasser. Schlagt die Stimmgabel an und taucht sie sofort ins Wasser (▷ B 3). Was könnt ihr beobachten?
b) Schlagt die Stimmgabel fester an, sodass sie lauter ertönt, und taucht sie wieder ins Wasser. Was beobachtet ihr nun?

4 Die Stimmgabel schwingt

Material
Glasscheibe, Kerze, Feuerzeug, 2 hölzerne Wäscheklammern, lange Stimmgabel mit Metallspitze, Papier, Schutzbrille

Versuchsanleitung
a) Zündet die Kerze an. Haltet die Glasscheibe mit zwei Wäscheklammern und bewegt sie über der Flamme, bis sie mit einer Rußschicht bedeckt ist.
Achtung: Lasst die Scheibe zwischendurch immer wieder abkühlen, damit sie nicht zerspringt!

| 4 Die Stimmgabel erzeugt ein Muster.

b) Legt nun die Scheibe mit der Rußschicht nach oben auf das Papier. Schlagt die Stimmgabel an und zieht die Metallspitze schnell über die berußte Scheibe (▷ B 4).

Beschreibt das Muster, das die Metallspitze auf der berußten Glasscheibe erzeugt hat. Übertragt das Muster in euer Versuchsprotokoll.

Aufgaben
1. Beantwortet nach der Durchführung aller Versuche in euren Gruppen folgende Fragen:
– Wie entsteht Schall?
– Wovon hängen Höhe und Lautstärke eines Tons ab?
Anschließend stellt jede Gruppe ihre Antworten vor.

2. Zählt weitere Schallquellen auf. Gebt jeweils an, wodurch der Ton erzeugt wird und wie Tonhöhe und Lautstärke verändert werden können.

Hoch und tief, laut und leise

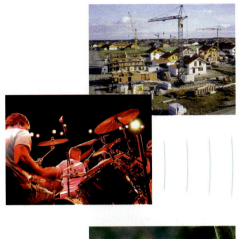

1 Schall umgibt uns ständig.

Schall und Schallquellen
Wenn du dir im Kino einen Film ansiehst, hörst du viele verschiedene Töne. Große Lautsprecher übertragen die Filmgeräusche und die Filmmusik, du hörst andere Kinobesucher mit Popcorn rascheln, Papier zerknüllen oder ein Getränk schlürfen, Stuhlsitze klappern, manche husten, andere lachen laut... All das, was du hörst, bezeichnet man als **Schall**. Verursacht wird dieser Schall von verschiedenen **Schallquellen**.

Mit einfachen Versuchen kannst du nachweisen, dass Schallquellen schwingen, wenn sie einen Ton erzeugen. Drückst du das Ende eines Lineals fest auf eine Tischplatte (▷ B 2) und zupfst am anderen, freien Ende, so schwingt das Lineal – und es entsteht ein Ton.

▶ Gegenstände, die einen Ton erzeugen, bezeichnet man als Schallquellen. Eine Schallquelle erzeugt einen Ton, wenn sie schwingt.

Hohe und tiefe Töne
Die Höhe des Tons hängt davon ab, wie lang der schwingende Teil des Lineals ist (▷ B 2).
Schwingt ein langes Stück des Lineals (▷ B 2a), kann man diese Bewegung meist sehen. Das Lineal schwingt langsam und erzeugt einen tiefen Ton.

Schwingt ein kurzes Stück des Lineals (▷ B 2b), lässt sich die Schwingung kaum nachverfolgen. Der hohe Ton ist jedoch gut zu hören.

▶ Schnelle Schwingungen führen zu einem hohen Ton, langsame Schwingungen zu einem tiefen Ton.

Laute und leise Töne
Will man einen lauten Ton erzeugen, muss man die jeweilige Schallquelle stärker anschlagen. Das bedeutet beim Lineal, dass man das freie Ende stärker biegen muss.

▶ Je stärker eine Schallquelle schwingt, desto lauter ist der Ton, den wir hören.

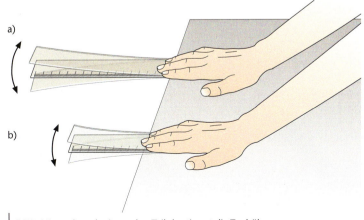

2 Die Länge des schwingenden Teils bestimmt die Tonhöhe.

Schall ganz unterschiedlich

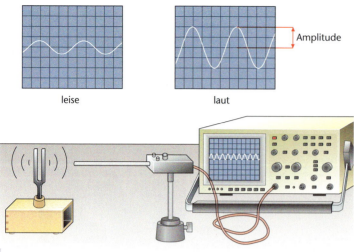

1 Je größer die Amplitude einer Schwingung ist, desto lauter ist der Ton.

Das Oszilloskop
Naturwissenschaftler benutzen häufig ein Oszilloskop, um Schall sichtbar zu machen (▷ B 1). Der Schall wird mit einem Mikrofon aufgenommen. Die Schallschwingungen erscheinen als Linien auf dem Bildschirm des Oszilloskops. Schlägst du eine Stimmgabel leicht an, zeigt das Oszilloskop ein Signal wie in Bild 1 (links oben). Schlägst du fest gegen die Stimmgabel, so wird der Ton lauter. Die Stimmgabel schwingt weiter aus. Der Ausschlag auf dem Bildschirm des Oszilloskops ist größer. Der größte Ausschlag wird auch als **Amplitude** bezeichnet.

▶ Je größer die Amplitude ist, desto lauter ist der wahrgenommene Ton.

Die Tonhöhe
Wenn du dir unterschiedliche Stimmgabeln ansiehst, findest du sicher ähnliche Angaben wie auf den beiden Stimmgabeln in Bild 3. Um herauszufinden, was diese Angaben bedeuten, kannst du Folgendes ausprobieren: Schlage unterschiedliche Stimmgabeln nacheinander an und ordne sie nach der Höhe ihres Tons. Du wirst feststellen: Je größer die Zahl auf der Stimmgabel, desto höher der Ton (▷ B 2).

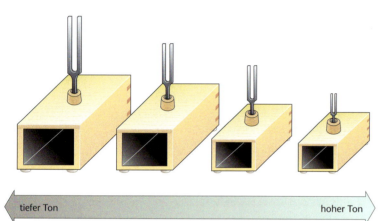

2 Stimmgabeln mit tiefen und hohen Tönen

Die Frequenz
Die Zahl auf der Stimmgabel gibt die **Frequenz** des Tones an. Eine Frequenz von 256 Hz bedeutet zum Beispiel, dass die Stimmgabel in einer Sekunde 256 volle Schwingungen ausführt.

Die Frequenz wird in der Einheit **Hertz** (Hz) angegeben, benannt nach dem Physiker Heinrich Hertz (1857–1894).

▶ Die Frequenz (in Hertz) gibt an, wie viele Schwingungen ein Körper in einer Sekunde durchführt. Je größer die Frequenz einer Stimmgabel ist, desto höher ist der Ton, den sie erzeugt.

3 Stimmgabeln mit Frequenzangabe

Versuch
1. Eine Stimmgabel erzeugt einen Ton. Beim Zerknüllen von Papier hörst du ein Geräusch, beim Zerplatzen eines Luftballons einen Knall. Schließe an ein Oszilloskop ein Mikrofon an und nimm damit die Signale dieser Schallquellen auf. Was zeigt das Oszilloskop jeweils an? Formuliere einen Merksatz.

Schallausbreitung – Schallträger

Wie breitet sich Schall aus?
Schlägst du das linke Tamburin in Bild 1 an und beobachtest dabei die aufgehängte Kugel (z. B. einen Tischtennisball) am rechten Tamburin, dann stellst du fest, dass sie sich bewegt.

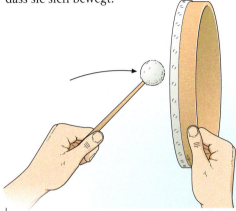
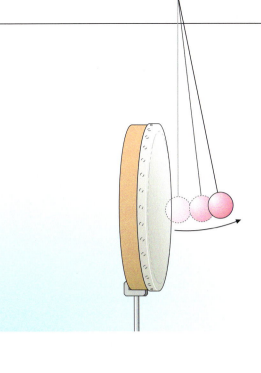

1 Wieso bewegt sich die aufgehängte Kugel?

Bild 2 zeigt eine Pappröhre, die an beiden Seiten mit einer Gummihaut verschlossen ist. Eine leichte Kugel, an einem Faden befestigt, berührt die rechte Gummihaut. Klopfst du leicht mit einem Finger gegen die linke Gummihaut, dann kannst du sehen, dass sich die Kugel bewegt.
In Bild 3 wurde die rechte Gummihaut entfernt. Anstelle der Kugel wird eine brennende Kerze verwendet. Klopfst du nun gegen die Gummihaut, dann bewegt sich die Kerzenflamme hin und her.
Die Versuche zeigen, dass sich der Schall durch die Luft ausbreitet.

2 Der Schall setzt die Kugel in Bewegung.

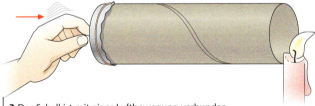

3 Der Schall ist mit einer Luftbewegung verbunden.

Wie schnell ist der Schall?
Wäre die Pappröhre länger, dann könnte man sehen, dass der Schall Zeit braucht, um sich auszubreiten. In einer Sekunde legt der Schall in Luft etwa 340 m zurück. Das bedeutet, die **Schallgeschwindigkeit** in Luft beträgt 340 Meter pro Sekunde.

Kann Schall sich ohne Luft ausbreiten?
Legt man eine elektrische Klingel wie in Bild 4 unter eine Glasglocke und pumpt langsam die Luft ab, macht man eine erstaunliche Beobachtung. Je länger das Abpumpen der Luft dauert, desto leiser wird das Klingeln. Es fehlt die Luft zur Weiterleitung der Schalls. Schall kann sich also nicht alleine ausbreiten, sondern er braucht einen **Schallträger**.
[Materie, S. 215]

▶ Schall breitet sich in der Luft aus.
Luft ist ein Schallträger.

4 Ohne Luft ist kein Klingeln zu hören.

Schnittpunkt

Akustik: Wie breiten sich Schallwellen in der Luft aus?

Die Ausbreitung von Schall

Hast du dir schon einmal überlegt, wie der Schall von einer schwingenden Stimmgabel zu deinem Ohr gelangt?
Du hast gelernt, dass zwischen Stimmgabel und Ohr Luft vorhanden ist und dass die Luft den Schall weiterleitet. Luft ist ein Schallträger.

Eigentlich scheint keine direkte Verbindung zwischen der Stimmgabel und deinem Ohr zu bestehen.
Doch die Luft, die sich zwischen Stimmgabel und Ohr befindet, besteht aus vielen winzig kleinen Teilchen. Sie sind so klein, dass du sie mit dem bloßen Auge nicht erkennen kannst. Du kannst sie dir wie Kugeln vorstellen, die sich in jede beliebige Richtung hin und her bewegen können.
[Materie, S. 214]

3 Lauschendes Mädchen

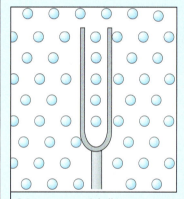

1 Anregung von Schall in der Luft

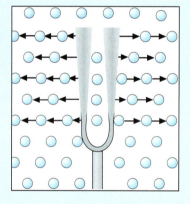

Schlägst du nun die Stimmgabel an, dann fängt diese an sehr schnell hin- und herzuschwingen.
Dabei stößt der Zinken der Stimmgabel die Teilchen an, die sich in der direkten Umgebung befinden (▷ B 1). Diese stoßen die nächsten Teilchen an, diese wieder die nächsten usw. Schließlich bewegen sich auch die Luftteilchen, die sich in deinem Ohr befinden, und diese prallen gegen das Trommelfell. Das Trommelfell wird so in Bewegung versetzt.

Die Sache mit den Luftteilchen kannst du dir auch so vorstellen:
Mehrere Schülerinnen und Schülern stellen sich hintereinander auf. Jeder in der Reihe fasst mit gestreckten Armen die Schultern des Vordermanns (▷ B 2). Wird nun der erste in der Reihe geschubst, gibt er diese Bewegung an den Vordermann weiter. Der stößt seinen Vordermann an usw. Schließlich bewegt sich auch der letzte in der Reihe. Die Schülerinnen und Schüler stehen für die Luftteilchen, die sich anstoßen.

Die Ausbreitung des Schalls erfolgt jedoch nicht nur in eine Richtung, sondern nach allen Seiten. Das kannst du leicht überprüfen: Stellst du die Stimmgabel an einen beliebigen Platz im Klassenraum, dann kannst du den Ton von jedem Ort aus in der Klasse hören. Die einzelnen Luftteilchen selbst bewegen sich dabei nicht fort, sie schwingen nur hin und her und stoßen dabei die benachbarten Teilchen an.

Aufgabe

1 Warum benötigt der Schall eine bestimmte Zeit, um von der Stimmgabel zu deinem Ohr zu gelangen?

2 Ein einfaches Modell zur Schallausbreitung

Schalldämpfung – Schallumlenkung

Der störende Wecker

Es soll ja Menschen geben, die abends nicht einschlafen können, weil sie durch das Ticken einer Uhr gestört werden. Ein solcher Mensch ist der Schläfer in Bild 2. Um endlich ungestört schlafen zu können, kommt er auf die Idee, seinen alten Wecker in einen mit einem Handtuch ausgepolsterten Schuhkarton zu stellen. Ob das Sinn hat?

Legst du einen laut tickenden Wecker in eine ausgepolsterte Schachtel, dann wirst du das Ticken an verschiedenen Stellen unterschiedlich gut hören. Besonders deutlich hörst du das Ticken, wenn dein Ohr direkt oberhalb der Schachtel ist. Legst du nacheinander folgende Dinge über den Wecker:
– eine Zeitung / zwei Zeitungen,
– ein Metallblech,
– ein Kleidungsstück aus Wolle,
– Styropor®,
– 1 Holzbrett / 2 Holzbretter,
– einen großen Schwamm,
– andere Materialien, die dir zur Verfügung stehen,

dann ändert sich die Lautstärke, mit der du den Wecker hörst. Einige Materialien verhindern, dass sich der Schall ausbreitet. Sie dämpfen den Schall, indem sie Schall absorbieren.

▶ Um den Schall zu dämpfen, werden Materialien verwendet, die den Schall gut absorbieren.

Schall „geht" um die Ecke

Stelle einen laut tickenden Wecker auf eine Schicht Watte in ein oben offenes Glasgefäß (▷ B 3). Wenn du dein Ohr direkt über die Öffnung des Glases hältst, dann kannst du das Ticken des Weckers

2 Ein besonderer Lärmschutz

deutlich hören. Entfernst du dich vom Glas, wird das Ticken immer leiser. Setzt du dich schließlich 2 bis 3 m vom Glas entfernt hin, ist das Geräusch nicht mehr wahrzunehmen.

▶ Je weiter man sich von einer Schallquelle entfernt, desto leiser nimmt man den Schall wahr.

Lasse einen Klassenkameraden oder eine Klassenkameradin einen Spiegel so über das Glas halten, dass du von deinem Platz aus die Uhr im Spiegel sehen kannst. Wenn du nun ein Ohr zum Spiegel hin drehst, wirst du das Ticken des Weckers wieder hören (▷ B 1). Der Schall wird an der glatten Oberfläche des Spiegels umgelenkt. Statt des Spiegels kannst du auch andere feste Materialien mit glatter Oberfläche benutzen.

3 Ein Wecker auf Watte gebettet

▶ Schall wird von festen Stoffen (Glas, Metall, Stein usw.) zurückgeworfen Man sagt: Der Schall wird reflektiert.

1 Schall kann umgeleitet werden.

Aufgaben

1 Welche der im Text genannten Materialien dämpfen den Schall besonders gut?

2 Reicht es, wenn der Schläfer in Bild 2 seinen Wecker in den ausgepolsterten Schuhkarton stellt? Kannst du ihm noch zusätzlich eine Abdeckung für den Karton empfehlen? Welche?

Schall, den wir nicht hören

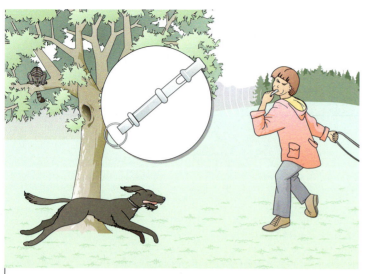

1 Den Ton einer Hundepfeife können Menschen nicht hören.

Schall, den wir nicht hören
Unser Gehör ist in der Lage, den Bereich von sehr leisen bis zu sehr lauten Tönen wahrzunehmen. Sehr laute Töne empfinden wir schnell als Lärm.
Wie sieht es aber bei sehr tiefen oder sehr hohen Tönen aus?
[Wechselwirkung, S. 219]

Vielleicht kennst du Hundepfeifen, mit denen der Besitzer seinen Hund ruft (▷ B 1). Wir können den Ton dieser Hundepfeifen nicht hören. Zu leise kann er aber nicht sein, denn Hunde hören den Ton sogar noch in großer Entfernung und kommen angelaufen.

Wer hat das beste Gehör?
Mit einem Tonfrequenzgenerator kann man sowohl ganz tiefe als auch sehr hohe Töne erzeugen. Mithilfe dieses Geräts könnt ihr ein Experiment durchführen, das zeigt, dass Menschen unterschiedlich gut hören: Ein Mädchen oder Junge deiner Klasse dreht langsam am Regler des Tonfrequenzgenerators und erhöht so die Frequenz und damit die Höhe des Tons. Jede Person im Raum, auch eure Lehrerin oder euer Lehrer, schließt die Augen und hebt die Hand, sobald sie keinen Ton mehr hört.
Wer hört als erster keinen Ton mehr? Bei welcher Frequenz ist das der Fall? Ab welcher Frequenz hört keiner der Anwesenden mehr einen Ton?

Der Hörbereich des Menschen
Menschen können Töne hören, deren Frequenz im Bereich zwischen 16 Hz und 16 000 Hz liegt. Kinder und Jugendliche mit gesundem Gehör nehmen auch noch höhere Töne bis zu einer Frequenz von 21 000 Hz wahr.

Mit zunehmendem Alter nimmt die Leistungsfähigkeit des Gehörs ab. Betroffen ist vor allem die Fähigkeit, hohe Töne wahrzunehmen.

▶ Töne, deren Frequenzen über 16 000 Hz liegen, bezeichnet man als **Ultraschall** (lat. ultra: jenseits). Töne mit Frequenzen unter 16 Hz nennt man **Infraschall** (lat. infra: unterhalb).

Die Hörbereiche von Tieren
Hunde haben einen anderen Hörbereich als Menschen. Deshalb nehmen die Tiere den sehr hohen Ton einer Hundepfeife wahr, den der Hundebesitzer selbst nicht mehr hören kann. Weitere Beispiele für Hörbereiche von Tieren zeigt Bild 2.

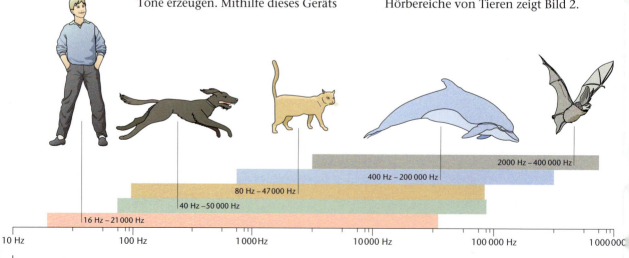

2 Die Hörbereiche des Menschen und einiger Tiere

Strategie

Mit kleinen Kärtchen zum großen Lernerfolg

Viele Leute schreiben kleine Zettelchen, wenn sie etwas nicht vergessen wollen. Für sie sind diese Notizen ihr „Hilfsgedächtnis". Auch beim Vokabellernen benützt du kleine Kärtchen.

Deine Lernkartei

Du willst ein bestimmtes Stoffgebiet, z. B. „Der Schall", lernen und wiederholen. Lies zuerst den Text in deinem Buch. Suche die wichtigsten Begriffe – meist fett gedruckt – heraus.
Schreibe die Begriffe auf nicht zu kleine Kärtchen (mindestens 7 x 10 cm), die du fertig kaufen oder aus Karton selber schneiden kannst. Auf die Vorderseite kommt der Begriff, auf die Rückseite schreibst du die Definition oder einen Satz als Erklärung.

Allein lernen

Wenn du allein lernen willst, brauchst du nur noch einen Karteikasten, den du in fünf Fächer unterteilst.
Alle Kärtchen kommen in das vorderste Fach und wandern, wenn du die Erklärung auf der Rückseite richtig gewusst hast, ins 2. Fach.
Begriffe, die du nicht konntest, bleiben im ersten Fach. Jeden Tag rutschen die Kärtchen bei richtiger Wiederholung ein Fach weiter nach hinten, bis du alle Begriffe gelernt hast.

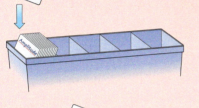

Beim ersten Mal richtig beantwortet

Beim zweiten Mal immer noch gewusst

Beim dritten Mal falsch beantwortet, schade …

Meister aller Klassen!

Zu zweit lernen

Ihr könnt mit den Kärtchen auch zu zweit lernen. Teilt die Kärtchen untereinander auf und fragt euch gegenseitig ab. Dabei könnt ihr euch den Begriff nennen oder die Erklärung auf der Rückseite.

Lernen in der Gruppe

Auch zu dritt oder viert könnt ihr mit der Kärtchen-Methode lernen.
Teilt die Kärtchen untereinander auf. Der Erste legt einen Begriff z. B. „Amplitude" auf den Tisch. Der Nächste darf seinen Begriff nur anlegen, wenn er einen sinnvollen Satz mit beiden Begriffen bilden kann. Mit dem nächsten Begriff geht es genau so weiter.

Je größer die Amplitude ist, desto lauter ist der wahrgenommene Ton.

14.30 Uhr Treffen mit Kemal und Mara: Physik lernen!

Werkstatt

Leben ohne Licht und Schall

Ständig nimmst du mit den Sinnesorganen Reize aus deiner Umwelt auf. Das ist für dich selbstverständlich, meistens denkst du darüber nicht mehr nach. Stell dir vor, es würde dir ein Sinn fehlen. Wie könntest du dich dann in deiner Umgebung zurechtfinden?

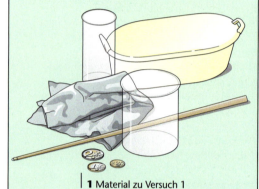

1 Material zu Versuch 1

1 Orientierung ohne Licht
Material
Tuch, Stock, verschiedene Geldstücke, 2 Wassergläser, Wanne

Versuchsanleitung
a) Gehe mit verbundenen Augen den Weg von deinem Fachraum zu deinem Klassenzimmer (▷ B 2). Bitte einen Mitschüler oder eine Mitschülerin dich zu begleiten und die Richtung anzugeben, in die du gehen musst. Vermeide das Treppenhaus! Lasse dich an gefährlichen Stellen von deinem Partner sichern.

2 Blinde benötigen Hilfe

Versuche, den Rückweg alleine zu finden. Benutze zur Orientierung den Stock. Dein Mitschüler oder deine Mitschülerin warnt dich vor gefährlichen Stellen.
Wie kannst du den Stock einsetzen, um den Weg zu finden? An welchen Stellen hast du Schwierigkeiten bei der Orientierung?

3 Stockeinsatz

b) Auf einem Tisch vor dir liegen verschiedene Geldstücke. Versuche den Wert dieser Geldstücke mit verbundenen Augen zu ertasten. Zähle anschließend einen Betrag von 1,38 Euro mit verbundenen Augen ab. Woran erkennst du die verschiedenen Münzen?
c) Mit geöffneten Augen ist es einfach, Wasser von einem Glas in ein anderes zu gießen. Schaffst du das auch mit verbundenen Augen? Welcher „Trick" kann dir dabei helfen?

4 Umgießen mit verbundenen Augen

d) Ein Mitschüler oder eine Mitschülerin lässt einen Schlüssel zu Boden fallen. Hebe den Schlüssel mit verbundenen Augen auf. Wiederhole den Versuch mit anderen Gegenständen, z. B. mit einer Münze oder einem Blatt Papier. Welche Gegenstände hast du ohne Schwierigkeiten gefunden? Begründe.

2 Orientierung ohne Schall
Material
Watte, zwei Plastikbecher, langer Stoffstreifen

Versuchsanleitung
Verschließe deine Ohren mit Watte. Fülle die Becher mit Watte und setze sie auf deine Ohrmuscheln. Befestige die Becher mit dem Stoffstreifen (▷ B 5).

5 Zu Versuch 2

Wie nimmst du die Geräusche aus deiner Umgebung wahr? Wie klingt es, wenn du selbst sprichst? Versuche dich mit einem Mitschüler oder einer Mitschülerin ohne Worte zu verständigen. Denkt euch eine Methode aus, mit der eine Verständigung ohne Worte möglich ist.

Hilfsmittel bei fehlenden Sinnen

Fehlende Sinne

Viele Menschen nehmen ihre Umwelt nur eingeschränkt wahr. Sie sind z. B. sehbehindert oder hörgeschädigt. Wusstest du, dass in Deutschland mehr als 150 000 Menschen blind sind?
Sinnesgeschädigte Menschen haben gelernt, ihre anderen Sinne besonders gut zu nutzen. Viele blinde Menschen können sehr gut hören und sind in der Lage, auch sehr feine Strukturen zu ertasten. Hörgeschädigte lesen anderen Menschen häufig die Worte „von den Lippen" ab. Das kann für beide Gesprächspartner anstrengend sein und benötigt viel Zeit. Sinnesgeschädigte Menschen sind deshalb aber nicht schwer von Begriff.

Leben in der Dunkelheit

Für blinde Menschen ist die Orientierung außerhalb der gewohnten Umgebung schwierig. Das wichtigste Hilfsmittel für sie ist der **Langstock**. Er heißt so, weil er vom Erdboden bis zur Brust reicht. Mit dem Langstock tastet ein Blinder den Bereich vor sich ab, wobei die Stockspitze immer am Boden bleibt. So sichert er seine nächsten Schritte.
Auch ein **Blindenhund** hilft seinem Besitzer bei der Orientierung (▷ B 2). Blindenhunde werden sorgfältig ausgebildet und sind verlässliche Partner. Sie suchen selbstständig den Weg, erkennen Zebrastreifen, Ein- und Ausgänge an Häusern und freie Sitzplätze in Bussen. Dabei lassen sie sich auch von anderen Hunden nicht ablenken. Wenn du selbst einen Hund besitzt, weißt du, wie schwierig das ist.

Mit den Fingern lesen

Blinde Menschen können eine Schrift lesen, die aus ertastbaren Punkten besteht. Diese Schrift wurde im Jahr 1822 von dem Franzosen LOUIS BRAILLE (1806–1852) erfunden. Nach ihm wird sie **Braille-Schrift** genannt. Heute benutzt man diese Schrift auf der ganzen Welt. Zum Schreiben verwendet man eine spezielle Schreibmaschine, die die Punkte in das Papier eindrückt. Vielleicht hast du diese Schrift schon mal auf einer Medikamentenpackung gesehen.

Leben in der Stille

Taube Menschen hören auch ihre eigene Stimme nicht. Deshalb können sie ihre Sprache schlecht kontrollieren und ihre Worte klingen manchmal schwer verständlich. Gehörlose Menschen verständigen sich oft durch eine **Gebärdensprache**

1 Gebärdensprache

2 Blinder mit Hund

(▷ B 1). Um sie zu erlernen, bedarf es einiger Übung. Eine andere Möglichkeit bietet das Fingeralphabet (▷ B 3).

Aufgabe

1. Worin besteht der Unterschied zwischen Gebärdensprache und Fingeralphabet? Was sind jeweils die Vor- und Nachteile?

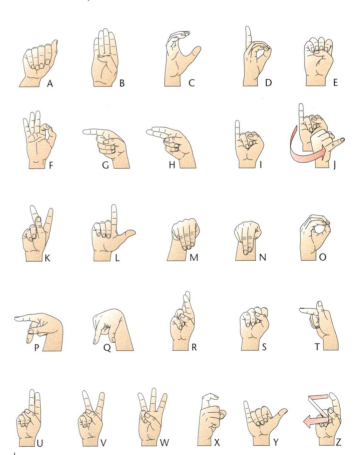

3 Das Fingeralphabet

Werkstatt

Musikinstrumente selbst gebaut

Wir gründen eine Band
Die folgenden Musikinstrumente kannst du selbst mit einfachen Mitteln nachbauen.
Wenn deine Klassenkameraden auch Instrumente bauen, könnt ihr sie vielleicht sogar im Musikunterricht benutzen.

1 Bongos
Material
3 oder mehr unterschiedlich lange stabile Pappröhren (oder auch alte runde Kaffee- oder Plätzchendosen), mehrere Bögen „Elefantenhaut" (das ist eine besondere Papiersorte, die man im Bastel- oder Schreibwarengeschäft bekommt), Schnur, Kordel oder ein stabiler Bindfaden

Bauanleitung
Du legst die Elefantenhaut kurz in lauwarmes Wasser. Dann wringst du sie vorsichtig aus. Nun kannst du die Öffnungen der Röhren mit der Elefantenhaut bespannen. Die Haut musst du mit einer Kordel befestigen. Je 2 bis 4 Trommeln kannst du nun zusammenbinden.

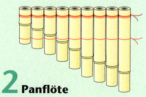

2 Panflöte
Material
8 unterschiedlich lange Stücke Plastikschlauch, Schilfrohr oder Ähnliches, ein dünnes Band oder Klebefilm

Bauanleitung
Binde oder klebe die 8 Flötenstücke (ca. 7 bis 15 cm Länge) der Größe nach aneinander. Bläst du über die Öffnungen hinweg, kannst du Töne erzeugen.

3 Flaschenorgel
Material
Mindestens 8 leere Flaschen der gleichen Sorte

Bauanleitung
Fülle die 8 Flaschen unterschiedlich hoch mit Wasser, sodass beim Dagegenschlagen eine Tonleiter zu hören ist. (Du kannst auch über die Flaschenöffnungen hinwegpusten.)
Es funktioniert auch mit Reagenzgläsern und mit Sand zur Füllung.

4 Zupfkiste
Material
Eine hölzerne Kiste (z. B. eine Zigarrenkiste) oder ein stabiler Pappkarton, unterschiedlich dicke Drähte, Gummibänder, Nylonschnur, Schere

Bauanleitung
Spanne über die Holzkiste unterschiedlich dicke Drähte, Gummibänder und Nylonschnüre und befestige sie sorgfältig.
Durch Anzupfen kannst du Töne erzeugen.

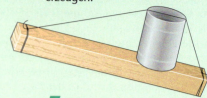

5 Bass
Material
Ein etwa 1 m langes Vierkantholz oder ein Besenstiel, dünner Draht oder eine Nylonschnur, eine größere Konservendose oder ein Eimer aus Metall oder Plastik

Bauanleitung
Über das Vierkantholz spannst du der Länge nach einen Draht so, dass die Konservendose oder der Eimer zwischen Holz und Draht eingeklemmt ist. Der Ton entsteht, wenn du den Draht anzupfst.

6 Gartenschlauchtrompete
Material
Etwa 1 m von einem alten Gartenschlauch, ein Trichter

Bauanleitung
Baue die Schlauchtrompete, wie im Bild zu sehen. Blase, wie bei einer Trompete, in das Schlauchende, um Töne zu erzeugen.

1 Selbst gebaute Instrumente im Einsatz

Resonanz

Was ist Resonanz?
Marion behauptet, um zwei Stimmgabeln zum Klingen zu bringen müsse sie nur eine berühren (▷ B 1). Ihr Klassenkamerad Christian glaubt das nicht.
Marion schlägt eine 440 Hz-Stimmgabel an und stellt sie neben eine zweite (▷ B 2a).
Um zu zeigen, dass die zweite tatsächlich schwingt, hält sie die erste Stimmgabel mit der Hand an. Christian ist überrascht: Die zweite Stimmgabel tönt tatsächlich, ohne dass sie angeschlagen wurde.

Marion kann auch erklären, wie das Ganze funktioniert. Die Stimmgabel, die angeschlagen wird, schwingt. Die Schwingungen werden durch die Luft auf die zweite Stimmgabel übertragen.
Diese Stimmgabel fängt auch an zu schwingen. Sie schwingt auch noch dann weiter, wenn die andere angehalten wird. Dieses Mitschwingen wird als Resonanz bezeichnet.

Der Vorgang funktioniert aber nur dann gut, wenn beide Stimmgabeln mit der gleichen Frequenz schwingen.
Du kannst das leicht überprüfen.

In Bild 2b hat die zweite Stimmgabel eine Frequenz von 1 000 Hz. Die Schwingungen der 440 Hz-Stimmgabel lassen sich nicht übertragen.

▶ Von Resonanz spricht man, wenn ein Körper mit einem anderen bei der gleichen Frequenz mitschwingt.

Mitschwingen
Hältst du den Fuß einer schwingenden Stimmgabel an einen beliebigen festen Gegenstand, so hörst du den Ton lauter. Doch der Ton klingt sehr schnell ab. Dasselbe beobachtet man, wenn man Stimmgabeln mit anderen Frequenzen benutzt. Jede Stimmgabel zwingt den Körper, z. B. eine Tischplatte, zum Mitschwingen.

Bei dieser Erscheinung handelt es sich nicht um Resonanz, denn die Gegenstände schwingen mit jeder beliebigen Frequenz mit. Man spricht von **erzwungenem Mitschwingen**.

▶ Beim erzwungenen Mitschwingen wird ein Körper zum Schwingen angeregt, wobei die Frequenz beliebig ist.

Versuch

1 Material: mehrere Stimmgabeln mit unterschiedlichen Frequenzen.
Schlage eine Stimmgabel an. Halte den Fuß der klingenden Stimmgabel auf eine Tischplatte, an eine Tür, an die Tafel.
Wiederhole den Versuch mit Stimmgabeln, die eine andere Frequenz haben. Beschreibe das Ergebnis und erkläre.

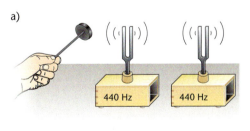

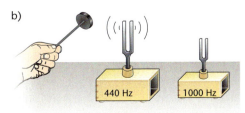

1 Ein Experiment zur Resonanz

2 Resonanz tritt nur bei gleicher Frequenz auf.

Der „Resonanzkasten" bei Musikinstrumenten

Der „Resonanzkasten"
Bei den dargestellten **Musikinstrumenten** in Bild 2 wird ein Ton jeweils auf die gleiche Weise erzeugt: Eine straff gespannte Saite wird zum Schwingen gebracht. Dies geschieht durch Zupfen, Schlagen oder Streichen mit einem Bogen.

Das Schwingen einer solchen Saite ist jedoch sehr leise (▷ B 1). Deshalb haben schon die ersten Musikinstrumentenbauer Körper aus Holz gefertigt. Über diese Klangkörper werden die Saiten gespannt. Die schwingende Saite zwingt den Körper und die darin enthaltene Luft zum Mitschwingen. Der erzeugte Ton klingt lauter.

Du kannst mithilfe verschiedener Körper selbst versuchen den Ton einer schwingenden Saite lauter zu machen. Halte z.B. einen leeren Jogurtbecher (▷ B 3), eine leere Holzschachtel oder einen Schuhkarton dicht an die schwingende Saite.

Der Klangkörper eines Musikinstruments soll natürlich alle Töne verstärken, die auf dem Instrument gespielt werden können. Deshalb kann es sich nicht um Resonanz handeln. Es ist also falsch, den Klangkörper als Resonanzkasten zu bezeichnen.

Natürlich hat ein Klangkörper auch eine Eigenfrequenz. Diese Frequenz muss jedoch tiefer oder höher liegen als die Frequenzen aller Töne, die auf dem Instrument gespielt werden können. Wenn das nicht so wäre, könnte folgendes geschehen: Der Musiker spielt den Ton, dessen Frequenz mit der Eigenfrequenz des Klangkörpers übereinstimmt. Durch Resonanz wird dieser eine Ton plötzlich viel lauter als alle anderen Töne. Das würde beim Musizieren stören.

2 Verschiedene Saiteninstrumente

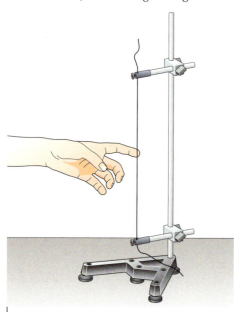

1 Die schwingende Saite erzeugt keinen lauten Ton.

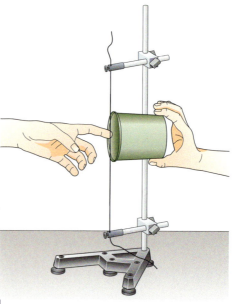

3 Der Becher erhöht die Lautstärke deutlich.

Schnittpunkt

Geschichte: Antonio Stradivari

1 ANTONIO STRADIVARI und seine Geigen

So lautete der Anfang eines Artikels, der vor einiger Zeit in einer deutschen Tageszeitung erschien.
1 Million Euro für eine 300 Jahre alte Geige? Das hört sich unglaublich an, aber es gibt Stradivari-Geigen, die noch sehr viel mehr kosten.

Ein berühmter Geigenbauer

STRADIVARI wurde um 1644 in Cremona in Italien geboren. Er wurde ein Schüler des berühmten Geigenbauers AMATI. Um 1667 machte er sich selbstständig und entwickelte eine neue, eigene Form der Geige mit einem hellen, großen, vollen Klang.

Zahlreiche Geigenbauer haben seitdem versucht, STRADIVARIS Geigen nachzubauen. Aber niemandem ist es gelungen, einen ähnlichen Klang zu erzielen. Dies macht Stradivari-Geigen zu kostspieligen Musikinstrumenten und Sammlerobjekten. Von den etwa 2000 Instrumenten, die STRADIVARI gebaut hat, sind heute noch ungefähr 540 Violinen, 50 Violoncelli und 12 Violen erhalten, alle von unschätzbarem Wert.

STRADIVARI starb 1737 in Cremona.

Musikinstrumentenbau heute

Auch heute noch gibt es den Beruf des Musikinstrumentenbauers. Natürlich stehen heute für den Bau von Musikinstrumenten viele technische Hilfsmittel zur Verfügung, die es zu STRADIVARIS Zeit noch nicht gab (elektrische Sägen, elektrische Schleifmaschinen usw.). Aber die Arbeitsschritte zum Bau einer Geige sind die gleichen geblieben.

Neben dem Umgang mit Holz und anderen Rohstoffen brauchen Musikinstrumentenbauer ein geschultes Gehör und müssen musikalisch sein. Musikinstrumentenbauer sind also gleichzeitig Handwerker und Musiker.

Meistens spezialisieren sich Instrumentenbauer auf eine Art von Instrumenten. So gibt es Geigenbauer, Klavierbauer, Holzblasinstrumentenbauer, Metallblasinstrumentenbauer usw.

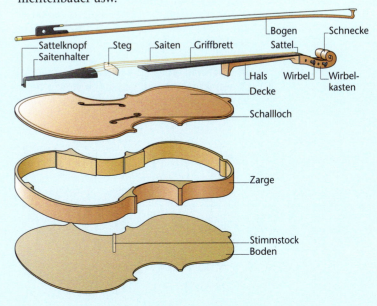

2 Die wesentlichen Teile einer Geige

Echo und Nachhall

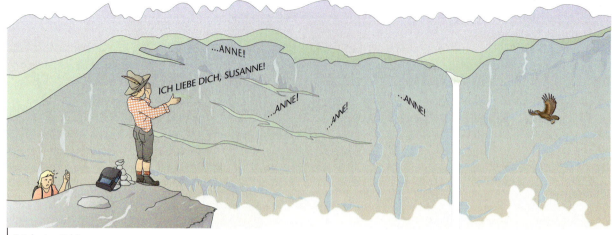

1 Echo im Gebirge

Echo
Wenn du einmal wie der Wanderer in Bild 1 im Gebirge bist und deinen Namen in Richtung einer hohen Bergwand rufst, wirst du ihn als **Echo** hören.

▶ Wenn Schallwellen reflektiert werden, kann dies zu einem Echo führen.

Nachhall
In großen Räumen, z.B. in Kirchen und Sporthallen, werden Schallwellen ebenfalls von den Wänden reflektiert und gelangen nach kurzer Zeit an deine Ohren. Dabei ist die Entfernung zwischen Ohr und der reflektierenden Wand nicht so groß wie im Gebirge. Deshalb ist das „Echo" viel schneller wieder an deinem Ohr. Du hörst das Echo fast im gleichen Augenblick wie das gesprochene Wort. Gesprochene Worte oder auch Musik scheinen deshalb in solch großen Räumen (Hallen) verstärkt zu werden. Wir nennen diese Erscheinung Nachhall.

▶ Nachhall entsteht wie das Echo. Der reflektierte Schall ist jedoch wegen des kürzeren Weges viel schneller zu hören.

Entfernungsbestimmung
In der Technik nutzt man das Echo aus, um Entfernungen zu messen. Du hast schon gelernt, dass der Schall in Luft in einer Sekunde etwa 340 m zurücklegt. Der Bergwanderer in Bild 1 hört das erste Echo nach 1 Sekunde. Er weiß dann, dass er etwa 170 m von der nächstgelegenen Bergwand entfernt ist.

Wie hat er das berechnet?
Der Schall legt in einer Sekunde 340 m zurück. Das ist aber die Strecke vom Wanderer zur Bergwand und wieder zurück. Also erhält man die Entfernung zur Wand, indem man die gesamte Strecke durch 2 dividiert.

Aus der Technik
Maler und Anstreicher nutzen die Reflexion des Schalls, um die Länge und Höhe von Räumen zu bestimmen. Ein Messgerät sendet Schallwellen aus, die wir nicht hören (Ultraschall), und misst die Zeit zwischen Aussendung des Schalls und Empfang des Echos. Ein kleiner Computer erspart das Berechnen und bestimmt sofort die Entfernung (▷ B 2).

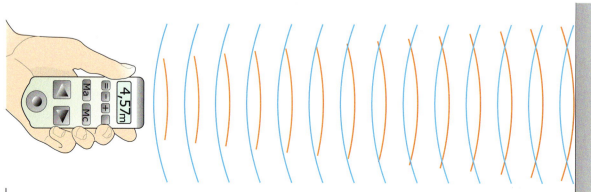

2 Ultraschall-Entfernungsmesser

Schnittpunkt

Biologie: Ultraschall in Natur und Technik

Sowohl in der Natur als auch in der Technik wird Ultraschall verwendet. Einige der folgenden Anwendungen kennst du vielleicht aus eigener Erfahrung.

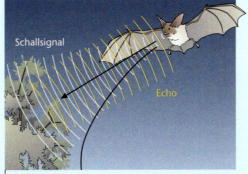

2 Ultraschallsignale dienen zur Orientierung

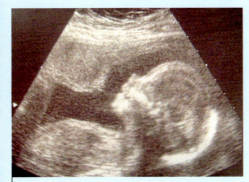

1 Ultraschallbild eines Kindes im Mutterleib

Ultraschall in der Medizin

Begrenzungsflächen im Inneren von Körpern werfen den auftreffenden Schall zurück. Man sagt auch: „Der Schall wird reflektiert." Dieser reflektierte Schall – das Echo – der unterschiedlich tief liegenden Schichten wird aufgezeichnet und auf einem Bildschirm sichtbar gemacht. So können werdende Eltern die Umrisse ihres Kindes schon lange vor der Geburt sehen (▷ B 1).

Reinigung mit Ultraschall

Bei einem Gerät zur Brillenreinigung wird durch eine Ultraschallquelle die Flüssigkeit in schnelle Schwingungen versetzt (▷ B 4). Dadurch werden die Schmutzteilchen auf der Brille ebenfalls zum Schwingen gebracht. Sie lösen sich schließlich von der Oberfläche der Brille ab. Ähnlich funktionieren Reinigungsgeräte für Zahnspangen und Gebisse.
Was bei Brillen, Zahnspangen oder Gebissen in kleinen Becken klappt, funktioniert auch in riesigen Becken, die so groß sind, dass Schiffe hineinpassen. Mithilfe des Ultraschalls wird hier der Schiffsrumpf von Muscheln und Schmutz gereinigt.

Mit Ultraschall auf Beutefang

Die Fledermaus ist ein ungewöhnliches Tier. Sie kann nicht nur fliegen oder kopfüber in Dachgeschossen alter Häuser oder in Bäumen hängen. Sie arbeitet mit einem „natürlichen" Echolot. Fledermäuse fressen gerne Insekten. Sie können aber nicht besonders gut sehen, außerdem jagen sie bei Nacht. Um nun zum Beispiel einen Nachtfalter zu fangen, stößt die Fledermaus Schreie aus. Es sind Schreie, die wir nicht hören können. Du weißt sicher, warum!
Der von der Fledermaus ausgesandte Schall liegt im Ultraschallbereich (▷ B 2). Er trifft auf den Nachtfalter und wird von ihm reflektiert. Die Fledermaus nimmt dieses Echo wahr und erkennt daran, in welcher Richtung sich der Nachtfalter befindet und wie weit er entfernt ist.

Die Melone des Delfins

Delfine erzeugen im Nasengang Klicklaute im Ultraschallbereich. Mit einem Fettkissen in der Stirn, das man Melone nennt, bündeln sie den Schall. Trifft der Schall auf ein Hindernis, wird er zurückgeworfen und gelangt über das Innenohr zum Gehirn (▷ B 3). Delfine können auf diese Weise selbst dünne Drähte im Wasser orten.

4 Ein Ultraschallreinigungsgerät

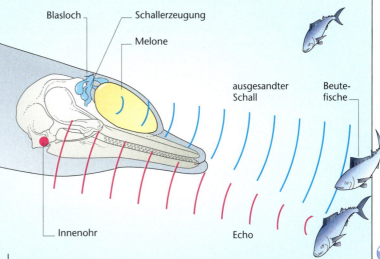

3 Echolot des Delfins

Strategie

Ein Referat wird geplant

Fledermäuse sind interessante Lebewesen. Es lohnt sich daher, sich einmal näher mit ihnen zu beschäftigen.
Vielleicht kannst du gemeinsam mit einer Klassenkameradin oder einem Klassenkameraden ein Referat über die Fledermaus anfertigen und es dann eurer Klasse vortragen.

Dieses Referat passt sowohl in den Physik- als auch in den Biologieunterricht.
Hier nun einige Tipps, wie man bei der Anfertigung eines solchen Referats vorgeht.

A. Informationen zusammentragen
Zunächst heißt es, Informationen und Material zu sammeln.

B. Sortieren und auswählen
Bei der Menge an Informationsmaterial, die du finden wirst, ist es wichtig, eine Auswahl zu treffen. Hier kommt es z.B. darauf an, ob du den Schwerpunkt auf die Physik oder die Biologie legen willst. Benutze nur Texte, die du selbst verstehst und die du interessant und spannend findest.
Suche einige Fotos und Abbildungen aus, die die Fledermaus deutlich zeigen.

wichtig / unwichtig

Bilder / Stichworte / Texte

interessant / langweilig

C. Das Referat schreiben
Wenn du eine Vorauswahl getroffen hast, wird es Zeit zu überlegen, welche Form das Referat haben soll.

Ein Referat sollte so aufgebaut werden:
- Einleitung

Hier gibst du eine kurze Einführung zum Thema. Worüber wirst du berichten? Warum hast du dieses Thema ausgesucht?

- Hauptteil

Dieser Teil enthält alles, was du herausgefunden hast.

- Quellenangabe

Hier führst du auf, welche Bücher, Texte usw. du benutzt hast, um dein Referat zu schreiben.

Meistens ist es so, dass du zunächst dein Referat schreibst. Damit deine Mitschülerinnen und Mitschüler erfahren, was du alles herausgefunden hast, ist es möglich, das Referat zu kopieren und es an alle zu verteilen. Oft ist es aber für die anderen interessanter, wenn du ihnen deine Ergebnisse vorträgst.

Fasse dich kurz. Schreibe die wirklich wichtigen Dinge auf. Dafür reichen meistens 1 bis 2 DIN-A4-Seiten. Bei dieser Menge ist es dann vielleicht auch möglich, das Referat für alle Mitschüler deiner Klasse zu kopieren.
Möglicherweise kannst du sogar Arbeitsblätter machen (Lückentext oder Ähnliches), die du in der Klasse verteilst.

Wenn du Bilder findest, die für alle interessant sind, dann lass sie dir von deiner Lehrerin oder deinem Lehrer kopieren. Vielleicht sind sie so gut, dass sie im Biologie- oder Physikraum aufgehängt werden können.
Andere Bilder kannst du aber sicher auch selbst (ab)malen.
Auch ein Modell (z.B. eine ausgestopfte Fledermaus aus der Biologiesammlung) könnte das Referat noch abwechslungsreicher machen.
Manchmal gibt es im Fernsehen Naturfilme zu sehen. Vielleicht gelingt es dir, einen Film über Fledermäuse aufzunehmen. Du könntest ein Stück des Films im Unterricht zeigen, damit alle die Fledermaus einmal in der Natur sehen.

Bei einem Referat ist es wichtig, dass es ordentlich geschrieben ist. Schreibe also leserlich oder, wenn du einen Computer zur Verfügung hast, drucke das Referat aus.

Aber: Schreibe niemals Texte aus Büchern oder aus dem Internet ab, die du selbst gar nicht verstehst. Deine Mitschülerinnen und Mitschüler sollen verstehen, was vorgetragen wird. Wenn du einen Begriff nicht kennst, dann kannst du im Lexikon, in anderen Büchern oder auch im Internet nach Erklärungen suchen.

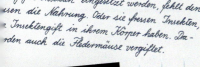

D. Der Vortrag

Ein Referat soll möglichst nicht vorgelesen werden. Für die Zuhörer ist es spannender und interessanter, wenn du ihnen die wichtigsten Inhalte frei vorträgst. Das ist gar nicht so schwer, wenn du folgende Tipps beachtest.

- Unterstreiche/markiere in deinem geschriebenen Referat wichtige Sätze und Begriffe.

- Notiere diese Stichpunkte auf einem Blatt oder auf kleinen Karteikarten, die du durchnummerierst. Nur diese Stichpunkte solltest du bei deinem Vortrag benutzen.

- Übe den Vortrag zu Hause, z.B. vor dem Spiegel, einer Freundin oder einem Freund.

- Bitte bei deinem Probevortrag die Zuhörer, dir Fragen zu stellen. Merke dir, welche Fragen gestellt wurden, und ergänze deinen Vortrag entsprechend.

- Schaue deine Mitschülerinnen und Mitschüler beim Vortrag an.

- Manche wichtige Fakten kannst du an der Tafel vermerken, sodass sie mitgeschrieben werden können. Auch hier gilt: kurz fassen!

Nun kann eigentlich nichts mehr schief gehen!

Lärm schadet dem Gehör

1 Diskomusik kann doppelt so laut sein wie ein Presslufthammer.

Die Maßeinheit der Lautstärke
Mit dem in Bild 1 dargestellten Schallpegelmessgerät wird die Lautstärke in der Einheit Dezibel (A) gemessen. Das A steht dafür, dass die Skala an die menschliche Hörkurve angepasst wurde.

▶ Die Lautstärke wird in der Einheit Dezibel gemessen.
Wir schreiben: 1 Dezibel (A) = 1 dB(A)

Eine Zunahme der Lautstärke um 10 dB(A) entspricht einer 10fachen Schallstärke und wird vom Gehör als doppelte Lautstärke wahrgenommen.

Laute Musik von 100 dB(A) ist „nur" um 10 dB(A) lauter als ein Presslufthammer mit 90 dB(A) (▷ B 2). Wir nehmen die Musik aber als doppelt so laut wahr.
Auf unser Gehör wirkt aber die 10-fache Schallstärke.

Lärm kann schaden
Jede Art von Schall, der uns stört, bezeichnen wir als Lärm – egal, ob es sich z. B. um Musik oder Motorengeräusche handelt. Manchmal kann Lärm mehr als störend sein, er wird dann gefährlich.

Lärm kann das Gehör schädigen. Diese Gefahr besteht z. B. für Jugendliche, die in Diskotheken oder mit dem MP3-Player regelmäßig sehr laute Musik hören. Bereits jeder vierte Jugendliche hat aus diesem Grund einen Hörschaden, der nicht mehr zu beheben ist.
[Wechselwirkung, S. 219]

Je lauter der Ton ist und je geringer der Abstand zur Schallquelle ist, desto stärker schwingt das Trommelfell. Sehr große Schallstärken können daher Schmerzen im Ohr verursachen. Dauert die Überbeanspruchung an, besteht die Gefahr dauerhafter Schäden.
Die dauerhafte Einwirkung von Lärm kann aber auch andere Krankheiten auslösen, z. B. Herz-Kreislauf-Erkrankungen.

Aufgaben

1 Nenne Beispiele dafür, dass Lärm schädlich sein kann.

2 Erkundige dich darüber, warum das ständige Hören mit Knopfkopfhörern für Jugendliche besonders schädlich ist. Welche Alternativen gibt es?

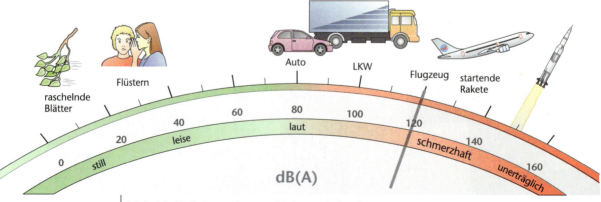

2 Beispiele für die Lautstärken verschiedener Schallquellen

Lärmschutz

Wie können wir uns vor Lärm schützen?

Lärm kann auf Dauer unsere Gesundheit gefährden. Nicht nur unser Gehör nimmt Schaden, auch andere Krankheitssymptome können durch dauernden Lärm ausgelöst werden. Deshalb ist es wichtig, sich vor Lärm zu schützen (▷ B 2).
Bild 1 zeigt zum Beispiel einige Maßnahmen zum Schutz vor **Straßenlärm**.

Ein Schwamm als Schalldämpfer

Lasse zu Hause einmal Wasser in die Wanne einlaufen. Lege dann einen großen Schwamm in die Wanne und lasse das Wasser auf den Schwamm laufen. Vergleiche die Geräusche des einlaufenden Wassers mit und ohne Schwamm.
Der Schwamm besteht aus vielen kleinen „Höhlen". Die Schallwellen, die auf den Schwamm treffen, treten durch die Öffnungen ein und breiten sich im Schwamm aus. Die meisten Schallwellen werden vom Schwamm aufgenommen. Nur Schallwellen, die direkt auf den Wannenboden treffen, werden zurückgeworfen und erreichen das Gehör.

2 Bei der Arbeit als Fluglotse ist ein Gehörschutz notwendig.

Aufgaben

1 Nenne Beispiele, wo Lärmschutz unbedingt notwendig ist.

2 Notiere für einen Tag, welche Lärmquellen dir zu Hause, auf dem Schulweg, in der Schule usw. begegnen.

Eine Geschwindigkeitsbegrenzung hilft, Lärm zu vermindern.

Schallschutzwände verringern die Lärmbelastung für Anwohner.

Moderne Fenster bieten einen guten Schutz gegen Lärm.

1 Lärm und Lärmschutz

Werkstatt

Messung der Schallgeschwindigkeit

Den folgenden Versuch müsst ihr zu zweit durchführen. Sucht euch einen Ort, an dem ihr eine etwa 340 m lange, gerade Strecke abstecken könnt (die Strecke sollte ruhig gelegen und nicht von Autos befahren sein).

1 Messung der Schallgeschwindigkeit

Material
Stoppuhr, 2 Bretter

Versuchsanleitung
Einer von euch stellt sich mit den beiden Brettern am Anfang der Strecke auf. Der andere geht zum Ende. Achtet darauf, dass ihr euch gut sehen könnt.
Nun geht es los: Die Bretter werden zusammengeschlagen. Der Zeitnehmer startet die Stoppuhr, wenn er das Signal sieht und hält die Uhr an, wenn das Geräusch zu hören ist. Das Ergebnis ist die Zeit, die der Schall in Luft für eine Strecke von 340 m braucht.
Tipp: Um Messungenauigkeiten auszugleichen, solltet ihr den Versuch mehrmals durchführen. Notiert die Ergebnisse der einzelnen Messungen und berechnet dann den Mittelwert. Wenn ihr den Versuch z. B. fünfmal durchgeführt habt, müsst ihr die 5 Messwerte addieren und das Ergebnis durch 5 dividieren.

Messung	gestoppte Zeit in s
1	1,3
2	1,1

Schnittpunkt

Umwelt: Wettlauf zwischen Schall und Licht

1 Ungleiches Rennen – Schall gegen Licht

Der 100-m-Lauf
Bei einem 100-m-Lauf gibt der Starter den Läufern das Signal „Achtung – fertig – los!" Es dauert etwa 0,3 Sekunden, bis der Ruf „Los!" beim Zeitnehmer am Ziel ankommt. Deshalb hat man sich darauf geeinigt, ein optisches Zeichen als Startzeichen zu wählen, z. B. eine Fahne, die bei „Los!" nach unten bewegt wird oder einen Pistolenschuss, bei dem nicht der Knall, sondern der Lichtblitz das Startzeichen für die Zeitnehmer ist.
Bei euren Sportfesten werden vielleicht Starterklappen benutzt. Bei großen Sportveranstaltungen misst man die Zeit elektronisch.

Beim Feuerwerk
Bei einem Feuerwerk sieht man häufig das Zerbersten einer Rakete hoch am Himmel. Erst etwas später hören wir den zugehörigen Knall.

Blitz und Donner
Bei einem Gewitter hast du bestimmt schon bemerkt, dass zuerst der Blitz zu sehen ist. Obwohl der Donner im gleichen Augenblick entsteht, hörst du ihn Sekunden später.

Schnelles Licht, langsamer Schall
Die Erklärung der hier beschriebenen Beobachtungen ist ganz einfach:
Der Schall legt in der Luft etwa 340 m in einer Sekunde zurück. Das Licht breitet sich sehr viel schneller aus. Du siehst deshalb zuerst das Klappen der Starterklappe, das Zerbersten der Feuerwerksrakete und den Blitz. Der Schall benötigt mehr Zeit, um zu deinem Ohr zu gelangen. Du hörst die Geräusche später.

Schnittpunkt

**Technik:
Das Kino zu Hause**

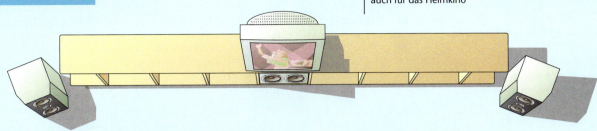

2 Dolby® Surround auch für das Heimkino

Stereo (Stereophonie)

Da unsere Ohren etwa 15 cm auseinander liegen, erreicht sie ein Schallsignal meistens unterschiedlich schnell. Unser Gehirn kann aus den geringen Zeitunterschieden ermitteln, aus welcher Richtung der Schall kommt.
Dies nutzen wir bei Stereoanlagen: Mit zwei Mikrofonen, die etwa den Abstand von zwei Ohren haben, wird z. B. ein Rockkonzert aufgenommen (▷ B 1). Zu Hause gibt der linke Lautsprecher wieder, was das linke Mikrofon aufgezeichnet hat. Der rechte Lautsprecher gibt die Aufnahme des rechten Mikrofons wieder. Es entsteht ein räumlicher Höreindruck.

Quadro (Quadrophonie)

Die Quadrophonie ist eine Verbesserung der Stereophonie. Die Aufnahme erfolgt mit vier Mikrofonen und die Wiedergabe über vier Lautsprecher.

Dolby® Surround

Viele Kinos werben mit einem „überragenden Klangerlebnis durch Dolby® Surround". Dolby ist ein Warenzeichen, „surround" bedeutet „rund herum". Auch Fernseher und andere Tonwiedergabegeräte verwenden inzwischen das Dolby® Surround-Verfahren (▷ B 2). Bei diesem Tonsystem gibt es vier Tonkanäle, die über fünf Lautsprecher wiedergegeben werden.

Der rechte Kanal überträgt alle Informationen, die im rechten Teil des Kinobildes stattfinden. Der Center-Kanal (in der Mitte) ist der Sprachkanal. Er gibt die Sprache wieder und alle weiteren Geräusche, die im Bildzentrum entstehen.
Der linke Kanal überträgt die Informationen aus dem linken Teil des Bildes. Linker und rechter Lautsprecher werden also wie bei der Stereophonie benutzt.

Der Surround-Kanal ist für den Raumklang zuständig. Er gibt die Umgebungsgeräusche und die Hintergrundeffekte wieder.
Schließlich werden noch bestimmte Frequenzen unterdrückt, sodass ein überragendes, rauschfreies Klangerlebnis erreicht wird und der Zuhörer im Kino glaubt, mitten im Geschehen zu sitzen. Man hört beispielsweise genau, aus welcher Richtung ein Zug herangefahren kommt, auch wenn er noch nicht im Bild zu sehen ist. Fliegt ein Flugzeug von rechts durch das Bild, hörst du es auch von rechts nach links fliegen.

1 Stereoaufnahme mithilfe von zwei Mikrofonen

Werkstatt

Versuche zum Hören

1 Haben große Ohren Vorteile?

Material
4 DIN-A 4-Blätter oder
2 DIN-A 3-Blätter, Klebstoff

Versuchsanleitung
Für die folgenden Experimente muss es im Klassenraum ganz still sein!
a) Stelle dich mit dem Rücken zur Klasse. Bitte jemanden, dir etwas zuzuflüstern.

b) Drehe dich dann so, dass du seitlich zur Klasse stehst. Lasse dir erneut etwas zuflüstern.

c) Drehe dich nun zur Klasse und halte die Hände hinter deine Ohren. Nun wird noch einmal geflüstert.

d) Klebe jeweils zwei DIN-A4-Blätter zusammen und rolle sie zu zwei großen Trichtern zusammen. Halte die Trichter jeweils so an deine Ohren wie in Bild 1 dargestellt und führe die Versuche wie in a), b) und c) beschrieben durch.

Aufgaben
1. Wie nimmst du das Flüstern jeweils wahr?

2. Welche Wirkung haben die Hände in Versuchsteil c)?

3. Welche Wirkung haben die Trichter in Versuchsteil d)?

2 Geräusche aufnehmen

2 Geräusche erkennen

Material
Tonband oder CD-Recorder

Versuchsanleitung
Nehmt mit einem Tonband oder einem CD-Recorder verschiedene Geräusche aus der Umwelt auf (Beispiel: Vogel, Regen, Fluss, Trinken usw.).
Spielt euren Klassenkameraden die aufgenommenen Geräusche vor und lasst sie raten, um welches Geräusch es sich handelt.

Macht es einen Unterschied, ob die Augen dabei geöffnet oder geschlossen sind? Erklärt den Unterschied.

3 Aus welcher Richtung kommt der Schall?

Material
Plastik- oder Gummischlauch (Länge ca. 1 m), Stift

Versuchsanleitung
a) Verbinde deine Augen und stelle dich vor deine Klasse. Halte dir ein Ohr zu. Eine Mitschülerin oder ein Mitschüler soll dir nun etwas zuflüstern. Wer hat geflüstert? Wo sitzt er bzw. sie – rechts oder links hinter dir?

b) Wiederholt den Versuch. Halte dir dabei erst das andere Ohr zu und nimm anschließend beide Hände von den Ohren.

c) Nimm einen etwa 1 m langen Gummi- oder Plastikschlauch und markiere genau die Mitte. Halte die beiden Enden vorsichtig an beide Ohren.
Nun schlägt jemand leicht mit einem Bleistift an den Schlauch (▷ B 3). Kannst du sagen, ob eine Stelle links oder rechts der Mitte angeschlagen wurde?

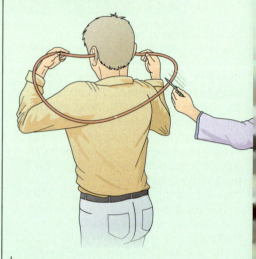

3 Zu Versuch 2

Aufgabe
Erkläre die Ergebnisse des Versuchs.
Tipp: Miss die Abstände zwischen den Ohren einiger Mitschülerinnen und Mitschüler aus (▷ B 4). Zu welchen Ergebnissen kommst du? Nun stell dir vor, der Schall kommt von rechts, von links, von vorne oder von hinten.

4 Messung des Ohrenabstands

1 Zu Versuch 1

Das Ohr als Schallempfänger

Wie wir hören
Schall breitet sich durch die Luft aus. Erst dadurch kann er zu unserem Ohr gelangen und dort aufgenommen werden.
[Wechselwirkung, S. 219]
Bild 1 zeigt am Beispiel des Tons einer Stimmgabel, wie der Schall durch den Gehörgang zum Trommelfell geleitet wird.

Was geschieht in unserem Ohr?
Das **Trommelfell** wird durch den Schall zu Schwingungen angeregt. Über die drei **Gehörknöchelchen** (▷ B 2), **Hammer**, **Amboss** und **Steigbügel** genannt, werden die Schwingungen zum **Innenohr** weitergeleitet. Dort erreichen sie schließlich die **Hörschnecke** (▷ B 3).
In der Hörschnecke werden die Schwingungen mithilfe der Haarsinneszellen in elektrische Signale umgewandelt. Der Hörnerv leitet diese Signale zum Gehirn weiter. Erst jetzt hören wir.

▶ Trommelfell, Gehörknöchelchen, Hörschnecke und Hörnerv sind mit dafür verantwortlich, dass wir hören können.

Der Gleichgewichtssinn
Unser Ohr beherbergt aber nicht nur die Hörorgane. Du kennst bestimmt die Empfindungen, die man beim Achterbahnfahren hat. Unser Körper wird gedreht und abwechselnd beschleunigt und wieder abgebremst. Es sind die Sinneszellen des **Gleichgewichtsorgans**, die uns diese Empfindungen vermitteln. Auch dieses Organ befindet sich im Ohr.

Wenn du plötzlich deine Lage änderst, bewegt sich eine Flüssigkeit in den so genannten **Bogengängen** des Gleichgewichtsorgans. Diese Bewegung wird von Sinneszellen wahrgenommen und an das Gehirn weitergeleitet.

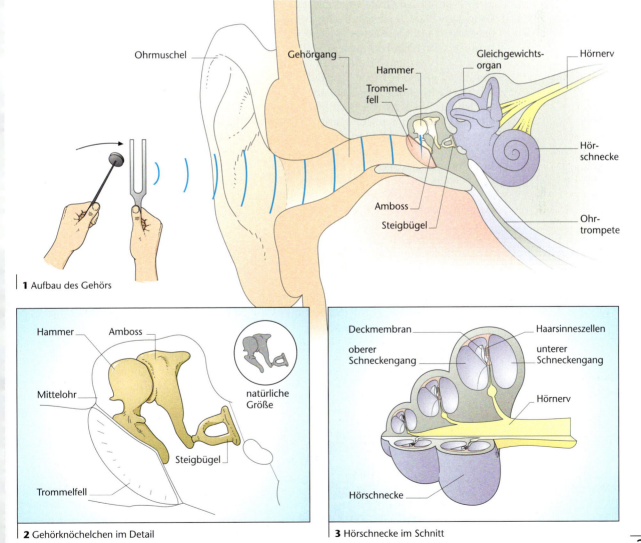

1 Aufbau des Gehörs

2 Gehörknöchelchen im Detail

3 Hörschnecke im Schnitt

Schnittpunkt

Geschichte: Thomas Alva Edison – König der Erfinder

1 Thomas A. Edison

3 Funktionsweise des Phonographen

Erfinder ein Leben lang
Thomas Alva Edison (1847–1931) wird nicht umsonst als „König der Erfinder" bezeichnet. Am Ende seines Lebens konnte er auf über 1 500 Patente zurückblicken. Mit seinen Erfindungen hätte Edison einer der reichsten Menschen der Erde werden können. Aber er steckte das Geld, das seine Erfindungen einbrachten, sofort in die Entwicklung neuer Erfindungen. Deshalb war er immer in Geldschwierigkeiten.

Was wir Edison zu verdanken haben
Edisons unzählige Erfindungen waren Grundlage für den Beginn des Zeitalters der Elektrizität. Viele Dinge, die wir uns heute aus unserem Leben nicht mehr wegdenken können, hat Edison erfunden. Der Phonograph, bewegte Bilder, das Mikrofon, die elektrische Glühlampe, ein elektrisches Wahlstimmen-Zählgerät und eine elektrische Lokomotive sind nur einige seiner vielen Erfindungen.

Der Phonograph
Edisons bevorzugte Erfindung blieb stets der Phonograph. Edison hatte festgestellt, dass eine Pergamentmembran in der Lage war, die Schwingungen der menschlichen Stimme aufzunehmen.
Er erfand ein Spielzeug, in dem eine Art Keilriemen und Räder mit einer Membran verbunden waren. Als er laut in den Trichter sprach, zog die Membran am Rädchen und über den Keilriemen angetrieben fing ein kleiner Mann an Holz zu sägen.

Die erste Tonaufnahme und Wiedergabe
Edison dachte, dass die Bewegungen der Membran dazu genutzt werden könnten, die menschliche Stimme aufzuzeichnen und wiederzugeben.
Um dies zu erreichen verband er die Membran mit einer Nadel (▷ B 3). Diese schnitt dann eine Rille in eine mit Stanniolpapier überzogene drehbare Walze.
Edisons Phonograph (▷ B 2), der noch heute in seinem Labor besichtigt werden kann, wurde mit der Hand angetrieben. Indem man die Nadel wieder an den Anfang der Rille setzte und mit der Hand drehte, konnte man das Aufgenommene abspielen.

Er selbst hatte wenig Hoffnung, dass sein erstes Modell funktionieren würde. Als aber das aufgenommene Kinderlied „Mary has a little lamb" perfekt wiedergegeben wurde, war er genauso überrascht wie seine Mitarbeiter. Seine Erfindung wurde in kurzer Zeit weltberühmt. Er entwickelte sie weiter und verbesserte sie.

Eine Erfindung geht um die Welt
Berühmte Sängerinnen waren schon bald bereit, ihre Stimmen aufzeichnen zu lassen, Politiker und Wissenschaftler ließen sich die neue Erfindung vorführen.

Nur als Edison versuchte, seine Erfindung privat zu nutzen, um die Stimme seines neugeborenen Babys aufzuzeichen, misslang dies: Nicht etwa das Gerät versagte, sondern es gelang Edison nicht, das Baby zum Schreien zu bringen.

Die Weltausstellung in Paris
1889 kam der endgültige Durchbruch für den Phonographen auf der Weltausstellung in Paris. Dutzende von Phonographen sprachen in allen erdenklichen Sprachen. Besucher der Weltausstellung konnten ihre eigene Stimme aufnehmen lassen. Die Edison-Abteilung war eine der Sensationen.

2 Edisons Phonograph

Schnittpunkt

Technik: Die Geschichte der Tonaufzeichnung nach Edison

Die Schallplatte
Emile Berliner (1851–1929), einem amerikanischen Erfinder deutscher Abstammung, gelang es, die Tonaufzeichnung statt auf einer Walze auf einer runden Platte durchzuführen. Die Schallplatte war geboren.
Von der anfangs berußten Platte kam Berliner später zu einer Zinkscheibe, die mit einer dünnen Wachsschicht bedeckt war. In das Wachs ritzte nun eine an der Sprechmembran befestigte Nadel die Rille und legte das Metall frei. Diese Rille wurde mit Säure in das Zink eingeätzt. So wurde die Platte abspielbar.

Die erste Langspielplatte erfand wiederum Edison. Ein neues Material für die Beschichtung entwickelte der belgisch-amerikanische Chemiker Leo Hendrik Baekeland (1863–1944). Das so genannte Bakelit (ein härtbares Kunstharz) hielt auch Edisons neue Entwicklung aus: einen Abtaster aus einem sehr scharfen Diamanten.

Die Magnetaufzeichnung des Schalls
Im Dezember 1898 erhielt der dänische Physiker Valdemar Poulsen (1869–1942) ein Patent auf seine Erfindung eines magnetisierbaren Drahts zur Aufzeichnung und Wiedergabe von Tönen.

Etwa 30 Jahre später war es gelungen, die magnetisierbaren Drähte durch magnetisierbare Papierbänder zu ersetzen.

Aber erst 1935 wurde auf der Rundfunkausstellung in Berlin das erste **Tonbandgerät** der Welt, das Magnetophon K1 von AEG vorgeführt.

Der erste CD-Player
Auf der Suche nach neuen Wegen kam der Computer ins Spiel. Mit der Hilfe neuer Techniken gelang es, die Schallschwingungen in einen Zahlencode umzuwandeln, der sich digital abspeichern ließ. Die Speicherung erfolgte auf einer Platte mit ca. 11,5 cm Durchmesser.

Im März 1979 führte die Firma Philips in Eindhoven (Niederlande) den ersten CD-Player vor.

10 Jahre hatte die Entwicklung der Compact-Disc gedauert.

Ein Laserstrahl tastet die Oberfläche der CD ab und gibt die Signale an einen Kleincomputer weiter, der sie in Tonschwingungen umwandelt (▷ B 2).
Vorteile gegenüber der herkömmlichen Schallplatte sind klar: keine Kratzer durch die Nadel, keine Abnutzungserscheinungen und ein überragendes Klangerlebnis.

Aufgabe
1 Befestige eine dünne Nähnadel an einer Postkarte oder einem Stück Pappe. Halte die Spitze der Nadel in die Rille einer alten sich drehenden Schallplatte. Beschreibe das Ergebnis.

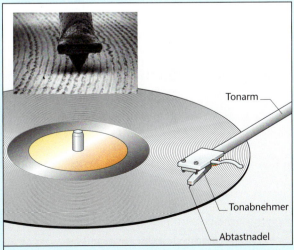

1 Die Nadel des Tonabnehmers wird in Schwingungen versetzt.

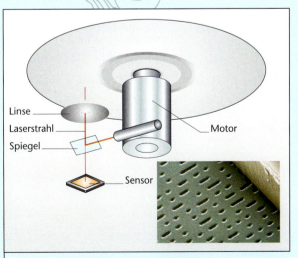

2 Ein Laserstrahl tastet die CD-Oberfläche ab.

Schlusspunkt

Sehen und hören

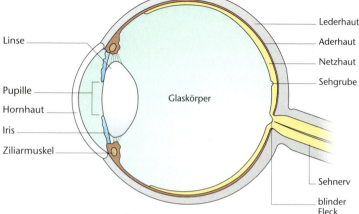

2 Aufbau des menschlichen Auges

▶ Sehen und Hören
Augen und Ohren nehmen Reize aus der Umwelt auf. Dabei ist jedes Sinnesorgan nur für einen bestimmten Reiz zuständig. Das Gehirn empfängt die Sinneseindrücke und wertet sie aus.
Ist ein Sinnesorgan ausgefallen, können andere Sinne, z. B. der Tastsinn, dessen Aufgaben zum Teil übernehmen. Oft werden zusätzliche Hilfsmittel wie Blindenstock, Braille-Schrift, Gebärdensprache usw. eingesetzt.

▶ Das Sehen
Wir sehen einen Körper nur, wenn Licht von ihm in unsere Augen gelangt. In unserem Auge erzeugt die Augenlinse ein deutliches und helles Bild. Es ist seitenverkehrt und steht auf dem Kopf (▷ B 3). Die Lichtsinneszellen der Netzhaut wandeln die Lichtreize in elektrische Signale um (▷ B 1).

▶ Die Ausbreitung des Lichts
Licht breitet sich geradlinig aus. Mit Lichtbündeln und Lichtstrahlen kann man die Ausbreitung des Lichts darstellen. Unter dem Modell Lichtstrahl stellen wir uns ein sehr feines Lichtbündel vor.

Hinter einem beleuchteten, lichtundurchlässigen Körper entsteht ein Schattenraum. Auf einem Schirm kann man ein Schattenbild erkennen.

▶ Reflexion und Absorption
Fällt Licht auf einen Körper, wird ein Teil davon absorbiert, ein Teil des Lichts wird reflektiert. Während dunkle matte Flächen viel Licht absorbieren, reflektieren helle glänzende Oberflächen besonders gut. Reflektoren und helle Kleidung sorgen dafür, dass man im Straßenverkehr besser gesehen wird.

▶ Linsen
Licht ändert beim Übergang von Luft in Glas seine Ausbreitungsrichtung. Dieser Vorgang heißt Brechung.
Eine Sammellinse ist ein Körper aus Glas, der in der Mitte dicker ist als am Rand. Sie vereinigt parallel zur optischen Achse einfallende Lichtstrahlen in einem Punkt, dem Brennpunkt F.
Mit Sammellinsen können Bilder erzeugt werden. Die Bilder sind seitenverkehrt und stehen auf dem Kopf (▷ B 3).

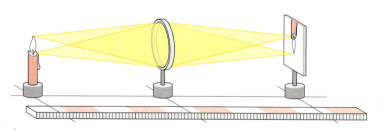

1 Entstehung verkleinerter und vergrößerter Bilder

3 Bildentstehung bei der Sammellinse

Schallentstehung

▶ Schall entsteht, wenn ein Körper (der Schallerzeuger) schwingt (▷ B 5). Ein Hin- und Herschwingen aus einer Ausgangslage und wieder in diese zurück nennt man eine Schwingung. Schwingungen kann man aufzeichnen (▷ B 6).

Die Frequenz

▶ Bei einer Frequenz von 1 Hz (= 1 Hertz) erfolgt eine Schwingung pro Sekunde. Je höher die Frequenz ist, desto höher ist der Ton.

Schall ist für uns Menschen hörbar, wenn die Frequenz zwischen ca. 16 Hz und 16 000 Hz liegt.

Schall mit Frequenzen unter 16 Hz nennt man Infraschall.
Bei Frequenzen von mehr als 16 000 Hz spricht man von Ultraschall.

Resonanz

▶ Von Resonanz spricht man, wenn ein Körper mit einem anderen bei der gleichen Frequenz mitschwingt (▷ B 4).

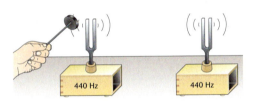

4 Resonanz bei zwei gleichen Stimmgabeln

Ausbreitung von Schall

▶ Der Schall breitet sich in alle Richtungen aus. Gase, feste Stoffe und Flüssigkeiten leiten den Schall. Es gibt gute und schlechte Schallträger.

Schallgeschwindigkeit

▶ Der Schall breitet sich in verschiedenen Stoffen unterschiedlich schnell aus.

5 Nachweis von Schallschwingungen

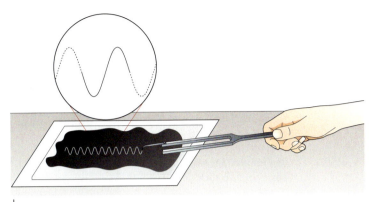

6 Aufzeichnung der Schwingungen einer Stimmgabel

Die Schallgeschwindigkeit in der Luft beträgt etwa 340 m/s.

Unser Gehör und seine Teile

▶ In Bild 7 sind wichtige Teile unseres Gehörs dargestellt: die Ohrmuschel; der Gehörgang; das Trommelfell; Hammer, Amboss und Steigbügel; die Hörschnecke und der Hörnerv.

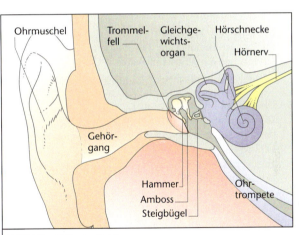

7 Wichtige Teile des Gehörs

Echo

▶ Schall wird beim Auftreffen auf Hindernisse teils zurückgeworfen (reflektiert), teils verschluckt (absorbiert).

Messung der Lautstärke

▶ Die Lautstärke wird in Dezibel, dB(A), gemessen.

Lärm kann krank machen

▶ Lärm ist gefährlich. Deshalb ist es notwendig, Lärm zu vermeiden. Schütze dich und andere vor Lärm!

Aufgaben

1. Ergänze dein Glossar um die Begriffe Auge, Linse, Ohr, Schall, Licht...

2. Erstelle ein Plakat zum Auge oder Ohr des Menschen. Stelle den Aufbau, seine Leistung und mindestens einen dazu passenden Versuch dar.

3. Welche Sinnesorgane sind bei einem Hund, welche bei einem Adler besonders gut ausgeprägt (▷ B 9, B 11)? Vergleiche die Sinnesleistungen dieser Tiere mit denen des Menschen.

4. Nenne drei Eigenschaften des Lichtes.

5. a) Erkläre den Unterschied zwischen einem Lichtbündel und einem Lichtstrahl.
   b) Wie kannst du aus dem breiten Lichtbündel einer Taschenlampe ein sehr schmales Lichtbündel herstellen?

6. Die Sitzordnung in deiner Klasse soll geändert werden. Würdest du dich so setzen, dass sich die Fenster links von dir oder rechts von dir befinden? Begründe deine Wahl.

7. Gib deinen Mitschülern Ratschläge, wie sie im nächtlichen Straßenverkehr besser gesehen werden können. Begründe!

9 Zu Aufgabe 3

8. a) Wo befinden sich an deinem Fahrrad selbstleuchtende Körper und reflektierende Körper?
   b) Erkundige dich auf einer Polizeiwache, welche Sicherheitsausrüstung am Fahrrad vorgeschrieben ist.

9. Beim Erledigen deiner Hausaufgaben beleuchtest du Hefte und Bücher direkt mit einer Schreibtischlampe. In Wohnräumen werden oft Lampen verwendet, deren Licht an die Decke geworfen wird. Warum ist es trotzdem hell?

10. Beschreibe Aufbau und Funktionsweise einer Lochkamera.

11. Vergleiche die Bildentstehung im Auge und bei einem Fotoapparat.

12. Welche der in Bild 8 gezeigten Körper ergeben im Schattenbild ein Quadrat, wenn man

11 Zu Aufgabe 3

sie von der richtigen Seite mit einer punktförmigen Lichtquelle beleuchtet? Welche von ihnen ergeben einen Kreis?

13. Drei nicht einsehbare Kisten enthalten Spiegel (▷ B 10). Übertrage die Zeichnung in vergrößertem Maßstab in dein Heft und zeichne die Spiegel in der richtigen Lage ein.

14. Auf einer Stimmgabel steht die Angabe 440 hz. Was bedeutet das?

15. Eine Stimmgabel ist mit 1000 hz beschriftet. Wie ist ihr Ton im Vergleich zur Stimmgabel mit 440 Hz?

16. Warum kannst du Wespen, Mücken, Hummeln und Bienen fliegen hören, einen Schmetterling aber nicht?

17. Warum sieht man den Blitz, bevor der Donner zu hören ist?

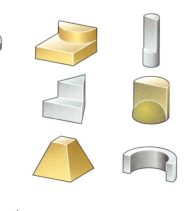

8 Zu Aufgabe 12

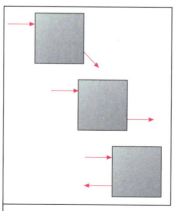

10 Zu Aufgabe 13

12 Wespe, Schmetterling, Hummel

Sehen und hören

13 Blitz und Donner

15 Zu Aufgabe 26

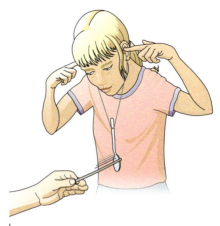

16 Zu Aufgabe 28

18 Wie weit ist man vom Gewitter entfernt, wenn zwischen Blitz und Donner 4 Sekunden vergehen?

19 Wie kannst du auf einer Gitarrensaite tiefe und hohe Töne erzeugen?

20 Wie kannst du auf einer Gitarrensaite laute und leise Töne erzeugen?

21 In manchen römischen Palästen soll es geheime Schallröhren in den Wänden gegeben haben, durch die der Herrscher heimlich die Gespräche der Untergebenen belauschen konnte. Kann das funktioniert haben? Probiere dazu folgenden Versuch aus: Flüstere in das Ende eines etwa 10 m langen Schlauches und lasse einen Freund / eine Freundin am anderen Ende lauschen. Erkläre.

22 Lausche dem Fernsehton, während du deine Ohrmuscheln mit den Händen vergrößerst. Wie hörst du den Ton verglichen, mit dem normalen Hören? Erkläre deine Beobachtung.

23 Warum können wir hören, aus welcher Richtung ein Ton kommt?

24 Lege eine tickende Eieruhr oder einen alten tickenden Wecker in ein mit Watte oder einer anderen weichen Unterlage gepolstertes Glasgefäß (z. B. ein Einmachglas).
a) Wohin musst du dein Ohr halten, um das Ticken gut zu hören?
b) Stelle dich etwa 50 cm neben das Glas. Wie kannst du mithilfe eines Spiegels erreichen, dass du das Ticken gut hörst?

25 Schlage eine Stimmgabel an. Halte sie sofort auf eine Tischplatte. Beschreibe und erkläre das Ergebnis.

26 Hören ist lebenswichtig! Wer nicht hören kann, lebt oft in großer Gefahr. Akustische Warnsignale kann er nicht wahrnehmen. Nenne Situationen, in denen gutes Hören wichtig, oft sogar lebenswichtig ist.

27 Zähle Arbeitsplätze auf, wo das Tragen von Gehörschützern wahrscheinlich vorgeschrieben, auf jeden Fall aber nützlich ist.

28 Führe das in Bild 16 dargestellte Experiment durch. Als Material benötigst du: einen Löffel aus Metall, Bindfaden und einen Bleistift.
Drücke die beiden Enden des Bindfadens vorsichtig mit den Zeigefingern in deine Ohren. Beuge dich leicht nach vorne. Der Löffel muss frei hängen. Was hörst du, wenn eine zweite Person mit dem Bleistift gegen den Löffel schlägt?

29 Steffen behauptet: „Wenn man durch das Fenster schaut, sieht man die Gegenstände hinter der Scheibe an einer Stelle, an der sie sich gar nicht befinden."
a) Stelle Vermutungen an, die für oder gegen diese Behauptung sprechen.
b) Plane einen Versuch, mit dem du deine Vermutungen untersuchen kannst.
(Tipp: Eine planparallele Platte aus der Sammlung ist bei diesen Versuchen hilfreich).
c) Halte deine Beobachtungen in einer Zeichnung fest.
d) Stimmt die Behauptung? Begründe deine Antwort.

14 Gespräche per Schlauch?

17 Kann ein Fenster Berge versetzen?

Basiskonzept

Energie

Energie ist eine entscheidende Größe in unserem Leben. Wo immer sich etwas bewegt, Licht oder Wärme entsteht ist auch Energie beteiligt. Energie kann in ganz unterschiedlichen Formen vorliegen, z. B. als chemische Energie gespeichert in Brennstoffen und Nahrungsmitteln, als Energie des elektrischen Stroms oder als Energie einer Bewegung. Die verschiedenen Energieformen können z. B. mithilfe von Geräten ineinander umgewandelt werden. Meist wird aber nur ein Teil der verfügbaren Energie in die gewünschte Form umgewandelt, der Rest wird in Form von Wärme an die Umgebung abgegeben.

Windenergie
Der Wind treibt bereits seit vielen hundert Jahren Windmühlen und Segelschiffe an. Früher wurde mit Windmühlen das Korn zu Mehl gemahlen. Heute siehst du überall im Land große Windkraftanlagen. Sie können die Bewegungsenergie direkt in elektrische Energie umwandeln.
Aber sie beeinträchtigen auch das Landschaftsbild, können den Vogelzug und mit ihrem Lärm auch uns Menschen stören.

Wind

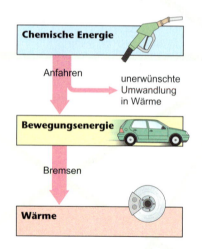

Auto
In Treibstoffen wie Benzin oder Diesel ist chemische Energie gespeichert. Um z. B. ein Fahrzeug in Bewegung zu setzen, werden diese Treibstoffe in einem Motor verbrannt.
Die chemische Energie wird in Energie der Bewegung umgewandelt. Ein Teil der beim Verbrennungsprozess freigesetzten Wärme lässt sich außerdem dazu nutzen, den Innenraum des Autos zu beheizen. Der Rest der Wärme, den man nicht mehr weiterverwenden kann, wird an die Umwelt abgegeben. Wird das Fahrzeug abgebremst, entsteht an den Bremsscheiben ebenfalls Wärme. Auch sie wird an die Umwelt abgegeben.
Die Umwandlung der Energie kann in einer Umwandlungs-(Transport-)kette dargestellt werden.

Auto

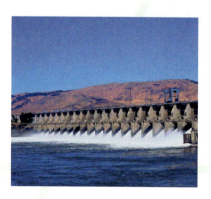

Energie des Wassers
Die Energie des Wassers nutzen die Menschen schon seit vielen Jahren. Mithilfe von Wasserrädern kann man Maschinen antreiben.
Es gibt verschiedene Möglichkeiten das Rad anzutreiben: Entweder fällt das Wasser von oben auf die Schaufeln oder die Schaufeln tauchen ins Wasser ein und werden durch die Strömung bewegt.
Solche großen Wasserräder, die man auch als Turbinen bezeichnet, nutzt man in jedem Wasserkraftwerk.

Energie des Wassers

212

Basiskonzept

Täglicher Energiebedarf eines
12- bis 14-Jährigen: 10 000 kJ

Lebewesen brauchen Energie

Lebewesen brauchen Energie

Pflanzen, Tiere und Menschen brauchen Energie, um leben zu können. Während die Pflanzen die Energie des Sonnenlichts nutzen, nehmen Menschen und Tiere die Energie über die Nahrung auf. In manchen Lebensmitteln ist viel Energie gespeichert (z. B. in Zucker und fettreichen Speisen) und manche besitzen nur wenig Energie (z. B. Gurken oder Äpfel). Wir benötigen diese Energie, um unsere Körpertemperatur aufrechtzuerhalten, um uns bewegen und um arbeiten zu können. Verbraucht der Körper nicht sämtliche aufgenommene Energie, so speichert er sie in Form von Fett.

Energiegehalt verschiedener Lebensmittel (je 100 g)

Roggenbrot 920 kJ
Weizenbrot 1020 kJ
Cornflakes 1600 kJ
Reis 1480 kJ
Nudeln 1580 kJ
Pommes 880 kJ

Camembert
(45 % F.i.Tr.) 1200 kJ
Butter 3240 kJ
1 Ei 670 kJ
Milch (3,5 % Fett) 270 kJ
Schnitzel 680 kJ
Salami 2180 kJ
Wiener Würstchen 1100 kJ
Fischstäbchen 850 kJ
Lachs 840 kJ

Schokolade 2340 kJ
Salzstangen 1350 kJ
Haselnüsse 2800 kJ
Kartoffelchips 2300 kJ
Eiscreme 850 kJ
Honig 1300 kJ

Kartoffeln (roh) 350 kJ
Banane 420 kJ
Karotten 120 kJ
Tomate 70 kJ
Gurke 35 kJ
Weintrauben 300 kJ
Orange 200 kJ
Paprikaschoten 90 kJ
Apfel 250 kJ

Energie des Fahrradstromkreises

Fahrräder müssen mit Vorder- und Rücklicht ausgestattet sein. Wird der Dynamo zugeschaltet, muss der Radfahrer stärker in die Pedale treten. Er liefert die Energie, die durch den elektrischen Strom zu den Lampen transportiert und dort in Licht und Wärme umgewandelt wird.

Bei anderen Fahrrädern werden die Lampen mit einer Batterie betrieben, in der die Energie gespeichert ist.

Energie des Fahrradstromkreises

Aufgaben

1. Stelle eine Liste mit verschiedenen Beispielen zusammen, wie Energie im Haushalt gespart werden kann.

2. Autos sollen künftig nicht nur mit Benzin und Dieselkraftstoff betrieben werden. Informiere dich, welche Möglichkeiten es noch gibt.

3. Informiere dich, wie bei Häusern die Sonnenenergie noch genutzt werden kann.

4. Mit welchen Lebensmitteln kann ein 13-jähriger seinen täglichen Energiebedarf decken? Erstelle einen Speiseplan.

5. Suche Abbildungen von Wasserrädern und beschreibe ihre Wirkungsweise. Gestalte damit eine Seite in deinem Hefter.

6. Es gibt verschiedene Arten von Windmühlen. Ihre Unterschiede bestehen im Aufbau und in der Wirkungsweise. Finde einige Arten, schreibe sie auf und zeichne eine Windmühle ab.

Energie der Sonne

Die Sonnenstrahlen transportieren die Sonnenenergie zu uns. Der Mensch nutzt diese Energie der Sonne auf vielfältige Art. Solarzellen zum Beispiel, die auf Hausdächern und Parkscheinautomaten montiert sind, wandeln die Sonnenenergie direkt in elektrische Energie um.

Sonne

Basiskonzept

Materie

Alle Gegenstände im Alltag und in der Natur bestehen aus Materie. Der Begriff Materie kommt aus der lateinischen Sprache und bedeutet Stoff.

Gegenstände können aus unterschiedlichen Stoffen bestehen. Die Eigenschaften eines Stoffes bestimmen, wie er eingesetzt werden kann. Die Naturwissenschaftler untersuchen die Eigenschaften, die Zusammensetzung und die Veränderung von Materie.

Teilchenmodell

Viele Eigenschaften und Veränderungen von Stoffen lassen sich erst erklären, wenn man weiß, wie die Stoffe aufgebaut sind.
Da man den inneren Aufbau eines Stoffes selbst mit guten Mikroskopen nicht sichtbar machen kann, haben die Naturwissenschaftler Modelle entworfen, mit denen die Eigenschaften erklärt und beschrieben werden können. Nach dem Teilchenmodell besteht jeder Stoff aus kleinsten Teilchen, die sich ständig bewegen.
Die Teilchen eines Stoffes (z. B. Eisen) sind untereinander alle gleich, d. h. sie sind gleich groß und gleich schwer.
Die Teilchen unterschiedlicher Stoffe (z. B. Kupfer und Eisen) unterscheiden sich dagegen voneinander.

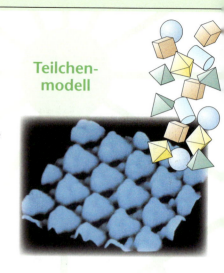

Teilchenmodell

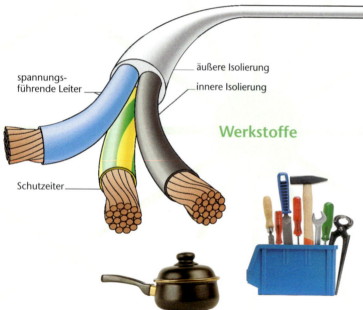

Werkstoffe

Werkstoffe

Die Eigenschaften der Materie sind wichtig für die Geräte, die man daraus anfertigt. So ist es beispielsweise bei Töpfen wichtig, dass für den Topfboden ein Stoff wie Metall verwendet wird, der die Wärme gut weiterleitet. Beim Topfgriff ist das nicht erwünscht, also wählt man dafür Kunststoff oder Holz.
Bei anderen Geräten ist vielleicht eine andere Stoffeigenschaft besonders wichtig, z. B. die elektrische Leitfähigkeit, die Magnetisierbarkeit oder die Verformbarkeit.

Verkehrssicherheit

Durch die Verwendung von Stoffen mit bestimmten Eigenschaften lässt sich erreichen, dass man im Straßenverkehr bei Dämmerung besser gesehen wird.
So wirft helle Kleidung mehr Licht zurück als dunkle.
Noch besser sind Reflexionsfolien an der Jacke, die aus spiegelnden Materialien bestehen.

Verkehrssicherheit

Basiskonzept

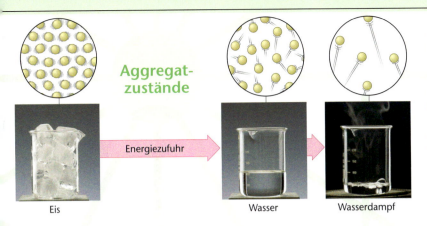

Eis   Wasser   Wasserdampf

Aggregatzustände

Die Erscheinungsformen der Materie sind vielseitig. Der gleiche Stoff kann je nach Temperatur in festem, flüssigem oder gasförmigem Zustand vorliegen. Eis, Wasser und Wasserdampf bestehen aus denselben Teilchen, allerdings sind ihre Anordnung und ihr Zusammenhalt je nach Aggregatzustand anders. Damit (flüssiges) Wasser zu Eis wird, muss dem Wasser Wärme entzogen werden.
Damit (flüssiges) Wasser zu Wasserdampf wird, muss ihm Wärme zugeführt werden.

Elektrische Ströme

Im elektrischen Stromkreis fließt ein elektrischer Strom. Ähnlich wie bei anderen Strömen, findet auch hier eine Bewegung von einzelnen Stromteilchen in eine Richtung statt. In festen Stoffen, die den elektrischen Strom leiten, sind diese Stromteilchen Elektronen.

Ob oder wie gut der elektrische Strom geleitet wird, hängt vom jeweiligen Material ab, das du verwendest: Metalle leiten den elektrischen Strom gut, die meisten Kunststoffe leiten ihn hingegen nicht.

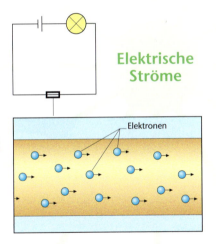

Aufgaben

1. Erläutere den Unterschied zwischen Gegenstand und Stoff.

2. Beschreibe Gegenstände, die aus verschiedenen Stoffen bestehen. Vergleiche ihre Eigenschaften.

3. Jeder Stoff besitzt für ihn typische Stoffeigenschaften. Diese Eigenschaften kann man in einem Stoff-Steckbrief zusammenfassen. Suche dir einige bekannte Stoffe (z. B. Eisen, Kupfer, Holz). Notiere dir Eigenschaften, die du in der Physik kennen gelernt hast, zu diesen Stoffen. Finde weitere Eigenschaften dieser Stoffe. Informiere dich auch im Internet über diese Stoffe.

Magnetisierbarkeit

Bewegte Luft

Wenn sich Luftteilchen in eine gemeinsame Richtung bewegen, spricht man von einem Luftstrom. Ein Luftstrom kann z. B. entstehen, wenn warme Luft in kältere Umgebungsluft aufsteigt. Dies nutzen z. B. Vögel oder Segelflieger aus, die sich durch diese Ströme „nach oben" transportieren lassen. Lässt du Luft aus einem Luftballon strömen, entsteht ein kleiner „Wind". Sehr heftige Luftströme können aber Stürme oder Orkane sein.
Schlägst du eine Stimmgabel an, gerät sie in Schwingungen. Diese Schwingungen übertragen sich auf die Luftteilchen, die nun ebenfalls schwingen. Erreichen diese Schwingungen dein Ohr, kannst du einen Ton hören.
An Autobahnen ist es unerwünscht, dass die durch die Autos erzeugten Töne Geräusche an unser Ohr gelangen, dann werden Stoffe eingesetzt, die den Schall dämpfen.

Basiskonzept

System

In allen Bereichen der Physik hast du es mit Systemen zu tun. Von einem System spricht man, wenn mehrere Elemente (Einzelteile) zusammen eine Einheit bilden. Dabei erfüllt jedes Element eine bestimmte Aufgabe und trägt damit zum Funktionieren des Systems bei. In der Physik untersucht und beschreibt man die Funktion der einzelnen Elemente. Darüber hinaus wird geprüft, wie sich die Elemente des Systems gegenseitig beeinflussen und wie sich die Änderung eines Elements auf das System auswirkt.

Fahrrad

Dein Fahrrad besteht aus vielen Teilen: dem Rahmen, den Rädern, dem Lenker, der Kette etc. Jedes Teil erfüllt dabei eine bestimmte Aufgabe. Über die Pedale setzt du mit Muskelkraft ein Zahnrad in Bewegung. Die Bewegung des Zahnrads wird über eine Kette und weitere Zahnräder auf das Hinterrad übertragen. Dadurch bewegt sich das Fahrrad vorwärts.

Wenn du über die Schaltung z. B. in einen kleineren Gang wechselst, verbindet die Kette zwei andere Zahnräder. Diese Änderung bewirkt, dass du nun leichter bergauf fahren kannst.

Fahrrad

Elektrogeräte

Ein Stromkreis aus einer Lampe, einer Batterie und Leitungen bildet ein einfaches System. Wenn das System funktioniert, leuchtet die Lampe. Voraussetzung dafür ist, dass alle Elemente richtig miteinander verbunden und aufeinander abgestimmt sind. Passen z. B. Lampe und Batterie nicht zusammen, kann die Lampe kaputtgehen.

Elektrogeräte

Auge

Wir sehen einen Körper nur dann, wenn Licht von ihm aus in unser Auge gelangt. Das Auge ist ein System aus zahlreichen Teilen, die alle aufeinander abgestimmt sind und miteinander dazu beitragen, dass wir scharf sehen können.

Dabei ist es egal, ob wir ein Buch lesen oder ob wir einen weit entfernten Gegenstand sehen. Diese Anpassung übernimmt die Linse. Ihre Form kann durch einen Muskel geändert werden. So kann sie einmal stärker gekrümmt sein oder aber auch eine flache Form annehmen.

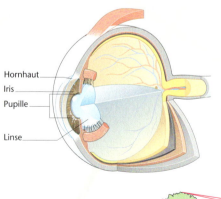

Hornhaut
Iris
Pupille
Linse

Ziliarmuskel — Netzhaut
Linsenbändchen — Bild

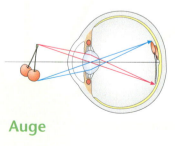
Auge

Basiskonzept

Wetter

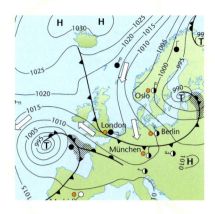

Eine Änderung des Luftdrucks nimmt Einfluss auf die Windstärke und -richtung und damit auch auf den Transport der Wolken.

Wetter

Das Wetter ist ein sehr kompliziertes System mit einer langen Wirkungskette. Man spricht auch von einer „Wettermaschine", bei der viele Elemente zusammenwirken. Zu diesen Elementen gehören z. B. Temperatur, Niederschlag und Luftdruck.

Sonnensystem

Sonnensystem

Sonne und Erde sind Teile eines Systems, in dem die Sonne das Zentrum bildet. Die Erde bewegt sich um dieses Zentrum herum. Gleichzeitig führt sie eine Drehung um die eigene Achse aus.
Folgen dieser Bewegung im System sind der Wechsel von Tag und Nacht sowie die Entstehung der Jahreszeiten.

Wasserkreislauf

Wasserkreislauf

Die Wirkungskette beim System Wasserkreislauf besteht aus vielen Teilen: Wasser auf der Erde verdunstet durch Einwirkung der Sonnenstrahlung. Die Feuchtigkeit steigt in die Höhe, wo die feuchte Luft abkühlt. Der Wasserdampf kondensiert und es bilden sich Wolken, die der Wind forttreibt. Wenn die Wolken z. B. an einem Gebirge abregnen, gelangt die Feuchtigkeit wieder zur Erde zurück. Veränderungen in diesem System sind u. a. von den Jahreszeiten abhängig.

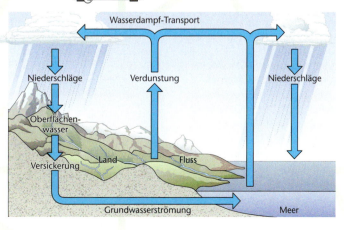

Aufgaben

1. Erkläre mit eigenen Worten, was ein System ist.

2. Aus welchen Elementen besteht eine Fahrradbeleuchtung? Wie funktioniert dieses System?

3. Unsere Erde ist ein Teil eines Systems.
   a) Beschreibe dieses System anhand einer Zeichnung.
   b) Was würde sich ändern, wenn die Erdachse nicht mehr schräg, sondern senkrecht zu ihrer Umlaufbahn um die Sonne ausgerichtet wäre?

4. Stelle auf einem Plakat den Wertstoffkreislauf am Beispiel von Glas dar.

5. a) Nenne die Elemente des Systems „das menschliche Auge" und beschreibe wie es funktioniert.
   b) Wie kann es zu Sehstörungen kommen?

6. Es gibt den Beruf „Systemanalytiker/-in". Erkundige dich, welche Aufgaben er umfasst.

7. a) Wie ist ein Dosentelefon aufgebaut? Beschreibe es mit einer Zeichnung.
   b) Beschrifte deine Zeichnung mit folgenden Begriffen: Sender, Übermittler, Empfänger

Basiskonzept

Wechsel-wirkung

„Woher kommt das, was ist die Ursache?" Dies sind Fragen, die sich Forscher oft stellen. Um physikalische Erscheinungen verstehen und später nutzen zu können, muss man herausfinden, welche Ursachen sie haben. Außerdem ist es wichtig zu wissen, wie Ursache und Wirkung genau zusammenhängen. Dann wird es möglich, Vorhersagen über die Entwicklung von Abläufen zu treffen und diese zu steuern.

Luftdruck
Der Meterologe nennt ein Gebiet, in dem hoher Luftdruck herrscht, ein Hoch (H) und mit niedrigem Luftdruck Tief (T).
Solche Gebiete wirken aufeinander und haben Einfluss auf Windstärke, Windrichtung und Wolkenbewegungen.

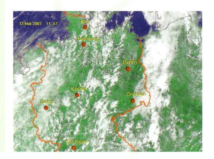

Luftdruck

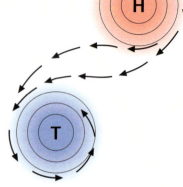

Magnete
Die Magnetnadel eines Kompasses richtet sich im Magnetfeld der Erde aus.

Magnete

Zwischen Erdmagnetfeld und Kompassnadel besteht eine Wechselwirkung, die wir nutzen, um uns zu orientieren.
Ursache für die Ausrichtung einer Kompassnadel sind die Magnetfelder, die die magnetische Kompassnadel und die Erde umgeben. Die Magnetfelder sind nicht sichtbar. Man kann sie aber an ihren Wirkungen erkennen. Wenn man zwei Magnete einander nähert, wirken sie aufeinander: sie ziehen sich an oder stoßen sich ab.

Wirkungen des Stroms
Elektrischen Strom kann man nicht sehen, aber man kann ihn an seinen Wirkungen erkennen. Diese Wirkungen nutzen wir. So schalten sich viele Elektrogeräte automatisch ein und aus und regeln so die Temperatur.
Das passiert beispielsweise bei einem Bügeleisen. Der Bimetallstreifen im Inneren besteht aus zwei unterschiedlichen Metallen, die fest miteinander verbunden sind. Fließt Strom, so erwärmen sich die Metalle, dehnen sich unterschiedlich stark aus und der Bimetallstreifen biegt sich. So kann sich der Stromkreis öffnen.

Wenn kein Strom mehr fließt, kühlt sich der Bimetallstreifen wieder ab, nimmt seine ursprüngliche Form wieder an, der Stromkreis wird wieder geschlossen...

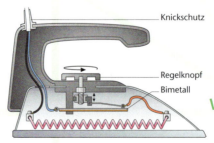

Wirkungen des Stroms

Absorption

Absorption

Im Sommer können wir uns mit der Auswahl der Kleidung mehr oder weniger vor der Hitze schützen. Zwischen der Farbe der Kleidung und der Wärmemenge, die sie aufnimmt, besteht ein Zusammenhang: helle Kleidung bewirkt, dass die Strahlung der Sonne reflektiert wird. Dadurch erwärmt sie sich nicht so stark wie dunkle

Kleidung, die die Strahlung stärker absorbiert. Aus dem gleichen Grund sind Gebäude in Gebieten mit starker Sonneneinstrahlung auch meistens weiß gestrichen.

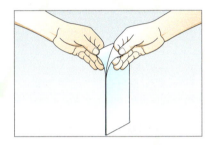

Kräfte zwischen Ladungen

Gleichartig geladene Körper stoßen sich ab.
Verschiedenartig geladene Körper ziehen sich an.
Das kannst du leicht nachweisen: Reibe einen Streifen von einem Plastik-

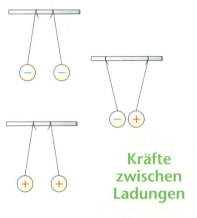

Kräfte zwischen Ladungen

beutel (Müll- oder Tiefkühlbeutel) kräftig an einer Tischkante. Hebe ihn dann vorsichtig in der Mitte an.

Aufgaben

1. Erkläre, wie ein Elektroskop funktioniert.

2. Zwei Magnete wirken aufeinander ein, ohne sich zu berühren. Überlege dir Versuche, mit denen du das nachweisen kannst. Führe die Versuche durch.

3. In welchen Ländern in Europa sind die meisten Häuser weiß gestrichen? Begründe. Nenne Ursache und Wirkung.

4. Wie entsteht Wind?

5. Sven ist 17 Jahre alt. Er muss seit kurzem ein Hörgerät und eine Brille tragen, weil er immer schlechter hören und sehen konnte. Wie hat er das wohl festgestellt? Welche Ursachen könnten dazu geführt haben?

6. Faysal behauptet: „Im Sommer hängen die elektrischen Leitungen zwischen zwei Masten stärker durch als im Winter." Informiere dich, ob Faysal recht hat.

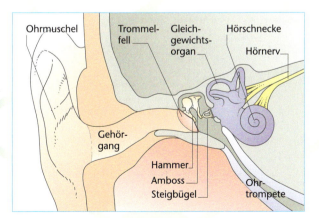

Hören

Unsere Umwelt ist voller unterschiedlicher Reize. Einer dieser Reize ist der Schall. Seine Ursache sind Schwingungen einer Schallquelle. Die Luft überträgt den Schall zu unseren Ohren. Im Innenohr erreicht der Schall Sinneszellen, die den Reiz über den Hörnerv zum Gehirn weitergeben. Dort werden die Reize verarbeitet. Die Wirkung ist, dass wir etwas hören.

Hören

Tabellen

Eigenschaften verschiedener Stoffe

Feste Stoffe	Dichte bei 20 °C in g/cm³	spezifische Wärmekapazität in kJ/(kg·K)	Ausdehnung eines 1-m-Stabes bei Erwärmung um 10 K in mm	Schmelztemperatur in °C	Siedetemperatur in °C
Aluminium	2,70	0,896	0,238	660	2400
Beton	2,2–2,5	0,879	0,11		
Blei	11,35	0,129	0,294	327	1750
Kobalt	8,80	0,419	0,126	1493	2880
Eis (−4 °C)	0,92	2,090	0,37	0	100
Eisen	7,86	0,452	0,116	1535	2800
Glas	2,23	0,799	0,032	815	
Gold	19,30	0,129	0,142	1063	2660
Graphit	2,25	0,711	0,19	3800	4400
Kochsalz	2,16	0,854	0,48	808	1461
Kupfer	8,93	0,385	0,168	1083	2582
Platin	21,45	0,134	0,091	1769	4300
Plexiglas®	1,16	1,300	0,75	~110	
Porzellan	2,30	0,846	0,04	1670	
Silber	10,50	0,237	0,193	961	2180
Zinn	7,30	0,226	0,27	232	2680

Flüssigkeiten			Ausdehnung von 10 l bei 20 °C und Erwärmung um 1 K in ml		
Alkohol (Ethanol)	0,789	2,40	11,0	−114	78
Glycerin	1,260	2,39	5,0	18	291
Petroleum	0,847	2,14	9,6		150–280
Quecksilber	13,546	0,138	1,8	−39	357
Wasser	0,998	4,18	2,1	0	100

Gase	g/l				
Helium	0,179	5,23		−273	−269
Kohlenstoffdioxid	1,977	0,837		−78	−57
Kohlenstoffmonooxid	1,25	1,05		−204	−191
Luft	1,293	1,005		−213	−193

Größen und Einheiten

Größe	Zeichen	Einheit	Zeichen	Größe	Zeichen	Einheit	Zeichen
Länge	s, l	Meter	1 m	Arbeit	W	Joule, Wattsekunde	1 J, 1 Ws
Fläche	A	Quadratmeter	1 m²	Energie	E	Joule, Wattsekunde	1 J, 1 Ws
Volumen	V	Kubikmeter	1 m³	Leistung	P	Watt	1 W
Masse	m	Kilogramm	1 kg	Temperatur	ϑ	Grad Celsius	1 °C
Dichte	ρ		$1\,\frac{kg}{m^3};\ 1\,\frac{g}{cm^3}$		T	Kelvin	1 K
Zeit	t	Sekunde	1 s	Ladung	Q	Coulomb	1 C
Geschwindigkeit	v		$1\,\frac{m}{s};\ 1\,\frac{km}{h}$	Stromstärke	I	Ampere	1 A
Frequenz	f	Hertz	1 Hz	Spannung	U	Volt	1 V
Kraft	F	Newton	1 N	Widerstand	R	Ohm	1 Ω

Umrechnung von Einheiten

Vorsilben für Vielfache und Teile von Einheiten

Vorsilbe	Bedeutung	Beispiel	
Atto a	$10^{-18} = 0{,}000\,000\,000\,000\,000\,001$	$1\,aWs = 10^{-18}\,Ws$	Grenze der Lichtempfindlichkeit des Auges
Femto f	$10^{-15} = 0{,}000\,000\,000\,000\,001$	$1\,fm = 10^{-15}\,m$	Größe von Protonen und Neutronen
Pico p	$10^{-12} = 0{,}000\,000\,000\,001$	$1\,pPa = 10^{-12}\,Pa$	Luftdruck im technisch besten Vakuum
Nano n	$10^{-9} = 0{,}000\,000\,001$	$1\,nm = 10^{-9}\,m$	Größe von Molekülen
Mikro μ	$10^{-6} = 0{,}000\,001$	$1\,\mu g = 10^{-6}\,g$	Masse eines größeren Staubkorns
Milli m	$10^{-3} = 0{,}001$	$1\,mV = 10^{-3}\,V$	Spannung in den Nerven zur Reizleitung
Zenti c	$10^{-2} = 0{,}01$	$1\,cl = 10^{-2}\,l$	Volumen von einem Kaffeelöffel Flüssigkeit
Dezi d	$10^{-1} = 0{,}1$	$1\,dm = 10^{-1}\,m$	Handbreite
	$10^{0} = 1$	$1\,A$	Stromstärke beim Fahrraddynamo
Deka da	$10^{1} = 10$	$1\,dam = 10\,m$	Breite einer Straße
Hekto h	$10^{2} = 100$	$1\,hl = 10^{2}\,l$	Volumen eines größeren Koffers
Kilo k	$10^{3} = 1000$	$1\,kA = 10^{3}\,A$	Stromstärke bei einer Elektrolokomotive
Mega M	$10^{6} = 1\,000\,000$	$1\,MHz = 10^{6}\,Hz$	Frequenz elektrischer Schwingungen im Radio
Giga G	$10^{9} = 1\,000\,000\,000$	$1\,GW = 10^{9}\,W$	Leistung eines Kernkraftwerkes
Tera T	$10^{12} = 1\,000\,000\,000\,000$	$1\,TW = 10^{12}\,W$	Leistung eines Gewitterblitzes
Peta P	$10^{15} = 1\,000\,000\,000\,000\,000$	$1\,Pm = 10^{15}\,m$	Weg, den das Licht in einem Monat zurücklegt
Exa E	$10^{18} = 1\,000\,000\,000\,000\,000\,000$	$1\,EHz = 10^{18}\,Hz$	Frequenz von Röntgenstrahlen

Umrechnung von Krafteinheiten

	in N	in cN	in kN	in MN
1 N =	1	100	0,001	0,000 001
1 cN =	0,01	1	0,00001	0,00000001
1 kN =	1000	100 000	1	0,001
1 MN =	1 000 000	100 000 000	1 000	1

Umrechnung von Einheiten für Arbeit, Wärme, Energie

	in J, Nm, Ws	in kJ	in kWh
1 J = 1 Nm = 1 Ws	1	0,001	0,000 000 278
1 kJ =	1 000	1	0,000 278
1 kWh =	3 600 000	3 600	1

Umrechnung von Geschwindigkeitseinheiten

	in $\frac{m}{s}$	in $\frac{km}{h}$
$1\,\frac{m}{s} =$	1	3,6
$1\,\frac{km}{h} =$	0,28	1

Umrechnung von Zeiteinheiten

	in s	in h	in d	in a	
1 s =	1	0,0003	–	–	
1 h =	3 600	1	0,042	–	lat. hora, Stunde
1 d =	86 400	24	1	0,003	lat. dies, Tag
1 a =	31,5 Mio.	8760	365	1	lat. annus, Jahr

Einheiten für Spezialgebiete

1 Lichtjahr	Astronomie	= 9 460 000 000 000 km
1 Seemeile (sm)	Seefahrt	= 1852 m
1 Knoten (kn)	Luft- und Seefahrt	= 1,852 km/h
1 Registertonne (RT)	Seefahrt	= 2,83 m³
1 Karat	Schmuck	= 0,2 g
1 Steinkohleneinheit (SKE)	Energiewirtschaft	= 8147 kWh
1 mm Quecksilbersäule (mm Hg)	Medizin	= 133 Pa
1 Ar (a)	Grundstücke	= 100 m²
1 Hektar (ha) = 100 a		= 10 000 m²

Englische (amerikanische) Einheiten

1 Zoll	inch	= 2,54 cm
1 Fuß = 12 inches	foot, Mz. feet	= 30,48 cm
1 Yard = 3 feet	yard	= 91,44 cm
1 Meile = 10760 yards	mile	= 1609 m
1 engl. Gallone	gallon	= 4,546 l
1 amerik. Gallone	gallon	= 3,785 l
1 engl. Fass = 35 gallons	barrel	= 159,11 l
1 amerik. Fass = 42 gallons	barrel	= 158,97 l
1 Unze	ounce	= 28,35 g
1 Pfund = 16 ounces	pound	= 453,6 g

Musterlösungen

Magnetismus

1

```
N O R D P O L
      H U F E I S E N
      G I L B E R T
      G L E I C H
          E I S E N
    M A G N E T I T
        M I S S W E I S U N G
            U H R
          J U P I T E R
    M A G N E T F E L D
    A U S T R A L I E N
```

4 Da der Mond kein vergleichbares magnetisches Feld hat, wie die Erde, würde der Kompass dort nicht so funktionieren wie auf der Erde. Die Raumfahrer könnten sich nicht orientieren.

Elektrizität – im Alltag

13 a) S3 ⟶ ein: alle Lampen leuchten.

b) S1 ⟶ aus, S3 ⟶ ein: A, D, E und F leuchten. A leuchtet heller als die anderen.

c) S2 ⟶ ein, S3 ⟶ ein und S4 ein: Die Sicherung unterbricht den Strom (Kurzschluss).

d) B und C sind in Reihe geschaltet.
e) S3 ⟶ ein, S1 ⟶ aus, S4 ⟶ ein.

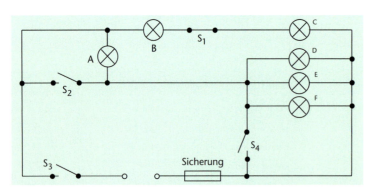

18 a) Die erste Bedingung trifft für alle drei Skizzen zu. Erst bei der zweiten Bedingung wird die Lösung (Skizze 3) deutlich.

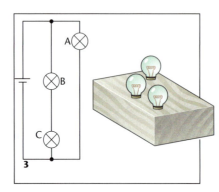

b)

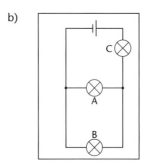

26 Elektrischen Strom, also die Bewegung von Ladungsträgern, kannst du nicht direkt sehen. Du kannst nur die Wirkungen des elektrischen Stroms beobachten. Diese sind:

1. Magnetische Wirkung
Um einen Strom führenden Leiter entsteht ein magnetisches Feld. Das kannst du nachweisen, wenn du eine Kompassnadel oder kleine Eisenteilchen in die Nähe des Leiters bringst. Nach diesem Prinzip funktionieren Elektromagnete.

2. Wärmewirkung
Wenn elektrischer Strom durch einen Metalldraht fließt, erwärmt sich dieser. Ausgenutzt wird diese Wirkung beispielsweise beim Tauchsieder oder bei einem Hitzdrahtamperemeter.

3. Lichtwirkung
Ein Metalldraht kann durch den elektrischen Strom so stark erwärmt werden, dass er leuchtet.

Sonne – Energielieferant für die Erde

15 Wärmeübertragung kann durch Wärmeströmung, Wärmeleitung und Wärmestrahlung erfolgen. Bei der Wärmeströmung wird Wärme zusammen mit einem Stoff transportiert. Das geschieht z. B. in der Warmwasserheizung oder in einer warmen Meeresströmung. Bei der Wärmeleitung wird Wärme übertragen, ohne dass ein Stoff mitwandert. Das geschieht z. B., wenn ein Löffel, mit dem man in einer warmen Speise rührt, auch am Stiel heiß wird oder wenn Wärme von der heißen Herdplatte auf den Topfboden übergeht. Wenn sich Wärme ohne einen Stoff ausbreitet, spricht man von Wärmestrahlung. Das geschieht z. B. zwischen Sonne und Erde.

18 In unserem Alltag kommen als Transportmittel bei der Wärmeströmung am häufigsten Wasser und Luft vor.

Wasser ist z. B. Transportmittel in der Heizungsanlage, Luft ist Transportmittel beim Haartrockner.

25 In einem Sonnenkollektor wird durchfließendes Wasser erwärmt. Im Kollektor befindet sich ein schlangenförmig eingelegtes Rohr, durch das kaltes Leitungswasser eingeleitet wird. Eine Glasplatte obenauf deckt das „Minitreibhaus" ab, d. h. sie lässt Sonnenlicht hindurch, verhindert aber, dass Wärme durch Wärmestrahlung verloren geht. Da sowohl das Innere des Sonnenkollektors als auch das Wasserrohr schwarz eingefärbt sind, wird die Sonnenstrahlung besonders gut absorbiert. Das ausströmende Wasser ist erheblich wärmer als das eingeleitete Wasser.

26 Das Gehäuse besteht meist aus Kunststoff, denn Kunststoff ist ein schlechter Wärmeleiter. Die Luft zwischen Gehäuse und Glaskolben ist ebenfalls ein schlechter Wärmeleiter. Der doppelwandige und verspiegelte Glaskoben ist evakuiert: Die Verspiegelung verhindert Wärmestrahlung, das Vakuum unterbindet Wärmeleitung und Wärmeströmung.

Wetter bei uns und anderswo

4 Wenn die Wolkentröpfchen sehr klein sind, können sie noch schweben. Wenn sich durch stärkere Abkühlung immer mehr Wolkentröpfchen zusammenschließen und zu Regentropfen werden, sind sie zu schwer und fallen zu Boden.

5 Wenn Luft keine Feuchtigkeit mehr aufnehmen kann, spricht man von gesättigter Luft.

7 Am Tag steigt die Luft über dem stärker erwärmten Festland auf. In den Unterdruck am Boden strömt Luft vom Meer nach. Das ist der Seewind.

Sehen und hören

6 Es ist günstig, wenn sich die Fenster links befinden. Beim Schreiben fällt so immer genügend Licht auf das Papier.

Allerdings würden Linkshänder die Frage anders beantworten: Sie erhalten mehr Licht zum Schreiben, wenn sich das Fenster rechts von ihrem Sitzplatz befindet.

16 Der Schmetterling schlägt mit seinen Flügeln zu langsam. Wespe, Hummel, Biene und Mücke schlagen mit einer so hohen Frequenz, dass wir es wahrnehmen können.

26 Besonders wichtig ist gutes Hören im Straßenverkehr, um z. B. zu erkennen, aus welcher Richtung eine Gefahr droht. Fußgänger und Radfahrer sollten sich deshalb niemals mit Kopfhörern im Straßenverkehr bewegen. Gerade im Straßenverkehr ist es wichtig, mit beiden Ohren gleich gut zu hören, weil das Richtungshören mit einem Ohr alleine nicht möglich ist.
Andere Situationen, in denen gutes Hören wichtig ist: Bei der Arbeit an bestimmten Maschinen, z. B. großen Pressen, ertönt häufig ein akustisches Warnsignal, bevor die Maschine zu arbeiten beginnt.

Stichwortverzeichnis

A

Abkühlen 98, 124
Absorption 158, 208f, 219
Abstoßung 35, 48
Aggregatzustand 104ff, 124, 215
Akkuladegerät 58
Akkumulatoren 58
AMATI 195
Amboss 205, 209
Amplitude 184
Anomalie
– des Wassers 92, 124
ANTOINETTE, MARIE 103
Anziehung 35, 48
Anziehungskraft 106, 107
– magnetische 42
Apfelbatterie 58, 59
Äquator 132
Atmosphäre 130, 132, 136
Atom 49
Atomhülle 49
Atomkern 49
Aufladung
– elektrische 78
Auge 177, 216
Augenlinse 208
Ausdehnung 124
– fester Körper 94, 96
– von Flüssigkeiten 91, 100
– von Gasen 98, 104
– Ausgangsvolumen 98
Ausdehnungsgefäß 91, 100

B

BAEKENLAND, LEO HENDRIK 207
Bakelit 207
Ballonfahrer 100
Barometer 136, 137, 146
Basiskonzept 212
Batterie 55, 58f, 68, 216
Beleuchtungsanlage 65
Bewegung 212
Bewegungsenergie 76, 77, 212
Bewölkung 130, 144, 146
Bild 157, 176, 208
– scheinbares 163
– seitenvertauscht 157
– umgekehrtes 157
– virtuelles 163
Bildentstehung 177
Bimetallstreifen 218
Blende 155, 156
Blindenhund 191

Bogengänge 205
Bongo 192
BRAILLE, LOUIS 191
Braille-Schrift 191
Brechung 173, 174, 208
Brechungswinkel 173, 174
Brennglas 175
Brennpunkt 175, 208
Brennstoff 212
Brennweite 175
Bügeleisen 95, 218
BUSCH, WILHELM 180

C

Camera obscura 157
CD-Player 207
Celsius 87
– Skala 87
CELSIUS, ANDERS 12, 87, 89
Cobalt 23, 24, 27, 32, 42
Compact-Disk 207

D

DAGUERRE, LOUIS 157
Dauermagnet 27, 29, 42
Dehnungsbogen 94f
Dehnungsfugen 94
Delfin 197
DEMOKRIT 49
Dezibel (A) 200
Diagramm 11
Dolby® Surround 203
Dosenbarometer 136
Drehbewegung 72
Dynamo 58, 65, 213

E

Echo 196, 209
Echolot 197
EDISON, THOMAS ALVA 60, 206, 207
Ein-Aus-Schalter 66f
Einfallswinkel 159, 174
Einheit 216
Ein-Taster 67
Eis 104
Eisbär 115
Eisen 23f, 27, 32, 42
Eisenfeilspäne 33, 34
Eisenoxid 36
Eiskeller 117
elektrisch
– geladen 46
– neutral 46
Elektrizität 44, 49, 78, 206
Elektrogerät 216, 218

Elektromotor 55, 72
Elektron 49, 56, 215
Elektronenstrom 56
Elektroskop 50, 51, 78, 219
Elementarmagnete 29, 42
– Modell 42
Elemente 216
Endoskop 174
Energie 76, 86, 212
– chemische 76, 212
– elektrische 76, 79
– erneuerbare 123, 125
– regenerative 123, 125
Energieformen 212
Energiegehalt 213
Energiesparlampe 60
Energieträger 76
Energietransport 77
Energieumwandler 77
Energieumwandlung 77
Entfernungsbestimmung 196
Entladen 78
Entmagnetisieren 26, 27, 29
Erdachse 122, 125, 217
Erddrehung 138
Erde 136, 217
– Magnetfeld 42
Erdkern 40
– äußerer 40
– innerer 40
Erdmagnet 39
Erdmagnetfeld 218
Erdmagnetismus 40
Erdöl 120
Erdschatten 171
Erg 97
Erstarren 104f, 107, 124
Erwärmen 124
Erwärmung 98, 100
Experimentieren 16
Experimentierkabel 64
Experten 61
Expertenbefragung 162

F

Fachgebiet 12
Fahrenheit 87
FAHRENHEIT, GABRIEL 87
Fahrrad 65, 160, 216
– Beleuchtung 65, 160, 168
– Lampen 65
– Stromkreis 213
– verkehrssicheres 160
Fahrradfahren 160
FAY, CHARLES DU 46

Federwolken 142
Feinsicherung 75
Feldlinien 35
– Bild 34f
– magnetische 32, 34, 38, 42
Felswüste 97
Fernwirkung
– magnetische 23
ferromagnetisch 23
fest 104
Festkörper 107
Feststoff 104, 106
Feuermelders 96
Fingeralphabet 191
Flamme
– rauschende 18
Flaschenorgel 192
Fledermaus 197f
flüssig 104
Flüssigkeit 104, 107
Fotografie 157
Fotokamera 157
Fotoplatte 157
Frequenz 184, 193, 209
Frost 93, 103
Frostschutz 93
Fußkontakt 60

G

Garten 93
Gas 107
Gasbrenner 18
gasförmig 104
Gasthermometer 99
Gebärdensprache 191
Gefrierpunkt 87
Gegenstand 155, 157, 208, 214
Gehör 182, 188, 209
Gehörgang 209
Generator 58
Gerät 76
– elektrische 55, 78
Geräusch 215
Gewächshaus 133
Gewinde 60
Gewitterwolke 142, 143
GILBERT, WILLIAM 38
Glasfaser 174
Glaskolben 60
Gleichgewichtsorgan 205
Gleichgewichtssinn 205
Glimmlampe 46f
Glühdraht 60
Glühlampe 55, 60, 68, 206
Glühwendel 60
GÖBEL, HEINRICH 60

Golfstrom 102
Graupel 134, 146
Grenzwinkel 174
GUERICKE, OTTO VON 99, 105
GUSMÃO, BARTOLOMEU
 LOURENÇO DE 103

H

Haartrockner 110
Hagelkörner 134, 146
Halbmond 170
Halbschatten 168
Hamada 97
Hammer 205, 209
Haufenwolken 142
Haut 86
Heißluftballon 100, 124
Heizungsanlage 91, 100
Hektopascal 136, 146
Hertz 184
HERTZ, HEINRICH 184
Hoch 138, 218
Hochdruckgebiet 146
Hohlspiegel 165
Hören 208, 219
hörgeschädigt 191
Hörnerv 205, 209, 219
Hörschnecke 205, 209
Hundepfeife 188
Hupe 68
Hygrometer 146

I

Infrarotlampe 112
Infrarotstrahler 112
Infrarotstrahlung 112, 120, 133
Infraschall 188
Innenohr 205, 219
Internet 12, 30
Isobaren 145
Isolator 57, 60, 64, 79
Isolatorplatte 60
Isolierung 114

J

Jahresmitteltemperatur 90
Jahresmittelwert 90
Jahreszeiten 122, 125, 217

K

Kabel 68
Kachelofen 116
kalt 86

Katzenaugen 161
Kelvin 87
KELVIN, LORD 87
Kern-Hülle-Modell 49
Kernschatten 168
Kerzenwachs 105
Kieswüste 97
Klima 131, 146
Klimadiagramm 146
Klimazone 131
Klingel 68
Kohle 120
KOLUMBUS 36
Kompass 24, 36, 37, 38, 42, 218
Kompassnadel 33
kondensieren 104 f, 107, 124
Kondensstreifen 142
konkav 165
konvex 165
Körper 166
– beleuchtet 152
– selbstleuchtend 152
Kosmetikspiegel 165
Kräfte
– elektrische 78
– magnetische 25, 34
Kreislauf 102, 140
Kupferdraht 64
Kurzschluss 74, 75, 79

L

Ladungen 49, 219
– elektrische 47, 49
– negative 47 f, 50, 78
– positive 47 f, 50, 78
Ladungsarten 47
Ladungsausgleich 49
Ladungserscheinung 47
Lampe 213, 216
Landwind 102
Langstock 191
Lärm 200, 201
Lärmschutz 201
Lautstärke 200, 209
Leiter 57, 60, 79
Leitfähigkeit
– elektrische 214
Leitung 216
Lernkartei 189
Leuchtbakterien 153
Leuchtorgane 153
LEUKIPP 49
Licht 158, 166, 212, 213
– kaltes 153
Lichtanlage 160

Lichtausbreitung 154, 155, 208
Lichtbilder 157
Lichtbrechung 172, 173
Lichtbündel 155, 159, 208
Lichtquelle 152, 155
– flächenförmige 167
– punktförmige 167
Lichtsinneszellen 208
Lichtstrahl 155, 157, 173 f, 208
Lichtwirkung 79
– des elektrischen Stroms 72
Linse 157, 175 f, 208, 216
Lochblende 157, 177
Lochkamera 156, 157, 176, 177
Lokomotive
– elektrische 206
Lot 159, 174
LUDWIG XIV 103
Luft 102
– bewegte 101, 215
– kalte 100
– warme 100
Luftdruck 136 ff, 142, 144, 146, 217, 218
Luftfeuchtigkeit 130, 134 f, 144, 146
Luftfeuchtigkeitsmesser 135
Lufthülle 136
Luftkreislauf 124
Luftmeer 136
Luftpumpe 99
Luftstrom 215
Luftströmung 101
Luftteilchen 186
Lufttemperatur 102, 144
Lupe 156, 175, 178

M

Magdeburger Thermometer 99
Magnet 8, 20, 24 f, 27, 32, 34 f, 38, 42, 218
– elektrische 73
– Eigenschaften 42
Magnetfeld 32, 33, 40, 41, 42, 218
Magnetisierbarkeit 214
Magnetisieren 26, 27, 29
Magnetismus 20, 24, 27, 41, 42
Magnetit 36, 41
Magnetkraft 23, 32, 33, 34, 38

Magnetkugel 38
Magnetnadel 38, 218
Magnetpol 24, 33, 40, 42
Magnetschalter 67
MARICOURT, PIERRE DE 38
Maschine 76
Materie 214
Meeresspiegel 136
Meeresstrom 102
Melone 197
Messung 87
Meteorologe 145
Mikrofon 184, 206
Minuspol 55, 56
Missweisung 39
– magnetische 39
Mitschwingen
– erzwungenes 193
Modell 28 f, 214
Monatsmitteltemperatur 90
Monatsmittelwert 90
Mond 170
Mondfinsternis 171
Mondphasen 170
MONTGOLFIER 103
Morseapparat 52
Motor 68
Musikinstrumente 192, 194
Musikinstrumentenbauer 195

N

Nachhall 196
Nacht 125
Nahrungsmittel 76, 212
Naturkeller 117
Naturwissenschaften 6
Nebel 134, 146
Netzgerät 58
Netzhaut 177, 208
Neumond 170
Neutron 49
Nichtleiter 57, 79
Nickel 23, 24, 27, 32, 42
Niederschlag 130, 134, 142, 146, 217
Niederschlagsart 134
Niederschlagsmenge 135
Niederschlagsmesser 135
NIÉPCE, JOSEPH NICÉPHORE 157
Nordhalbkugel 122
Nordpol 24, 25, 29, 35
– magnetischer 42
NOT-AUS-Schalter. 69

O

ODER-Schaltung 70
OERSTED, HANS CHRISTIAN 73
Öffner 67
Ohr 205, 219
Ohrmuschel 209
Oszilloskop 184

P

Panflöte 192
Parallelschaltung 71, 79
Periskop 164, 172
Phonograph 206
Physik 6
Physikheft 14
Plakat 15
Pluspol 55, 56
Pol 29, 34, 78, 132
– geografischer 38f
– magnetischer 39
Polgesetze 42
– magnetische 25, 38f
Polung 55
POULSEN, VALDEMAR 207
Präsentation 15
Protokoll 9, 11
Proton 49

Q

Quadrophonie 203

R

Randstrahl 166
Reedschalter 67
Referat 198
Reflexion 158f, 164, 174, 196, 208, 209
Reflexionsfolie 214
Reflexionsgesetz 159, 167
Reflexionswinkel 159, 167
Regen 134, 146
Reihenschaltung 71, 79
Resonanz 193, 209
Resonanzkasten 194
Rücklicht 213

S

Sachordner 14
Sammellinse 175f, 208
Sandwüste 97
Schall 182, 183, 184, 215, 219

Schallausbreitung 185, 209
Schalldämpfung 187
Schallempfänger 205
Schallentstehung 209
Schallerzeuger 209
Schallgeschwindigkeit 185, 202, 209
Schallpegelmessgerät 200
Schallplatte 207
Schallquelle 183, 200, 219
Schallschwingungen 184
Schallträger 185, 186, 209
Schallumlenkung 187
Schallwellen 196
Schalter 66, 67, 68, 79
Schalterlogik 69
Schaltplan 68
Schaltung 68
Schaltzeichen 68, 79
Schatten 154, 166, 168, 171
Schattenbild 166, 208
Schattenporträt 166
Schattenraum 166, 208
Schattenspiel 166
Schattenstab 169
Schattentheater 166
Scherenschnitt 166
Schichtbewölkung 143
Schichtwolken 143
Schirm 157
Schlauchstelle 18
schmelzen 104, 107, 124
Schmelzpunkt 89
Schmelzsicherung 75
Schnee 134, 146
Schwingung 182, 209, 215, 219
– volle 184
See 92
Seewind 102
Segelflieger 100
sehbehindert 191
sehen 208
Sehrohr 164, 172
Seitenkontakt 60
Sensoren 86
Serir 97
Sicherheit 16, 161, 169
Sicherheitseinrichtungen 17
Sicherheitsmaßnahmen 74
Sicherheitsschaltung 69
Sicherung 79
Sicherungsautomat 75
Sicherungskasten 75
Siedepunkt 87, 89

Sinne
– fehlende 191
Sinneseindrücke 179
Sinnesgeschädigte 191
Sinnestäuschung 179
Sinneszellen 219
Skala 87, 88, 89
Solarzelle 58, 133, 213
Sonne 120, 123, 124, 125, 217
Sonnenbahn
– scheinbare 121
Sonnenenergie 77, 120, 133, 213
Sonnenfinsternis 171
Sonnenfinsternis
– partielle 171
– totale 171
Sonnenkollektor 113, 125, 133
Sonnenlicht 213
Sonnenstand 121
Sonnenstrahlen 213
Sonnenstrahlung 132, 133, 217
Sonnensystem 217
Sonnenuhr 169
Spannung 59
Spannungsquelle 55, 58, 68, 78
Spiegel 158, 159, 163, 164, 165, 167
Spiegelbild 163, 165, 171
Spiegelkabinett 165
Stabmagnet 24, 33, 35
Steckdose 58
Steigbügel 205, 209
Steigungsregen 134
Stereoanlage 203
Stereophonie 203
Stern 120, 125
Stimmgabel 184, 186, 193, 215
Stoffe 106, 214
– gasförmig 107
STRADIVARI, ANTONIO 195
Strahlung 120
Straßenlärm 201
Straßenverkehr 150, 151, 160, 161, 169
– Gefahren 151
Stratoshäre 131
Ströme
– elektrische 215
Strom
– elektrischer 56, 59, 72, 74, 76, 79, 133, 212, 213, 218

Stromfluss 57
Stromkreis 55, 77, 78, 216
Stromkreis
– einfacher elektrischer 55
– elektrischer 56, 78, 215
– Überlastung 75
Stromleitung 64
Strommessgerät 57
Stromschlag 74
Stromsinn 74
Stromteilchen 56, 215
Stromwirkung 218
StVZO (Straßenverkehrszulassungsordnung) 65, 106
Styropor® 114
Südhalbkugel 122
Südpol 24, 25, 29, 35
– magnetischer 42
System 216

T

Tabelle 11
Tag 125
Tagesmitteltemperatur 90
TALBOT, WILLIAM 157
Taster 66, 67, 68
Täuschung
– optische 179
Teclubrenner 19
Teilchenaufbau 106
Teilchen
– kleinste 49, 106, 107, 214
Teilchenmodell 106, 124, 214
Telegrafenkabel 64
Temperatur 86f, 90, 92, 102, 124, 130, 132, 146, 217, 218
– berechnen 90
– messen 90
Temperaturänderung 98
Temperaturanzeiger 99
Temperaturausgleich 102
Temperaturschichtung 92, 102
Temperatursinn 74, 86
Themenheft 14
Thermometer 87, 88, 89, 91, 124
Thermometerskala 88, 89
Thermostat 95
THOMSON, JOSEPH JOHN 49
Tief 138, 218
Tiefdruck 138

Tiefdruckgebiet 146
Ton 182f, 215
Tonbandgerät 207
Tonfrequenzgenerator 188
Tonhöhe 183f
Totalreflexion 174
Treibstoff 212
Trommelfell 186, 200, 205, 209
Troposphäre 130, 131
Turbinen 212

U

Ultraschall 188, 196, 197, 209
Ultraschallbild 197
Ultraschall-Entfernungsmesser 196
Ultraschallreinigungsgerät 197
Ultraviolettstrahlung 120
Umpolung 40
Umwandlungs-(Transport-)kette 212
UND-Schaltung 69f
Ursache 218
USB-Kabel 64

V

verdampfen 104, 107, 124
Verformbarkeit 214
Verkehrssicherheit 65, 214
Versuch 9
Versuchsprotokoll 9, 11
VINCI, LEONARDO DA 157
Vogel 100
Vollmond 170
Volt 55, 59, 78
VOLTA, ALESSANDRO 59
Volta-Säule 59
Vorderlicht 213
Vorhersage 218
Vortrag 15

W

Wachs 105
Wahlstimmen-Zählgerät 206
warm 86
Wärme 102, 112, 212f
Wärmedämmstoffe 114, 125
Wärmedämmung 93, 114, 125
Wärmeenergie 76
Wärmeleiter 111, 214
Wärmeleitfähigkeit 110
Wärmeleitung 110f, 125
Wärmespeicher 113
Wärmestrahlung 112, 120, 125, 133
Wärmeströmung 110, 125, 140
Wärmetransport 114, 124, 140
Wärmeübertragung 86, 108
Wärmewirkung 79
– des elektrischen Stroms 72
Warmluft 138
Warmwasserheizung 110
Wasser 92, 104
Wasserdampf 104, 217
Wasserdruck 136
Wasserenergie 123, 125, 212
Wasserkraft 123, 125
Wasserkraftwerk 212
Wasserkreislauf 140, 217
Wasserspiegel 165
Wechselschalter 66, 67
Wechselschaltung 70
Wechselwirkung 218
Werkstoffe 214
Wetter 123, 130f, 140, 146, 217
Wetteramt 144
Wetteraufzeichnung 141
Wetterbeobachtung 135, 141, 144
Wetterbericht 144, 146
Wetterdaten 144
Wetterelemente 90, 130f, 146
Wetterkarte 144ff
Wettermaschine 123, 217
Wetterstation 144
Wettervorhersage 142, 145f
Wind 101f, 124, 130, 138f, 142, 146, 215
Windenergie 123, 125, 212
Windkraftanlage 139, 212
Windrichtung 144, 218
Windstärke 144, 218
Winkelscheibe 159
Wintergarten 133
Wippschalter 67
Wirkung 74, 79, 218
– chemische 73
– elektrische 73
– magnetische 23, 32, 79
Wissenstest
– elektrischer 53
Wölbspiegel 165
Wolfram 60
Wolken 134, 142, 217
Wüstenarten 97, 99

Z

Zeichnung 11
Zeitmesser 169
Zeit 169
– mitteleuropäische 169
Zerstreuungslinse 175
Zerrbild 165
Zugschalter 67

Bildnachweis

U1.1 Mauritius RF (Score/RF), Mittenwald; **U1.2; U4.3** Avenue Images GmbH RF (Image Source/RF), Hamburg; **U4.1** Getty Images (Taxi/Anne Ackermann), München; **U4.2** Getty Images RF (Digital Vision/Steven Puetzer), München; **U4.4** Getty Images RF (Dorling Kindersley/Clive Streeter), München; **2.1** Klett-Archiv (Dr. Klaus Hell), Stuttgart; **2.2** Avenue Images GmbH RF (image 100), Hamburg; **2.3** iStockphoto (i-bob), Calgary, Alberta; **3.1** iStockphoto (Rafa Irusta), Calgary, Alberta; **3.2** iStockphoto (RF/Hauge), Calgary, Alberta; **3.3** Fotolia LLC (VladaM), New York; **4.1** Fotolia LLC (canebisca), New York; **4.2** Getty Images RF (PhotoDisc), München; **4.3** Klett-Archiv (Weccard), Stuttgart; **4.4** Fotolia LLC (Monkey Business), New York; **5.1** Klett-Archiv (Gert Elsner), Stuttgart; **5.2** Klett-Archiv (Hartmut Fahrenhorst), Stuttgart; **5.3** iStockphoto (RF/Jorge Sa), Calgary, Alberta; **5.4; 5.5** MEV Verlag GmbH, Augsburg; **6.1** Klett-Archiv (Dr. Klaus Hell), Stuttgart; **7.1** Klett-Archiv (Klaus Hell), Stuttgart; **7.2** Klett-Archiv (Dr. Klaus Hell), Stuttgart; **7.3** Georg Trendel, Unna, ;**7.4** Klett-Archiv (Georg Trendel, Unna), Stuttgart; **8.1** Klett-Archiv, Stuttgart; **10.1** AEG Hausgeräte, Nürnberg; **14.1** Photodisc; **14.2** Fotosearch Stock Photography, Waukesha, WI; **14.3** Klett-Archiv (Zuckerfabrik digital), Stuttgart; **15.1** Klett-Archiv (Georg Trendel, Unna), Stuttgart; **15.2** Klett-Archiv (Peter Nierhoff), Stuttgart; **15.3** Klett-Archiv (Dr. Klaus Hell), Stuttgart; **16.1** Klett-Archiv (Dr. Klaus Hell), Stuttgart; **18.2** Klett-Archiv (Dr. Klaus Hell), Stuttgart; **18.4** Klett-Archiv (Werkstatt Fotografie), Stuttgart; **20.1** Klett-Archiv (Zuckerfabrik digital), Stuttgart; **20.2** Klett-Archiv (Ulrike Drosihn), Stuttgart; **21.1** Klett-Archiv (Ute Schuhmacher), Stuttgart; **21.2** Avenue Images GmbH RF (image 100), Hamburg; **21.3** Klett-Archiv, Stuttgart; **21.4** shutterstock (Jeffery Peng), New York, NY; **22.2** Klett-Archiv, Stuttgart; **23.1; 23.3** Klett-Archiv (Ginger Neumann), Stuttgart; **24.2** Klett-Archiv (Zuckerfabrik digital), Stuttgart; **25.1** Klett-Archiv, Stuttgart; **25.1a** Ulrich Niehoff Fotoproduktionen und Bildarchiv, Bienenbüttel; **25.2** Klett-Archiv (Klaus Hell), Stuttgart; **25.6** Ciprina, Heinz-Joachim, Dortmund; **26.1** Klett-Archiv, Stuttgart; **27.1** Ciprina, Heinz-Joachim, Dortmund; **28.1; 28.2; 28.3; 28.4; 28.5; 28.6** Wiking-Modellbau GmbH & Co. KG, Lüdenscheid; **31.1** Klett-Archiv, Stuttgart; **32.1** Klett-Archiv (Ginger Neumann), Stuttgart; **33.3** Klett-Archiv (Ginger Neumann), Stuttgart; **33.4** Klett-Archiv, Stuttgart; **34.1; 34.2** Neumann & Zörlein Werkstatt Fotografie, Stuttgart; **35.1; 35.2** Klett-Archiv, Stuttgart; **35.3** Klett-Archiv (Joachim März), Stuttgart; **36.1** Klett-Archiv, Stuttgart; **36.4** Fotolia LLC (lebanmax), New York; **37.3** Daimler AG Medienarchiv, Stuttgart; **39.1** shutterstock (ZTS), New York, NY; **39.2** shutterstock (Byron W. Moore), New York, NY; **39.3** MEV Verlag GmbH, Augsburg; **39.4** Astrofoto (NASA), Sörth; **39.5** DLR, Köln-Porz; **41.3** Fotolia LLC (MIR), New York; **41.4; 41.6** Universität Tübingen, Troia-Projekt; ;**41.5** Prof. Dr. Nikolai Petersen, München; **42.1** Klett-Archiv (Zuckerfabrik digital), Stuttgart; **43.7** Klett-Archiv, Stuttgart; **44.1** Süddeutsche Zeitung Photo (Scherl), München; **44.2** iStockphoto (RF/Hauge), Calgary, Alberta; **44.3** iStockphoto (Rafa Irusta), Calgary, Alberta; **44.4** shutterstock (Reflekta), New York, NY; **45.1** iStockphoto (i-bob), Calgary, Alberta; **45.2** MEV Verlag GmbH, Augsburg; **46.1** Ulrich Niehoff Fotoproduktionen und Bildarchiv, Bienenbüttel; **46.2** Klett-Archiv (Georg Trendel), Stuttgart; **47.1** Klett-Archiv (Zuckerfabrik digital), Stuttgart; **48.1** Ulrich Niehoff Fotoproduktionen und Bildarchiv, Bienenbüttel; **48.2** Klett-Archiv (Ute Schuhmacher), Stuttgart; **50.2; 50.4** Klett-Archiv (Zuckerfabrik digital), Stuttgart; **51.6** Klett-Archiv (Zuckerfabrik digital), Stuttgart; **52.1** AKG, Berlin; **52.2** Höllerer Büro für Kommunikation und Gestaltung (Manfred Schurr), Stuttgart; **52.3** Picture-Alliance, Frankfurt; **53.1** shutterstock (Marcio Eugenio), New York, NY; **53.2** Georg Trendel, Unna; **53.3** iStockphoto (Ivan Bajic), Calgary, Alberta; **53.4** Conrad Electronic SE, Hirschau; **54.2** Georg Trendel, Unna; **54.3** LD DIDCACTIC, Hürth; **55.3** Corbis RF (Royalty-Free), Düsseldorf; **55.4** Klett-Archiv (Johann Leupold), Stuttgart; **56.1** Corbis RF, Düsseldorf; **56.2** Getty Images RF (Photo Disc), München; **56.3** Klett-Archiv, Stuttgart; **58.1** Klett-Archiv (Johann Leupold), Stuttgart; **58.2** iStockphoto (Abeleao), Calgary, Alberta; **58.3** Fotolia LLC (Otmar Smit), New York; **58.4** Klett-Archiv, Stuttgart; **58.5** Siemens Corporate Archives, München; **59.1** Corbis (Bettmann), Düsseldorf; **59.2** Corbis (Archivo Iconografico, S.A./CORBIS), Düsseldorf; **60.1** Deutsches Museum, München; **61.1; 61.2** Maiworm, Michael, Sprockhövel; **64.1** Klett-Archiv (Zuckerfabrik digital), Stuttgart; **64.2; 64.3** Interfoto (Science Museum/SSPL), München; **66.5** Ciprina, Heinz-Joachim, Dortmund; **69.2** Wolf-Garten GmbH & Co. KG, Betzdorf/Sieg; **70.1** Das Fotoarchiv (Thomas Mayer), Essen; **70.2** Klett-Archiv (Johann Leupold), Stuttgart; **72.1** iStockphoto (koksharov dmitry), Calgary, Alberta; **72.2** AEG Hausgeräte, Nürnberg; **72.3** shutterstock (Ghaint), New York, NY; **72.4; 72.5** Klett-Archiv (Fabian H. Silberzahn), Stuttgart; **73.4** Klett-Archiv (Johann Leupold), Stuttgart; **74.1** shutterstock (Semen Lixodeev), New York, NY; **75.6** ESKA Erich Schweizer GmbH, Kassel; **76.1** Avenue Images GmbH RF (OJO Images RF), Hamburg; **76.2** Corbis RF (© Royalty-Free/CORBIS), Düsseldorf; **76.3b** iStockphoto, Calgary, Alberta; **76.3c** Getty Images RF (PhotoDisc), München; **76.3d** creativ collection Verlag GmbH, Freiburg; **76.3A** Avenue Images GmbH RF (image 100), Hamburg; **78.1** Klett-Archiv, Stuttgart; **78.2** Corbis RF (Royalty-Free), Düsseldorf; **79.1** Klett-Archiv (Johann Leupold), Stuttgart; **80.1** Fotosearch Stock Photography (PhotoDisc), Waukesha, WI; **80.2** Harald Lange Naturbild, Bad Lausick; **81.6** Corbis RF, Düsseldorf; **81.8** Klett-Archiv (Johann Leupold), Stuttgart; **82.1** Corel Corporation Deutschland, Unterschleissheim; **82.2** Fotolia LLC (e-pyton), New York; **82.3** Getty Images RF (Photo Disc), München; **83.2** iStockphoto (stevecoleccs), Calgary, Alberta; **83.3** Fotolia LLC (VladaM), New York; **83.4** Corel Corporation Deutschland, Unterschleissheim; **84.1** Ingram Publishing, Tattenhall Chester; **84.2** shutterstock (Elena Schweitzer), New York, NY; **84.3** ALNO AG, Pfullendorf; **84.4** iStockphoto (Tomas Bercic), Calgary, Alberta; **84.5** Fotolia LLC (Yvonne Bogdanski), New York; **84.6; 84.7** Getty Images RF (PhotoDisc), München; **85.1** shutterstock (Nikolay Okhitin), New York, NY; **85.2** JupiterImages photos.com (RF/photos.com), Tucson, AZ; **85.3** Fotolia LLC (Olivier), New York; **85.4** MEV Verlag GmbH, Augsburg; **85.5** Fotosearch Stock Photography (Digital Vision), Waukesha, WI; **86.1** iStockphoto (stevecoleccs), Calgary, Alberta; **86.3** petra-electric, Burgau; **93.1** Wikimedia Foundation Inc., St. Petersburg FL; **93.2** MEV Verlag GmbH (MEV, Augsburg), Augsburg; **95.1** Getty Images (Stone/Keith Wood), München; **97.1** Klett-Archiv (Dr. Volker Wilhelmi, Wackernheim), Stuttgart; **97.2** Klett-Archiv (Jürgen Leicht, Mutlangen), Stuttgart; **97.3** Klett-Archiv (Photo Disc), Stuttgart; **97.4** Fotolia LLC (Alexander Wurditsch), New York; **98.4** Klett-Archiv (Klaus Hell), Stuttgart; **99.5** Klett-Archiv (Klaus Hell), Stuttgart; **100.1** Corbis RF (Royalty-Free), Düsseldorf; **100.2** MEV Verlag GmbH, Augsburg; **100.3** Fotolia LLC (Monster), New York; **100.4** Klett-Archiv (Ute Schuhmacher), Stuttgart; **103.2** MEV Verlag GmbH, Augsburg; **103.3** The Library of Congress (PD), Washington, D.C.; **103.4** AKG, Berlin; **103.5** AKG (Erich Lessing), Berlin; **104.1** MEV Verlag GmbH, Augsburg; **104.2; 104.8** Corel Corporation Deutschland, Unterschleissheim; **104.3** Fotolia LLC (e-pyton), New York; **104.4** Getty Images RF (Photo Disc), München; **104.5; 104.6; 104.7** Klett-Archiv (Zuckerfabrik digital), Stuttgart; **105.9** Mauritius Images (Gilsdorf), Mittenwald; **106.1** IBM Deutschland GmbH; **106.2** iStockphoto (Maica), Calgary, Alberta; **107.2** Fotosearch Stock Photography (PhotoDisc), Waukesha, WI; **108.1** Fotolia LLC (Stefan Redel), New York; **108.2** Fotosearch Stock Photography (Design Pics), Waukesha, WI; **108.3** Klett-Archiv, Stuttgart; **108.4** MEV Verlag GmbH, Augsburg; **109.1; 109.2** Corel Corporation Deutschland, Unterschleissheim;

109.3 Klett-Archiv (Steinle), Stuttgart; **109.4** Saint-Gobain Rigips GmbH, Rheda-Wiedenbrück; **109.5** MEV Verlag GmbH, Augsburg; **111.4** Fotolia LLC (pixhunter.com), New York; **112.1** shutterstock (Ingrid Balabanova), New York, NY; **112.2; 112.3** Klett-Archiv (Eycke Fröchtenicht), Stuttgart; **113.4** shutterstock (Markus Gann), New York, NY; **114.1** Klett-Archiv, Stuttgart; **114.3a** Fotolia LLC (Alterfalter), New York; **114.3b** Fotolia LLC (Kelpfish), New York; **114.3c** Fotolia LLC (Petitonnerre), New York; **115.1** MEV Verlag GmbH, Augsburg; **116.2** Fotolia LLC (by-studio), New York; **116.3** Fotolia LLC (Marina Lohrbach), New York; **117.2** MEV Verlag GmbH, Augsburg; **117.3** Klett-Archiv (Linda Hanselmann), Stuttgart; **118.1** Dieter Schmidtke, Schorndorf; **118.2** Fotolia LLC (Ronny Nöller), New York; **118.3** iStockphoto (shalamov), Calgary, Alberta; **118.4** Klett-Archiv (Hartmut Fahrenhorst), Stuttgart; **118.5** Fotolia LLC (VladaM), New York; **118.6** Fotolia LLC (Eugeny Shevchenko), New York; **118.7** Oberammergau Tourismus, Oberammergau; **119.1** EnBW AG (TWS), Karlsruhe; **119.2** Mauritius RF (Corbis), Mittenwald; **119.3** AKG, Berlin; **120.1a** Fotolia LLC (Andreas Ryser), New York; **120.1b** Fotolia LLC (Travelfish), New York; **120.1c** MEV Verlag GmbH, Augsburg; **120.2** NASA, Washington, D.C.; **121.2** Getty Images RF (Photodisc), München; **121.3** creativ collection Verlag GmbH, Freiburg; **121.4** MEV Verlag GmbH, Augsburg; **121.5** Kessler-Medien, Saarbrücken; **122.1** shutterstock (Eric Limon), New York, NY; **122.2** shutterstock (Jacek Chabraszewski), New York, NY; **122.3** shutterstock (Kurhan), New York, NY; **122.4** shutterstock (Muellek Josef), New York, NY; **123.1** Avenue Images GmbH RF (Ingram Publishing), Hamburg; **123.2** Ullstein Bild GmbH (Still Pictures/Nigel Dickinson), Berlin; **124.2** Corbis RF (Royalty-Free), Düsseldorf; **124.2** Getty Images (Stone/Keith Wood), München; **124.3a** IBM Deutschland GmbH; ;**125.4** shutterstock (Markus Gann), New York, NY; **125.5** Fotolia LLC (Kelpfish), New York; **125.6** MEV Verlag GmbH, Augsburg; **125.7** Klett-Archiv, Stuttgart; **125.8** NASA, Washington, D.C., **126.1; 126.2** Klett-Archiv, Stuttgart; **126.3** Klett-Archiv (Dr. Volker Wilhelmi, Wackernheim), Stuttgart; **127.7** iStockphoto (Tomas Bercic), Calgary, Alberta; **127.8** iStockphoto (RF/Smith), Calgary, Alberta; **127.9** StockFood GmbH (Harry Bischof), München; **128.1** Corbis RF (RF), Düsseldorf; **128.2** Astrofoto (NOAA GOES/NASA), Sörth; **128.3** Oberammergau Tourismus, Oberammergau; **128.4** MEV Verlag GmbH, Augsburg; **128.5** Corbis (Martin B. Withers), Düsseldorf; **129.1; 129.5** Klett-Archiv (Dr. Klaus Hell), Stuttgart; **129.2** Fotolia LLC (canebisca), New York; **129.3** shutterstock (mangojuicy), New York, NY; **129.4** Corbis (Roger Garwood & Trish Ainslie), Düsseldorf; **129.6** Fotolia LLC (Martina Topf), New York; **130.1a** iStockphoto, Calgary, Alberta; **130.1b** shutterstock (Chris Green), New York, NY; **130.1c** Fotolia LLC (Christian Seifert), New York; **130.3a; 130.3b** Klett-Archiv (Dr. Klaus Hell), Stuttgart; **132.2; 132.4** MEV Verlag GmbH, Augsburg; **132.3** shutterstock (Fred Hendriks), New York, NY; **133.1** MEV Verlag GmbH, Augsburg; **133.2** iStockphoto (mbbirdy), Calgary, Alberta; **133.3** shutterstock (Shifted), New York, NY; **134.1** shutterstock (Kurbatova Vera), New York, NY; **136.2** NASA, Washington, D.C.; **136.5** Corel Corporation Deutschland, Unterschleissheim; **137.3** Klett-Archiv (Dr. Klaus Hell), Stuttgart; **138.2** iStockphoto (Chieh Cheng), Calgary, Alberta; **138.3** Klett-Archiv (Dr. Klaus Hell), Stuttgart; **139.2** MEV Verlag GmbH, Augsburg; **139.3** shutterstock (Anita Colic), New York, NY; **142.1; 142.2** MEV Verlag GmbH, Augsburg; **142.3** Fotolia LLC (Alexey Usachev), New York; **142.4** iStockphoto (Matt Kunz), Calgary, Alberta; **143.5** Fotolia LLC (LianeM), New York; **144.1** Corbis (Roger Garwood & Trish Ainslie), Düsseldorf; **144.2** Deutscher Wetterdienst, Offenbach; **144.3a; 144.3b** Klett-Archiv (Dr. Klaus Hell), Stuttgart; **144.4** shutterstock (thumb), New York, NY; **145.4** Deutscher Wetterdienst, Offenbach; **146.3** Palmen, Alsdorf; **147.4** shutterstock (Shifted), New York, NY; **147.6** Fotolia LLC (Alexey Usachev), New York; **148.1** Klett-Archiv (Weccard), Stuttgart; **148.2** Fotolia LLC (Monkey Business), New York; **148.3** Getty Images RF (PhotoDisc), München; **148.4** shutterstock (Martin Fischer), New York, NY; **148.5** Fotosearch Stock Photography, Waukesha, WI; **149.1** Avenue Images GmbH RF (Image 100 RF), Hamburg; **149.2** Fotolia LLC (MARK BOND), New York; **149.3** Getty Images RF (PhotoDisc), München; **150.1** MEV Verlag GmbH, Augsburg; **151.1** Fotolia LLC (Thaut Images), New York; **151.2** MEV Verlag GmbH, Augsburg; **151.3** Klett-Archiv (Hartmut Fahrenhorst), Stuttgart; **151.4** Imago (Stefan M. Prager), Berlin; **152.1** AKG, Berlin; **152.1d** Fotolia LLC (dabobabo), New York; **152.1e** creativ collection Verlag GmbH (Creativ Collection), Freiburg; **152.2a** Fotolia LLC (Lijuan Guo), New York; **152.2b** Getty Images RF (Photo Disc), München; **152.2c** Prof. Dr. Jochen Feldmann, München; **153.3** Klett-Archiv (Günter Herzig), Stuttgart; **153.4** Avenue Images GmbH RF (Corbis RF), Hamburg; **153.5** shutterstock (Cathy Keifer), New York, NY; **153.6** FOCUS (Dante Fenolio/Photo Researchers), Hamburg; **154.3a; 154.3b** Klett-Archiv (Fabian H. Silberzahn), Stuttgart; **155.2** NASA, Washington, D.C.; **155.3** iStockphoto (Danny Warren), Calgary, Alberta; **155.4** Klett-Archiv, Stuttgart; **157.1; 157.2; 157.3** AKG, Berlin; **158.1** shutterstock (Korionov), New York, NY; **158.2** Klett-Archiv (Jens Werlein), Stuttgart; **158.3** MEV Verlag GmbH, Augsburg; **158.4** Corel Corporation Deutschland, Unterschleissheim; **159.1** Klett-Archiv (Heinz-Joachim Ciprina), Stuttgart; **159.2** Corel Corporation Deutschland, Unterschleissheim; **160.2a** Klett-Archiv (Zuckerfabrik digital), Stuttgart; **160.2b** Kantonspolizei Bern, Bern; **161.1** Ullstein Bild GmbH (Auto BILD Syndication), Berlin; **161.1** iStockphoto (jml5571), Calgary, Alberta; **161.3** Busch + Müller KG, Meinerzhagen; **162.1** Klett-Archiv (Simianer & Blühdorn), Stuttgart; **162.2** Manfred Bergau, Bohmte; **163.4** Fotosearch Stock Photography (Brand X Pictures), Waukesha, WI; **165.1** MEV Verlag GmbH, Augsburg; **165.2** Klett-Archiv (Zuckerfabrik digital), Stuttgart; **165.3** Ulrich Niehoff Fotoproduktionen und Bildarchiv, Bienenbüttel; **165.4** Fotolia LLC (afateev), New York; **167.6** Dreamstime LLC (Yurok Aleksandrovich), Brentwood, TN; **167.8** shutterstock (Sebastian Wahsner), New York, NY; **168.13** FOCUS (Gerard Vandystadt), Hamburg; **169.1** Fotolia LLC (Sasa Golub), New York; **169.2** Klett-Archiv (Bittokleit), Stuttgart; **171.1** MEV Verlag GmbH, Augsburg; **171.2** Mauritius Images (Bäumler), Mittenwald; **172.1** Klett-Archiv (Fabian H. Silberzahn), Stuttgart; **173.1** Klett-Archiv (M. Wagner), Stuttgart; **173.2** Klett-Archiv (Fabian H. Silberzahn), Stuttgart; **173.4** Arco Images GmbH (NPL), Lünen; **174.1** Klett-Archiv (Zuckerfabrik Digital), Stuttgart; **174.2** Getty Images RF (Eyewire), München; **175.1** Georg Trendel, Unna; **175.2; 175.3** Klett-Archiv, Stuttgart; **176.1** Klett-Archiv, Stuttgart; **177.3** shutterstock (Zoom Team), New York, NY; **180.1** AKG (1FK-3469-F1997-1), Berlin; **180.1** Fotolia LLC (René Mansi), Calgary, Alberta; **180.2** iStockphoto (RF/Christian Weber), Calgary, Alberta; **180.4** Ullstein Bild GmbH (Teich/Caro), Berlin; **181.1** MEV Verlag GmbH, Augsburg; **181.2** Klett-Archiv (Weccard), Stuttgart; **181.3** Avenue Images GmbH RF (Photo Alto/Laurence Mouton), Hamburg; **183.1a** MEV Verlag GmbH, Augsburg; **183.1b** iStockphoto (ideabug), Calgary, Alberta; **183.1c** iStockphoto (Andrew Howe), Calgary, Alberta; **183.1d** Fotolia LLC (Maria.P.), New York; **183.1e** Ingram Publishing, Tattenhall Chester; **183.1f** Cinetext GmbH (Ice Age, USA 2002), Frankfurt; **189.1** Klett-Archiv (Charlotte Willmer-Klumpp), Stuttgart; **190.2; 190.3** Maiworm, Michael, Sprockhövel; **191.1** laif (REA), Köln; **191.2** laif (Peter Granser), Köln; **194.1a; 194.1c** Getty Images (Photo disc), München; **194.1b** Fotosearch Stock Photography (EyeWire), Waukesha, WI; **194.1d; 194.1e** Getty Images (photo disc), München; **194.1f** Getty Images (PhotoDisc), München; **195.1a** AKG, Berlin; **195.1b; 195.1c** SCALA GROUP S.p.A., Antella (Firenze); **197.1** shutterstock (Simon Pedersen), New York, NY; **198.1** shutterstock (Silviu-Florin), New York, NY; **199.1** Okapia (Stephen Dalton), Frankfurt; **199.2** Okapia

Bildnachweis

(Dietmar Nill), Frankfurt; **199.3** Okapia (NAS M. Tuttle), Frankfurt; **199.4** Klett-Archiv (Marion Barmeier), Stuttgart; **200.1a** shutterstock (Gregor Kervina), New York, NY; **200.1b** Fotolia LLC (MARK BOND), New York; **201.2** Avenue Images GmbH RF (image 100), Hamburg; **201.3** URW, Hamburg; **201.4** MEV Verlag GmbH, Augsburg; **201.4** Fotolia LLC (focus finder), New York; **204.1** Klett-Archiv (Patrick Dembski), Stuttgart; **206.1** Mary Evans Picture Library, London; **206.2** Fotolia LLC (PaulOF), New York; **207.1** FOCUS (Science Photo Library,Dr. Tony Brain), Hamburg; **207.2** FOCUS (Andrew Syred/ Science Photo Library), Hamburg; **208.1** shutterstock (Zoom Team), New York, NY; **210.2** Corel Corporation Deutschland, Unterschleissheim; **210.4** Paul Rodach, Sachsenheim; **210.5** Klett-Archiv (Günther Fotodesign Leipzig, Stuttgart), Stuttgart; **211.7** Getty Images RF (Photo Disc), München; **211.10** Corel Corporation Deutschland, Unterschleissheim; **212.1** Corbis RF (Richard Gross), Düsseldorf; **212.2** Ingram Publishing, Tattenhall Chester; **212.3** Corel Corporation Deutschland, Unterschleissheim; **212.4** Wikimedia Foundation Inc., St. Petersburg FL; **213.1** Inmagine (Brand X Pictures), Houston TX; **213.2**; **213.3** MEV Verlag GmbH, Augsburg; **213.4** iStockphoto (Ever), Calgary, Alberta; **213.5** iStockphoto (RF/ Jorge Sa), Calgary, Alberta; **213.6** Klett-Archiv, Stuttgart; **213.7** iStockphoto (mbbirdy), Calgary, Alberta; **213.8** Fotosearch Stock Photography (PhotoDisc), Waukesha, WI; **214.1** IBM Deutschland GmbH; **214.2** iStockphoto (RF/Alexander Mikula), Calgary, Alberta; **214.3** Klett-Archiv (Gert Elsner), Stuttgart; **214.4**; **214.6** Klett-Archiv (Hartmut Fahrenhorst), Stuttgart; **214.5** IVB-Report, FotoPress International, Kappelrodeck; **215.1**; **215.2**; **215.3** Klett-Archiv (Zuckerfabrik digital), Stuttgart; **215.4** Corbis RF (Royalty-Free), Düsseldorf; **216.1** Riese und Müller GmbH, Darmstadt; **216.2** Braun Elektrotechnik GmbH, Stuttgart; **216.3** MEV Verlag GmbH, Augsburg; **216.4** Ingram Publishing, Tattenhall Chester; **216.5** Klett-Archiv (Ute Schuhmacher), Stuttgart; **216.6** Klett-Archiv (Markus Hanselmann), Stuttgart; **218.1** Klett-Archiv (Zuckerfabrik digital), Stuttgart; **218.2** Fotosearch Stock Photography (PhotoDisc), Waukesha, WI; **218.3** DLR, Köln-Porz; **218.4** shutterstock (Konstantin Sutyagin), New York, NY; **219.1** MEV Verlag GmbH, Augsburg; **219.2** MEV Verlag GmbH (Johanne Wahl), Augsburg; **219.3** Widex Hörgeräte GmbH, Stuttgart

Nicht in allen Fällen war es uns möglich, den Rechteinhaber der Abbildungen ausfindig zu machen. Berechtigte Ansprüche werden selbstverständlich im Rahmen der üblichen Vereinbarungen abgegolten.